黑龙江省教育科学“十三五”规划 2016 年度重点课题：
黑龙江省县域农村小学基于“科学”教育的特色学校建设实施路径探索
（课题批准号：JJB1316045）的研究成果

农村学校科学教育问题研究

于海英　等著

北　京
冶　金　工　业　出　版　社
2019

内 容 提 要

本书针对农村小学科学教育中存在的问题进行了系统的梳理、分析并提出相应建议。第一部分探讨了农村学校科学教育的价值、农村学校科学教育教学资本、农村学校科学教育社会参与、农村学校科学教育课程实施质量监控、农村学校科学教育实施效果的基本概况；第二部分探讨了农村学校科学教育教学资本、农村学校科学教育实施效果的影响因素及程度；第三部分在理论和实践的基础上分析了农村学校科学教育影响因素间相互作用机制；第四部分就农村学校如何才能有效开展科学教育提出政策建议和实施策略。

本书可供从事高等教育及基础教育的管理者、教师和研究人员参考阅读，也可作为高等院校教育学相关专业研究生的参考书。

图书在版编目(CIP)数据

农村学校科学教育问题研究／于海英等著．—北京：冶金工业出版社，2019. 8

ISBN 978-7-5024-8205-3

Ⅰ. ①农… Ⅱ. ①于… Ⅲ. ①农村学校—小学教育—研究—中国 Ⅳ. ①G622. 0

中国版本图书馆 CIP 数据核字(2019)第 169027 号

出 版 人　谭学余
地　　址　北京市东城区嵩祝院北巷 39 号　邮编　100009　电话　(010)64027926
网　　址　www. cnmip. com. cn　电子信箱　yjcbs@ cnmip. com. cn
责任编辑　曾　媛　美术编辑　吕欣童　版式设计　禹　蕊
责任校对　李　娜　责任印制　牛晓波
ISBN 978-7-5024-8205-3
冶金工业出版社出版发行；各地新华书店经销；北京建宏印刷有限公司印刷
2019 年 8 月第 1 版，2019 年 8 月第 1 次印刷
169mm×239mm；15. 75 印张；305 千字；243 页
65. 00 元

冶金工业出版社　投稿电话　(010)64027932　投稿信箱　tougao@cnmip. com. cn
冶金工业出版社营销中心　电话　(010)64044283　传真　(010)64027893
冶金工业出版社天猫旗舰店　yjgycbs. tmall. com
（本书如有印装质量问题，本社营销中心负责退换）

前　言

科学可以通过对公民的科学素养、科学能力的培养从而促进对社会的推动作用。因此，公民的科学素养、科学能力水平不仅是衡量公民个体素质的重要参数，也是衡量一个国家和社会综合国力的重要指标。我国2001年开始的新课程改革，将基础教育中“自然”课程更名为“科学”课程，并制定了《全日制义务教育科学（3~6年级）课程标准（实验稿）》来指导小学科学课程的建设和实施等，并在全国逐步实施，由此，科学教育在基础教育中进入实践探索阶段。2006年3月，我国正式颁布实施的《全民科学素质纲要》提出：要完善基础教育阶段的科学教育，提高学校教育质量，使小学生掌握必要和基本的科学知识与技能，体验科学探究活动的过程与方法，培养良好的科学态度、情感与价值观，发展初步的科学探究能力。2017年2月，教育部又颁布了《义务教育小学科学课程标准》，我国基础教育阶段的科学课程建设迈入了新阶段，科学教育日益受到国家和社会的重视。

我国农村人口占总人口比重较大，由于地域差异等客观原因导致了城乡公民科学素质的差距十分明显。因此，加强农村基础教育，提高农村学校科学教育质量，是提高未来公民科学素质的基础工程，对于教育工作者来说，是一项不可推卸的任务。科学教育之于农村的重要意义，在于它是推动农村经济发展的重要途径。通过科学教育形成科技文化氛围，缩减农村科技贫困；通过科学教育提升农村人力资源的科技素养，提升农村现有人力资源能力；通过科学教育为农村培养科技人才，可以增加农村人力资本积累。农村科学教育的发展是根本上解决农业农村农民问题的关键所在。早期的科学教育对一个人的科学素养的形成具有十分重要的作用，小学科学教育能够为今后的学习、生活、工作以及终身发展奠定良好的基础，因此，关注农村学校科学教育是当前比较重要的课题。

本书针对农村小学科学教育中存在的问题进行了系统的梳理。主要分四部分：第一部分探讨了农村学校科学教育的价值、农村学校科学教育教学资本、农村学校科学教育社会参与、农村学校科学教育课程实施质量监控、农村学校科学教育实施效果的基本概况；第二部分探讨了农村学校科学教育教学资本、农村学校科学教育实施效果的影响因素及程度；第三部分在理论和实践的基础上分析了农村学校科学教育影响因素间相互作用机制；第四部分就农村学校如何才能有效开展科学教育提出政策建议和实施策略。

本书的研究是基于“黑龙江省教育科学‘十三五’规划2016年度重点课题——黑龙江省县域农村小学基于‘科学’教育的特色学校建设实施路径探索”开展的研究。感谢牡丹江师范学院对“农村教育研究”科研团队的资助与支持。该调研的范围涉及黑龙江省13个地区农村教师，在调研过程中，课题组成员关洪海、李春英积极主动承担了大量的工作，在此对他们表示感谢。在本书编写过程中，甄莹、张雨撰写第一、二章，杜琳娜撰写第三至五章，于海英撰写引言和第六至十一章。研究生井雨宁、王聪、李久晶、张晓琳、吴金莹、李硕、盖莉莉参与了数据的录入与处理。

由于时间、水平及研究条件所限，难免对其中有些问题研究得不够深入，望各位读者批评指正。

著 者

2019年4月

目 录

引言 …… 1

第一章 农村学校科学教育的价值大吗？ …… 3

第一节 科学教育在教育系统中的历史演变 …… 3
第二节 科学教育之于农村发展价值思考 …… 13

第二章 农村学校科学教育教学资本充足吗？ …… 21

第一节 农村学校科学教育文本资源概览及差异比较 …… 21
第二节 农村学校科学教育环境资源概览及差异比较 …… 39
第三节 农村学校科学教育人力资源概览及差异比较 …… 51

第三章 农村学校科学教育社会参与多吗？ …… 60

第一节 农村学校科学教育社会参与概览 …… 60
第二节 农村学校科学教育社会参与差异比较 …… 64

第四章 农村学校科学教育课程实施质量监控效果好吗？ …… 79

第一节 农村学校科学教育课程实施质量监控概览 …… 79
第二节 农村学校科学教育课程实施质量监控差异比较 …… 81

第五章 农村学校科学教育实施效果理想吗？ …… 89

第一节 农村学校科学教育实施效果概览 …… 89
第二节 农村学校科学教育实施效果差异比较 …… 93

第六章 农村学校科学教育文本资源受哪些因素影响？ …… 108

第一节 科学教科书具备影响因素 …… 108
第二节 学生活动手册具备影响因素 …… 114
第三节 教学具具备影响因素 …… 121
第四节 教师教学用书具备影响因素 …… 127
第五节 科学校本课程影响因素 …… 134

第七章　农村学校科学教育环境资源受哪些因素影响？ …………………… 141

第一节　科学实验室影响因素 …………………………………………………… 141
第二节　实验室中材料与设备影响因素 ………………………………………… 149
第三节　科学课网络资源影响因素 ……………………………………………… 156

第八章　农村学校科学教育人力资源受哪些因素影响？ …………………… 164

第一节　科学课教师数量影响因素 ……………………………………………… 164
第二节　教师属于科班出身影响因素 …………………………………………… 171

第九章　农村学校科学教育实施效果受哪些因素影响？ …………………… 179

第一节　学校 1 ~2 年级每周不少于 1 学时影响因素 ………………………… 179
第二节　学校 3 ~6 年级每周不少于 2 学时影响因素 ………………………… 188
第三节　开展科学相关交流活动影响因素 ……………………………………… 197
第四节　校园内开设科技角科技园影响因素 …………………………………… 207
第五节　学校科学课程开设效果影响因素 ……………………………………… 218

第十章　农村学校科学教育影响因素间相互作用机制是怎样的？ ………… 229

第一节　农村学校科学教育影响因素间相互作用机制理论分析 ……………… 229
第二节　教学资本对农村科学教育的独立影响 ………………………………… 231
第三节　社会参与的中介效应检验 ……………………………………………… 232
第四节　课程质量监控的调节作用检验 ………………………………………… 233
第五节　稳健性检验 ……………………………………………………………… 234

第十一章　农村学校科学教育怎样才能有效开展？ ………………………… 237

第一节　研究结论 ………………………………………………………………… 237
第二节　政策建议 ………………………………………………………………… 238

参考文献 …………………………………………………………………………… 241

引　言

一、研究背景

2001 年，小学科学教育的课程改革在全国逐步实施，进入实践探索阶段。在一线实施了 16 年后，2017 年 2 月，教育部颁布了《义务教育小学科学课程标准》，标志着小学科学教育进入全新阶段。这体现了科学教育因其自身的价值而日益受到国家和社会的重视。科学教育的社会功能是让公众能够理解和应用科学。科学教育之于农村的重要意义在于它是推动农村经济发展的重要途径：第一，通过科学教育形成科技文化氛围，缩减农村科技贫困；第二，通过科学教育提升农村人力资源的科技素养，提升农村现有人力资源能力；第三，通过科学教育为农村培养科技人才，可以增加农村人力资本积累。农村科学教育的发展是根本上解决农业农村农民问题的关键所在。早期的科学教育对一个人的科学素养的形成具有十分重要的作用，小学科学教育能够为今后的学习、生活、工作以及终身发展奠定良好的基础，因此，关注农村小学科学教育显得尤为重要。

目前研究农村小学科学教育的文献较少，但现有的相关文献都表明：农村小学科学教育存在现实困境与不足。主要集中在农村小学科学教育受重视程度不高、师资力量薄弱、教学资源匮乏、评价不科学等问题。这些文献分析了农村小学科学教育作为课程在实施层面存在的问题，但这些分析大多数只做了现象分析或者简单描述性分析，对影响农村小学科学教育的因素缺少深入的学理和实证剖析。目前还没有文献用统计数据探讨农村小学科学教育的影响因素及其传导机制。与城市学校相比，农村学校的科学教育实施困境会更多。那么，目前农村小学科学教育怎么样？农村小学科学教育究竟会受到什么因素影响？这些因素间的传导机制是怎样的？本文将使用随机抽样样本数据分析来探讨这些问题，试图拓宽对有地域特征的农村小学科学教育的认识，为解决农村小学科学教育理想开展提供有价值的建议。

二、研究数据

本书所用原始数据来源于“黑龙江省县域农村小学基于科学教育的特色学校建设实施路径探索”课题组的问卷调查。调查时间为 2018 年 4 ~ 6 月，调查范围为黑龙江省大兴安岭、黑河、齐齐哈尔、伊春、大庆、绥化、鹤岗、佳木斯、双鸭山、哈尔滨、鸡西、七台河、牡丹江 13 个地区，调查对象为县、乡村的农村小学教师，本次调查以随机分层抽样方式共发放问卷2800份，回收问卷2800份，剔除无效问卷，获得最终有效问卷2523份，问卷有效率为90.11%。问卷的Cronbach's Alpha为0.926。本调查使用SPSS20.0软件进行统计分析。样本基本信息见表0-1。

表0-1 样本基本情况

项目	选项	频数/人	百分比/%	项目	选项	频数/人	百分比/%
性别	男	824	32.7	学校所在地	县	378	15.0
	女	1699	67.3		乡村	2145	85.0
年龄	21~30	194	7.7	学校类型	九年一贯制	517	20.5
	31~40	723	28.7		小学	2006	79.5
	41~50	985	39.0	学校小学班级数	1~10	1465	58.1
	51~60	620	24.6		11~20	689	27.3
	61~70	1	0		21~30	268	10.6
教龄	0~10	383	15.2		31~40	101	4.0
	11~20	564	22.4	学校办学条件	非常好	281	11.1
	21~30	1007	39.9		比较好	942	37.3
	31~40	561	22.2		一般	995	39.4
	41~50	8	0.3		比较差	232	9.2
身份	有行政职务	288	11.4		非常差	73	2.9
	无行政职务	2235	88.6				

第一章　农村学校科学教育的价值大吗？

科学教育以课程的形式在教育系统中有着自己的发展与演变历史。不同时期在内容设置、学时等方面都有不同的要求与规定。尤其是不同学段的科学教育课程内容不断地在改造与调整。科学教育的价值可以从其在社会发展中的基本价值探讨，包括科学教育的工具价值与科学教育的人性价值；可以从科学教育在农村发展中的特殊价值探讨，包括科学教育之于农村经济发展、科学教育之于农村政治发展、科学教育之于农村文化发展、科学教育之于农村教育发展。

第一节　科学教育在教育系统中的历史演变

一、科学教育课程开设演变

科学教育在中国的发展已有100多年的历史，从建国初期开始至今已进行了8次的科学教育改革，这阶段的改革可以划分为三个阶段：建国初期（1949～1957年）、建国中期（1958～1986年）及建国后期（1987年至今）。随着科学教育改革的时代变迁，在科学课程开设的学时、年级等设置上发生着巨大的改变。

（一）建国初期（1949～1957年）

新中国成立后，国家急需大量的科技人才，基于当时国内发展环境，没有形成自己的科学教育体系，我们学习了苏联以学科中心课程为核心的科学教育体系，对学生进行系统的科学知识教育。

据《中华人民共和国重要教育文献（1949～1975）》记载，1950年我国颁布《小学自然课程暂行标准（草案）》小学一至三年级不开设自然课程，而是综合融入至其他学科教学中，四、五年级开设自然课程但却未具体规定课时数。同年8月颁布的《中学暂行教学计划（草案）》对于初高中科学课程的规定更加具体，在初中开设数学、物理、化学三年总课时分别为560、160、160，高中数学、物理、化学的三年总课时分别为600、240、240。

教育部在1952年2月5日颁布《“四二”旧制小学暂行教学计划》中规定小学学制为五年制，自然课程（包括卫生常识）只在小学四、五年级开设，每周3课时，学年课时总数共计228课时。3月，教育部颁布了新中国第一个五年一贯制的小学教学计划《小学暂行规程（草案)》。在这个教学计划中，科学课程只设算术、自然两科，算术的课时数五年总计为1216课时，占课时总数的24%，自然的课时数总计228课时，占课时总数的4%。中学方面，1952年3月18日，我国教育部颁布了《中学教学计划（草案)》，规定全国普通中学统一开设数学、物理、化学、生物、自然等科学课程。课程设置方面，数学课程课时总数为1188课时，占总课时数的22%，物理课程课时总数为468课时，占总课时数的9.5%，化学课程课时总数为432课时，占总课时数的8.5%，生物课程课时总数为360课时，占总课时数的6.5%。显然，科学课程的科目设置逐渐增多，相较于前一年正逐渐脱离于其他学科，独立成分科学科，课时数也随之增加。

1953年8月颁布了《试行小学（四二制）教学计划（草案)》，小学科学课程的变动为中、高年级（即小学生四、五和六年级）的各科课程周课时数减少一至二节，算术增加为每周6课时，占课时总数的25.5%，自然课程每周仅为2课时，占课时总数的3%，以此看出对于独立的自然课程依旧不受重视。规定中学开设数学、物理、化学、植物、动物、地理等科学课程，在这个教学计划中，初中和高中的科学课程教学时数已占总课时的40%以上，显然，中学科学教育得到了很大的加强。

1955年9月，国家再次颁布新的小学教学计划结合了之前1954年《小学（四二制）教学计划（草案)》的教学计划，该教学计划于1955年秋季正式普及实施，见表1-1。

表1-1 1955年《小学（四二制）教学计划（草案)》

科目	各年级每周上课时数						总计		
	一	二	三	四	五	六	初级	高级	合计
语文	12	12	12	12	9	9	1632	612	2234
算术	6	6	6	7	6	5	850	374	1224
历史					2	2		136	136
地理					2	2		136	136
自然					2	3		170	170
体育	2	2	2	2	2	2	236	136	408
唱歌	2	2	2	1	1	1	238	68	306
图画	1	1	1	1	1	1	136	68	204

续表 1-1

科目	各年级每周上课时数						总 计		
	一	二	三	四	五	六	初级	高级	合计
手工劳动	1	1	1	1	1	1	136	68	204
合计	24	24	24	24	26	26	3264	1768	5032

注：中国教育年鉴编辑部．中国教育年鉴（1949～1981）．中国大百科全书出版社，1984：134.

从表 1-1 可以清楚地看出，建国初期的分科课程使学生能够更加清楚地把握各科课程的知识体系与脉络，满足了新青年一代的基础知识和基本劳动技能的需要，满足了社会主义初期发展的需要。其中科学课程涵盖的算术和自然课程从课时上看算术课程的课时数有所增加，自然课程课时总数比 1952 年制定的教学计划减少了 58 课时。

1957 年 7 月，教育部颁发的《1957～1958 学年度小学教学计划》中规定：小学算术，每周 6 课时，六年总计为 1224 课时；小学五、六年级开设自然课程，每周 2 课时，每年按 34 周计算，共计 136 课时。

在整个建国初期阶段，虽科学教育课程受到重视，但因分科教学体系的自身限制因素，重视各个组成部分，忽视整体知识的联系性，造成内容庞杂，学时过多，导致学生负担重，所以在后续科学课程开设的设计上进行了进一步的调整。

（二）建国中期（1958～1986 年）

建国中期，教育事业在连续“大跃进”“文化大革命”事件的双重打击下发展的速度虽受影响，但也因此在 1963 年后进入了重视生产知识的年代，科学课程进而取得了相应的调整与进步。

1956～1957 年期间，教育部颁发的《1956～1957 学年度中学授课时数表》中，强调根据结合实际、结合生产的原则，改进了物理、化学、生物、制图、地理等科学课程的教学，小学增设了“手工劳动”课，增加了“自然”的上课时间，初中增设教学工厂和实验园地实习课。此文件在科学课程的课时安排上较为合理。同年 5 月，国家对 3 月份发出的《关于 1958～1959 学年度中学教学计划的通知》进行补充，指出初中二年级物理由每周 3 课时减为每周 2 课时，初中三年级物理由原来的 2 课时增加为 3 课时。

1963 年 7 月，教育部颁布《全日制小学新教学计划（草案）》，对教学、生产劳动和假期都做了改动和安排。与前几次的教学计划相比，自然课程的课时数有所缩减，其中规定：五、六年级开设自然课，每周 2 课时，合计为 142 课时。文件只是规定了五、六年级开设自然课程，小学一到四年级却没有具体的要求。

同时段，教育部发布了《全日制中学暂行工作条例（草案）》，中学数学课平均每周6课时，总计1216课时，物理课平均每周4课时，总计616课时，生物课平均每周2课时，总计245课时。此时科学课程的教学计划已经慢慢走向稳定发展的趋势。

1964年7月，在教育部下达《关于调整和精简中小学课程的通知》中。在小学的调整意见中，为减轻学生的学业负担，对于自然课调整为一学年学完，五年级每周三课时，每课时45分钟。

1966～1977年，“文化大革命”是一个特殊的阶段，教育部编写和出版的中小学自然学科教材被抨击，中小学都是自己设置与制定课程，甚至自编教材，有的地方也会不开设科学课程，当时的科学课程发展也因此停滞甚至倒退。

1977年，邓小平同志恢复了全国统一高考，中小学教育也因此回温。教育部颁布全国小学统一适用的《全日制十年制学校小学自然常识教学大纲（试行草案）》，其自然课程还是延续了1963年教学大纲中的自然课程的设置，只在五、六年级开设自然课程，一至四年级仍然不开设。由此可见，小学低年级的自然课程的设置依然没有引起人们的重视。

1978年改革开放后，1月18日，国家教育部颁布了《全日制十年制中小学教学计划（试行草案）》，在这次教学计划中，最大的变动是中学学制的统一，规定普通中学学制为五年，即初中三年，高中两年。课程设置方面，数学、物理、化学、生物分别占课时总数的22.6%、5.4%、3.3%和1%，而且增加了生理卫生课，仅占总课时的0.5%。同年3月，教育部又颁布了《全日制五年制小学教学计划（修订草案）》，于1981年秋季开学开始试行。数学课时数有所增加，每周平均6课时，在各科中占24.8%。其中最大变动是将“自然常识”课程改为“自然”课程，并且在小学三年级就开始开设，每周2课时，使较低年级的学生开始接受正规的自然学科教育。

1981年3月，教育部对于《全日制十年制中小学教学计划（试行草案）》改为从小学三年级起开设自然课，每周2课时，使科学学习的时间增加了一年；四、五年级保持每周2课时不变。这样，小学中年级学生开始接受自然教学，并且小学阶段自然课程的总课时数增加了80课时。同期与建国初的几次教学计划相比，中学科学课程设置的比例有所加重，这是由于当时的社会需要而促成的，见表1-2。

1984年重新颁布了《全日制六年制城市小学教学计划（草案）》和《全日制六年制农村小学教学计划（草案）》两套教学计划。《计划》很好地区分了城市与农村的教学环境，城市教学设备条件良好的学校可以在一、二年级就开设自然课程，每周可4课时，农村小学根据实际情况，在六年级增加农业常识课，以方便照顾农村小学毕业生。

表 1-2　1950～1981 年课时比较表　　　　（%）

学科	1950 年总数	1954 年总数	1958 年总数	1963 年总数	1978 年总数	1981 年总数		
						（一）	（二）	（三）
物理	10　5.6	13.5　7.5	14　8.3	18　9.4	16　11.4	16　9.2	9　5.2	18　10
化学	10　5.6	10.5　5.9	10　5.9	12　6.2	10　7.2	12　6.9	9　5.2	14　7.8
生物	9　5.1	9　5.0	11　6.5	7　3.6	3　2.2	6　3.5	6　3.5	6　3.4
卫生		2　1.1			1.5　1.1	2　1.2	2　1.2	2　1.1
小计	29　16.3	35　19.5	35　20.7	37　19.2	30.5　21.9	36　20.8	26　15.1	40　22.3

注：1. 中国教育年鉴编辑部．中国教育年鉴（1949～1981）．中国大百科全书出版社，1984：157.
2. 1981 年的（一）中有选修课 8 课时未计算在内，（二）是侧重文科的课时表，（三）是侧重理科的课时表。

这一时期，整个教育事业在这一时期的社会大环境下由扭曲走向正轨，科学教育是整个教育事业的重要组成部分，因此科学教育的课程发展由阴转晴，随之得到了重视。

（三）建国后期（1987 年至今）

自 1987 年起，综合理科实验开始在我国的许多地区展开，科学课程逐渐走向综合性发展的道路。

1988 年 9 月国家教委颁布《义务教育全日制小学、初级中学教学计划（试行草案）》，自然课程教学提前到小学一年级开设，六年制小学中的一至四年级每周 1 课时，五、六年级每周 2 课时；五年制小学中一、二年级每周 1 课时，三至五年级每周 2 课时。“六三”制小学自然课程总时数为 272 课时，与之前教学计划增加了 68 课时，占小学总科目时数的 5.4%，“五四”制小学自然课程总时数为 272 课时，比之前教学计划增加了 56 课时，占小学总科目总时数的 5.9%。在整个 80 年代小学自然科学课时总量逐步增加，具体见表 1-3。

表 1-3　小学自然课程设置周课时数变化表

发布日期	年级						
	一	二	三	四	五	六	总课时
1978. 1. 18（五年制）				2	2		136
1981. 3. 12（五年制）			2	2	2		216
1984. 8. 15（城市小学）			2	2	1	1	204

续表 1-3

发布日期	年级						
	一	二	三	四	五	六	总课时
1984.8.15（农村小学）			2	2	2		204
1988.9.20（六年制）	1	1	1	1	2	2	272
1988.9.20（五年制）	1	1	2	2	2		272

注：刘英杰．教育大事典 1949～1990（上）．浙江教育出版社，1993：488.

此次教学大纲是新中国成立以来第六套教学大纲，本次大纲突出的特点是顾及不同地方发展的差异，分别制定城市和农村的教学大纲，尤其重视农村义务教育的普及。

1992 年 8 月，国家教委颁布了《九年义务教育全日制小学、初级中学课程计划（试行）》和 24 个学科的教学大纲（试用）明确规定小学阶段开设思想品德、语文、数学、社会、自然、体育、音乐、美术、劳动等 9 科。

国家教委于 1994 年，发布《〈九年义务教育全日制小学自然教学大纲（试用）〉的调整意见》，根据九年义务教育全日制小学、初级中学课程计划“五四”学制课程设置的调整意见，决定五年制小学三年级的自然课时，由每周 2 课时改为 1 课时，共减少 34 课时。

1996 年，国家教委基础教育司颁布了《全日制普通高级中学课程计划（试验）》，该计划规定普通高中科学课程分为必修、限定选修和任意选修三种方式，要求数学授课总时数应在 332～384 课时之内，物理授课总时数应在 158～306 课时之间，化学 140～253 课时，生物 105～183 课时。1996 年的课程计划试验稿进行重新修订，印发了修订稿。其修改后的主要特点是：首先，在课程设置上，不分学科类课程和活动类课程。其次，增设“综合实践活动”新课程，且为学生的必修课。

2001 年 7 月，国家教委正式颁布《全国基础教育课程改革纲要（试行）》纲要中包括了《全日制义务教育科学（7～9 年级）课程标准（实验稿）》。其中主要规定 7～9 年级（初中）设置综合科学课程。至此，全国普通小学全部开设了“科学”课程。目前为止，全国大部分地区依然采用综合科学课程为主的科学课程。

二、课程内容演变

建国以来，科学教育在课程开设上逐渐变化，其所涵盖的内容也在相应改变。依据近现代中国小学科学课程发展史，小学科学课程名称的演变，主要经历了格致→博物→理科→自然→常识→自然常识→自然→科学的阶段演变，在教材的更新中、试点的经验中课程内容也逐步实现现代化和本土化的演变。科学教育课程与教学改革一体化，促使学生科学素养和科学探究能力正全面提高。

（一）小学科学课程的改造与调整

1951 年 3 月，在“全盘苏化”的时代背景下，我国各科课程教材的编写都是以苏联的教科书为蓝本来编写的，教材有一定的系统性，知识由浅入深，从日常生活和具体事物出发。第二年 3 月，我国颁布了仅在小学四五年级涵盖了算术的内容并且增加珠算。自然科目中包括卫生常识也于小学四、五年级进行教授。各科教学和课外活动都结合自然、社会的基础知识，由教师传授给学生。劳动不作为教学科目占用课时，而只是在实习中和课外活动中另定时间进行。

1953 年 8 月颁布了《试行小学（四二制）教学计划（草案)》，小学四年级起在算术课中开设珠算，每周 1 课时。小学自然课程内容没有改变，仍然包括卫生常识。

1953 ~ 1957 年开始，我国国民经济的第一个五年计划，为培养德、智、体、美、劳全面发展的青年人才，科学教育课程的开设内容上注重增加学生劳动实践相关的教育内容，突出科学知识在生产建设中的作用，并下放权力，允许各地区自编教材。

1959 年 5 月，中共中央转发了教育部党组《关于编写普通中小学和师范学校教材的意见》，其中指出 1958 年各地区自编教材中存在的一些问题，认为应该保证全国必要的统一性水平，应由教育部制订中小学的各科教学大纲，编写国内通用教材以供各地区采用，各地区也可因地制宜适当做些变动，还可以编写乡土教材。由于科学知识涵盖在各科课程中导致教学内容难度较高，而且科学课程设置随意增减等因素的影响，后来自然常识、史地常识、思想品德及其他社会常识又合并为一科，称为常识。人民教育出版社于 1961 年编写出版了供各省试验班使用的教材——《十年制学校小学课本试用本·常识》用于教师和学生用书。

1963 年 7 月，教育部颁布《全日制小学新教学计划（草案)》，小学五、六年级增设农业生产课，并要求四年级以上的学生每年劳动时间为半个月，使得学生和教师经常停课去参加劳动生产活动，过分强调科学教育与生产劳动相结合，产生负面影响。

1966 ~ 1976 年“文化大革命”开始后，教育部编写和出版的中小学自然学科教材受到严厉的抨击，负责编写与出版中小学教材的人民教育出版社被强制停办。一时之间，中小学的教学秩序被打乱，正常教学受到严重的影响，自然学科中的基础知识被削弱，教材内容明显体现出政治化、生产化倾向。

1978 年“文化大革命”结束后，教育部颁布《全日制十年制中小学教学计划（试行草案)》，教学计划指出，小学自然常识课内容主要包括自然常识和卫生常识等。内容上教给学生一些浅近的自然科学常识，对学生进行政治思想教育，为学生进一步学习和将来参加“三大革命运动”打下初步的基础。同年3月，教育部又颁布了《全日制五年制小学教学计划（修订草案）》，其中最大变动是将“自然常识”课程改为“自然”课程。国家还委托人民教育出版社重新修订和出版了全新的自然教学大纲，以及与教学大纲相配套的自然教材和教师教学用书。此次教材与教学大纲的改革取得的飞跃式的进展和突破。

1992年的《九年义务教育全日制小学自然教学大纲（试用）》，明确了自然课的知识内容，由4个系统8个单元组成。4个系统是：生命科学、地球科学、物质科学、宇宙和空间科学。8个单元是：生物、人体、水和空气、地球、力和机械、声光热、电和磁、宇宙。2001年的《科学（3~6年级）课程标准（实验稿）》，并且把科学课程的内容明确划分为三个领域：科学探究、情感态度与价值观、科学知识，并从五个方面展开，分别是科学探究、情感态度与价值观、生命世界、物质世界、地球与宇宙。

直到2001年，教育部组织科学教育专家们编写了《科学（3~6年级）课程标准（实验稿）》，并要求将我国长期使用的小学“自然”学科的名称改为“科学”，此次科学课程名称的改变，不仅反映了课程内容的扩展，从以自然现象、事物为主扩展到整个科学领域，包括科学精神和人文精神的结合，以及科学、技术与社会之间的关系（STS）等，而且，还强调了科学探究能力和科学方法的培养。

（二）中学科学课程的改造与调整

1950年8月，国家颁布《中学暂行教学计划（草案）》，初中一年级的自然课程主要学习的内容是植物、动物和达尔文学说基础，初中二年级学习生理卫生，包括防空、化学防卫和救护等常识。数学教材内容，初中一年级教授算术，二年级代数，三年级平面几何；高中一年级数学包括平面几何、三角、立体几何，二年级包括数学史、立体几何、大代数和解析几何，三年级只有大代数、解析几何。高中一年级的生物课主要包括达尔文学说基础的教学，注重教学中的采集和实验。

1952年12月，教育部以当时苏联的教学大纲为蓝本制定了中学物理、化学等具体科目的教学大纲。1953~1956年期间，人民教育出版社编写并出版了中学《物理》《化学》《自然地理》《植物学》《动物学》以及《人体解剖生理学》等科学教材。这套科学教材的编写，是“仿苏”时代的产物，虽仍有不足，但却为我国自己教材的编写打下基础。

1958年，在“大跃进”形势的推动下，根据中共中央和国务院发布的《关于教育事业管理权力下放的问题的规定》中的有关内容，各地区纷纷采取增加、删减、补充的办法，对全国通用教材进行修改，一些省市还自编自出一些课程教材，从而打破了全国教材统一的局面。

1959 年 5 月，中共中央转发了教育部党组《关于编写普通中小学和师范学校教材的意见》，其中指出，鉴于 1958 年各地自编教材存在的一些问题，应该保证全国必要的统一性和应有的水平，应由教育部制订中小学指导性教学大纲，编写国内通用教材供各地采用，地方可因地制宜适当做些变动，还可以编写乡土教材。此后，在政治上“左”的倾向的影响下，当时的科学教育指导思想开始偏离，许多省“以生产为纲”自编教材，对原来人民教育出版社出版的教材进行大量的“砍、切、换”，力图以所谓的“与生产技术相结合”来代替原有课本中的基础知识，同时补充一些较有难度的科学知识。这样的改革和调整使得新的科学课程在实际中弊端更加突出。

1963 年 7 月，教育部发布了《全日制中学暂行工作条例（草案）》，高中三年级开设农业科学技术知识选修课，课时数没有硬性安排。随后又颁布了中小学各科教学大纲，其中改正了以生产劳动为目的的做法，加强了基础知识的教学和基本技能的训练，主张培养学生分析和解决问题的能力及密切联系学生的实际生活，以帮助学生把握及运用科学知识。这些教育方针、指导思想以及中学科学课程设置的培养目标，对中学科学课程稳定发展产生了很大的影响。

“文化大革命”事件也影响了中学教学内容，内容上出现了巨大改动，中学科学教学内容集中于生产技术和劳动方面，劳动生产知识占据科学课程内容中的主要部分，科学教育大搞典型的劳动生产道路，致使许多优秀的建设人才丧失，严重阻碍科学课程改革正常进行。

我国实行改革开放政策后，国际上先进的教育思想被逐渐引入，20 世纪 80 年代中期，受到国外 STS（即“科学、技术、社会”模式）的实验，教育和综合科学课程的影响，我国科学课程改革也随之如火如荼地开展起来。在当时，我国科学教育首先引入的是 STS 课程，注重科学、技术与社会之间的联系。

1978 年 1 月 18 日，国家教育部颁布了《全日制十年制中小学教学计划（试行草案）》，在课程内容上，数学课适当提高难度，内容开始反映现代数学的特点；物理课程内容主要加强了现代技术所需要的物理基础知识，高中物理课程还安排了农业机械知识的内容；化学课适当安排工农业生产、国防、科学实验所需要的基础知识；初中生物课程主要讲授植物、动物和生物进化的基础知识，高中主要讲授遗传变异等知识。此外，中学设置农基课，初中主要讲授植物栽培、动物饲养方面的知识，高中则注重农业科研方面的知识。初中二、三年级单设了生理卫生课程，主要是传授人体构造、生理卫生、青春期保健知识和常见病的预防等。这个试行草案以及相配套的各学科教学大纲和教材，尝试吸取了国际中小学课程改革的经验，进行了教学内容现代化的有意义的探索。

1981年4月，教育部正式颁布了《全日制六年制重点中学教学计划（试行）草案》和《全日制五年制中学教学计划试行草案的修订意见》两套学制不同的教学计划，同时，对教材的内容也做了适当调整，删减一些不必要的内容。高中数学、物理、化学、生物等课程按1978年颁布的教学大纲和统编教材适当降低要求。同时，对教材的内容也做了适当调整，删减一些不必要的内容，目的就是减轻学生的压力与负担。随着科技自身的进步，科学教育中又增加了新课程，从1981年起，增设了“人口教育”“青春期教育”“计算机”等课程，有的学校还开设了一些与最新科技同步的选修课。期间，东北师范大学附属中学也率先编写自己的初中综合理科教材，这套理科教材从1987年开始在东北师范大学附属中学和几所学校进行实验教学。

1988年9月，国家教委根据《中华人民共和国义务教育法》制定了《义务教育全日制初级中学教学计划（试行草案）》课程内容方面，增添一些新的知识，以拓宽学生的知识面，具体如：初中数学学习代数、平面几何的基础知识以及初步的统计知识和图形知识；初中物理在观察和实验的基础上学习力学、热学、光学等方面的基础知识，了解它们在实际中的应用，培养学生初步的观察和实验能力；初中化学学习几种最常见的元素及其化合物的知识，初步了解它们的作用；初中生物学习植物、动物、细菌、真菌等基础领域，初步了解遗传、进化方面的基础知识，了解它们在实际中的作用。

2000年，国家发布《关于〈全日制普通高级中学课程计划（试验修订稿）〉的通知》。其中最大的变化是综合实践活动为国家规定的必修课程，包括研究性学习、劳动技术教育、社区服务、社会实践四部分内容。综合实践活动的开设是提高学生的创新精神、培养实践能力的重要途径。

2001年7月，国家教委正式颁布《全国基础教育课程改革纲要（试行）》，纲要中包括了《全日制义务教育科学（7~9年级）课程标准（实验稿）》。其中主要规定7~9年级（初中）设置综合科学课程。该课程体系更注重对各学科知识领域的融合以及学生能力的培养，注重科学、技术与社会关系的融合。课程内容更加突出了现代科学成果。

2001年秋，某省原计划订5万册初中《科学》，结果只拿走了1.9万册，还有一个省订的1.3万册全部退掉。国家级出版社的《科学》教材3年只发行了8万册，而同时期出版的《历史与社会》则发行50万册。迄今为止，选择《科学》的实验区也不多，只有广东、浙江、湖北、湖南、山西、陕西、内蒙古等部分省区选择。到2006年7月，比较稳定地使用《科学》的学生只有200余万人。中学科学课程内容涉及广泛，我国在不断调整中找到了符合自己实际情况的科学教育，从注重社会生产知识到注重学生自身发展的转变，从而设计合理的科学课程内容。

第二节 科学教育之于农村发展价值思考

一、科学教育在社会发展中的基本价值

历经演变的科学教育，在课程设置、内容安排等方面逐渐发生变化。抛开“科学”而言，教育的发展演变必然会对社会的发展产生价值导向上的影响，加之于科学教育，似乎我们对其有更多的困惑、更深的思虑。对于教育者而言，或许问题的症结所在即为科学教育的价值到底是什么？在人类社会发展的进程中，科学教育到底能够提供何种可供社会发展的有形材、物？又能够对社会发展的主体——人，提供怎样的精神资源，而这些无形的精神资源又能如何转化为人的精神财富反作用于有形的社会物质财富？这不禁引发我们对于科学教育加之于社会发展的双重价值属性——工具和人性价值的思考。

（一）科学教育的工具价值

讨论某一事物的工具性，就要从其实用性、功用性、效益性等方面进行考虑。科学教育历经历史发展演变，单单就科学而言，在一开始，它的发生和发展就与生产紧密关联。科学教育的普及使得“科学主义”教育思潮伴随着实用主义、功利主义的思想逐步发展形成。近代以来，特别是19世纪末至20世纪初，科学技术在人类探索自然、征服自然、改造自然的实践中取得了巨大成就。希拉里·普特南曾说：“科学在一般文化中的崇高声望要极大地归功于科学的工具性的巨大成功。”

1. 科学教育工具价值之促进国民经济的发展

国民经济的发展其重要的表现即为生产力水平的提升，生产力水平提升的背后则是对于生产水平深度和广度上的高度要求。人的劳动能力作为促进生产力提升的因素之一并不能长久高效地维持或提升生产力水平，劳动能力与人的生理基础相关，生理的局限性则会对于生产力发展水平，进而对国民经济的发展产生限制。而要想达到无限制的生产力发展，则需要高于生理基础的人的智力的推动，通过智力，将无形的科学知识形态物化为有形的生产发展资料形态，以期多途径无限制的发展。而促进生产发展的智力的提升则需要科学教育作为外部助推器来进行有意识的培养。在实际的社会发展之中，这样的例子不胜枚举，人们通常把美国、日本这类发达国家经济的高速发展的决定性因素归结于背后重视科学教育。通过这样一系列的理论与实践的论证，也使得世界各国认识到了教育，尤其是科学教育对生产力及国民经济发展的促进作用。

2. 科学教育工具价值之人力物力资本再生产

科学教育除了作为外部助推器推动国民经济发展之外，其工具价值的极大化

体现在于科学教育自身对于人力物力资本的再生产。

科学教育是劳动力再生产的重要手段。马克思主义经济学认为，劳动者在生产过程中占有重要的地位，劳动者的劳动力则是生产力构成中重要的人的因素，我们可以把它理解为人的身体，即活的人体中存在的、每当人生产某种使用价值时就运用的体力和智力的总和。对于一个劳动力来说，在接受科学教育之前，这个个体“人”是具有转化生产力可能性的一个潜在的生产力者，而进行了智力与体力方面的专业训练，也就是进行了科学教育之后，科学知识这样的潜在精神层面的生产力资源加入其中，两个潜在的生产力可能资源相互融合，人具备科学知识，科学知识在人的利用之下产出现实意义，成为直接现实的生产力。科学教育对劳动力原本的初始状态进行加工，使其发挥潜在可能性，因此，科学教育成为再生产劳动力、促进生产力提升的基本手段。

科学技术加之于社会发展的是看得见的建筑物、设施等的有形的物力资本，而教育加之于社会发展的，就正如美国芝加哥大学教授舒尔茨所说：“作为经济发展源泉的教育，其作用是远远超过被看作实际价值的建筑物、设施、库存物资等物力资本的。”流传演变下来的科学知识经过教育，逐步形成完整的体系，在这样的科学知识体系之中，科学教育部门或在其基础之上进行深入的挖掘研究，或以此为起点进行新的探索，使得科学知识能够转化为科学成果，作用于社会各个领域，以促进社会发展，这是物力资本的产出。随着研究人员对于科学认识的程度不断加深，在继承发展创新融合的过程之中，科学知识不断升级，使得物力资本不断优化提升，这则体现了科学教育对于物力资本的再生产。在这样的教育、产出体系之下，不仅体现了科学教育对于人力物力资源的再生产，更加直接的结果便是科学事业的向前迈进，以及科学教育工具价值的极大展现。

（二）科学教育的人性价值

人性强调的一个重点字眼便是“人”，围绕人、作用于人、于人之上发展。而将人性这种精神感性层面的概念加之于科学这样的实体理性之上，会在历史与现实的正常发展思维中显得格格不入。因为无论是对于历史还是对于现实，科学的工具价值还是人们首要推崇并最为看重的。而随着人主体意识的提升以及社会的逐步发展，人们逐渐认清了被科学工具价值这层薄纱笼罩之下的科学的真正价值所在，即人性价值。这样的人性价值作用于人的精神层面，启发着人的发展，而存在于科学血液中的人性价值加之于科学教育之中的首要条件便是科学教育能否对于“人”“精神”“发展”“人性”等的认识上升到一定的高度。爱因斯坦指出：“科学对于人类事物的影响有两种方式，第一种方式是大家都熟悉的：科学直接地、并且在更大的程度上间接地产生出完全改变了人类生活的工具。第二种方式是教育性质的——它作用于心灵。”

1. 科学教育人性价值之发展价值

结合我国的教育方针，科学教育的培养方向十分明了，即科学教育要培养社会发展所需要的人，借助于人的发展促进社会的发展。而在这其中，科学教育对人的发展性价值的重要性是不言而喻的。没有人的发展这样一个中间环节，社会的发展则无从谈起。这就需要科学教育对于“人”主体性地位的关注，通过科学教育，人具备相应的劳动技能和生产管理能力，掌握必备的社会生活规范，使其在今后的社会生活中发挥各自的作用。这样的说法便将科学教育的人性发展价值与社会系统自组织理论相结合，其核心便是将“生物人”经过科学教育的蜕变，发展成为“社会人”。而在这样的思维逻辑之下，便出现了一种假象悖论，即在此种状态之下的科学教育成为了发展“社会人”的一种工具，而在这样的系统之下，科学教育主要指向于其人性发展价值，科学教育的工具价值与人性价值看似矛盾对立，但究其本质，不难发现，其二者在矛盾中共生，少了科学教育的工具性价值，科学教育培养促进社会发展的人的目的则毫无价值；而少了科学教育的人性发展价值，其促进社会发展的工具性价值则永无实现之日。

就在这样的矛盾共生之中，产生了一种和谐之象：科学教育满足于人发展需要的价值，就是要培养社会发展所需要的人才，实现人的发展—人性价值与社会发展—工具价值的双重发展。

2. 科学教育人性价值之伦理价值

伦理，古代原指音乐的条例，后逐渐引申为比喻封建社会父子、君臣、夫妇、长幼、朋友各类等级尊卑关系及其相应的道德规范。伦理出现的前提条件便是“人”的关系的存在。按照常理来讲，在科学系统之中，理性思维占据主导位置，其对自然环境以及社会环境的影响和控制始终存在。它带给人类生存、自然环境建设、社会发展的积极方面自不必过多赘述，然而在看到光彩一面的同时，也不得不承认，科学也在潜移默化，甚至大张旗鼓地对于多方面进行着负面的控制，由此引发的一系列自然、社会的问题也在我们日常的生活中不断上演着。对于科学这样双刃的表现，最有利的武器便是将“人”作为一种规则“凌驾”于科学技术之上。

如何将科学技术控制在人的手中，使其能够适当的、正常的发挥其价值的极大化？这就需要伦理的介入，寻找一种规范或标准，使得所有人都能够自由的、自主的、自愿的参与其中，有效的利用科学、实用技术，促进自然、社会、人的和谐发展。而科学教育思想本身就包含着理性的科学、技术和感性的人性、伦理统一的核心思想。科学教育一方面将理性的科学知识系统的传授，另一方面也将感性注入其中。为使得人类社会能够发展进化，科学教育试图为学习者提供一个描述真实科学技术世界的空间，其中必定渗透着有关科学技术的行为选择，而且这种选择又必定具有判断的价值标准和价值体系，这便是科学技术的伦理观。这样的伦理价值观使得学习者能够在科学技术面前判断是非对错，形成基于主观判断的客观标准。这就将科学教育的伦理价值上升到了影响社会长足发展的高度。

3. 科学教育人性价值之审美价值

科学首先突破了传统意义上人们对于美的认识，在科学出现之前，人们对于美的认识仅仅局限于感性范围之内，科学活动将对于美的追寻延伸到了理性的范畴之中。这就如数学中的心形函数，英国数学家、哲学家怀特海就曾经说过："数学是'真、善、美'三位一体的辩证统一，数学理论本身的奇妙、微妙、简洁有力，就是数学的'美'"。其次，科学的发展也使得人们突破了以往的某些偏见，将这些"偏见"纳入到了可以欣赏的美学范畴之中。正如人们现在感叹于宇宙神奇的自然现象，日食、月食、流星等，在古代往往与不幸，甚至与灾难划等号，而在人们通过对于科学知识的了解与认识之后，则获得了对于自然神奇的惊叹以及欣赏过程中的审美愉悦。

科学自身作为一种美学活动，其带来的审美判断使人们在这样一种特殊的审美活动之中获得精神上的升华。从某种意义上来说，科学在追求真理的过程中，也在寻求着美。赫胥黎认为，对于大多数人来说，审美能力如同推理能力和道德情感那样，是需要进行专门的教育、指导和培养的，并且需要通过学习自然科学来培养。加之于科学教育，人们研究科学、发展科学、追求真理、升华真理，这样一个过程更是一种对于美学价值极大化的追求。科学教育中的审美价值，则是在学习科学知识的过程之中，形成健康的审美观念和审美趣味，通过科学培养感受美、理解美、评价美、表现美及创造美的能力，从而使审美能力得到提高的一种教育过程。

4. 科学教育人性价值之精神价值

正如爱因斯坦所说的科学的教育性质——作用于心灵。科学，相对于它带来的实体物态层面价值对人性产生的影响，精神层面的价值往往是最高层次的一种主客体之间的效用。科学教育人性价值的实现就在于能否认清科学的精神价值，以理性为主导的科学，具有理性精神、批判精神、创造精神等。加之于科学教育之中，就是让这些科学的精神在培养科学人才的过程中不断进化升华，让主要作用于人精神层面的科学的人性价值闪现光芒。

人是感性和理性相结合的一种高级动物，科学是理性与经验相结合的一种产物。科学的理性使人冲破了被自然界的强大所笼罩的薄雾，走出了盲目崇拜的感性怪圈，这样的理性精神，在科学教育之中极大的显现出来。不仅表现在于科学知识的理性选择，还表现于科学方法的选用以及科学研究的层面之上，总之无论是在科学还是科学教育之中，理性精神始终处于一种主导地位，对其发展指引方向。相比于科学理性精神的主导地位，批判精神则是科学的本质所在，马克思的辩证主义思想中，否定之否定最后结果的指向是发展。正如我们之前论述科学教育的工具价值时所提到的，科学教育对于科学知识具有再生产的作用，这种再生产是基于对于经验、前期科学知识、科学研究的否定、继承、批判及创新得来的，这样的物态化结果的背后则有赖于科学教育的批判精神。由此我们也可以明确的一点是，科学教育其人性价值的基础性地位。批判的结果指向于创新，创新则是科学不断向前推进和发展的生命力，正是有着批判精神、创新精神，才使得人们能够摧毁愚昧、迷信、盲从等腐朽精神，正确的认识世界，获得一定程度的思想上的解放。而这也正是科学教育所不断追寻的最高境界。

科学、科学教育、社会发展、价值，这几个关键词的相关关系既简单明了又复杂多样，但对于科学教育在其间的沟通作用则是无需质疑的。科学自身的工具性和人性价值与教育相结合，形成具有特殊价值意义所在的科学教育，无论是科学教育还是教育，其最终指向的目标均在于为人的发展，而在这样人性化价值的基础之上，社会得以在人发展的基础之上得到长足进步，这则是科学教育工具性价值的另一种体现。融合着工具价值和人性价值的科学教育，这不仅仅是科学发展的结果，也是科学教育作为教育大理论之下的内在发展要求，更是人以及社会发展的需要所在。

二、科学教育在农村发展中的特殊价值

这部分涉及两个主体，科学教育和农村发展。分析两个主体，首先科学教育，其上位概念为教育，教育对于社会发展的基础作用，科学教育是基本具备的，加之于科学教育则有其对于社会发展的基本价值；其次农村发展，农村发展与社会发展密切相关，国家将乡村振兴提升到战略的高度之上，将其与解决社会主要矛盾、实现百年奋斗目标和中国梦等相联系，其重要性自不必赘述。而正如我们在论述科学教育对于社会发展的基本价值时提到的，其指向于“人”的人性价值是其最基础的灵魂所在。对于农村的发展更是如此，农村发展的方方面面，经济、政治、文化、教育等，在这方方面面发展的过程之中，人的重要作用是不言而喻的，而处于农村中的“人”，由于劳动力资源、管理体制、意识形态等因素的特殊性限制，使得农村发展的方方面面也具备了特殊性，在这样的特殊性之下，科学教育对于社会发展的基本价值作用于特殊的农村，其主客体之间的效用关系则也笼罩了特殊的色彩。

（一）科学教育之于农村经济发展

农业发展必须依靠科技，科技发展必须依靠人才，解放人才的主要途径在于发展农村教育，农村教育发展的水平最终决定着农村经济发展水平。对于农村经济的发展，提高劳动生产率是解决发展约束、促进农村经济快速稳定增长的基础，而提高劳动生产率，归根到底则需要提高农村人力资本水平。这样一个循环

圈向我们证明了一个不争的事实，即教育，尤其是科学教育对于农村地区经济发展的重要价值。

正如我们之前论述的科学教育对社会发展的基本价值时所提到的，科学教育的工具价值中，无论是科学教育自身对于国民经济的直接作用，还是其对于科学知识、劳动力等人力物力资本的再生产作用都对社会经济发展产生了积极的影响。正因认识到了农村的基础性地位，认识到了农村经济发展对整个国民经济发展的重要作用，国家对于农村发展，尤其是农村教育事业发展的重视程度逐步提升。在这其中，正因为有直接指向于提升人科学素养的科学教育，使得作为潜在劳动力资源的农村学生劳动力水平得以提升，这些潜在的劳动力接受过科学教育之后，或走出农村为整个社会发展补充劳动力，或反哺农村，利用其科学文化素养带动农村地区生产力水平提升，这两种路径之下的结果一种是整体社会的大发展带动农村地区经济发展，另一种是农村地区经济的直接发展。正是在这样的逻辑思维体系之下，农村地区经济发展的短板——劳动力素质，在科学教育的提升之中得以发展。

（二）科学教育之于农村政治发展

长期以来，提到农村地区发展，与其直接挂钩的，最经常被提及、探讨的就是农村经济与农村文化的发展，农村政治的发展却往往甚少有人提及。经济基础决定上层建筑，上层建筑反作用于经济基础，政治在社会发展的方方面面起到高屋建瓴的作用。农村的政治状况决定着整个国家政治的稳定和现代化的发展水平，并且与“三农”问题紧密相关，制约着其早日实现。脱离了农村政治发展的视野，农村经济发展便无从谈起。在农村社会中起到如此重要作用的政治发展，其背后也有赖于教育，尤其是科学教育的推动。科学教育、政治，两个看似毫无关联的事物，其背后的相互作用是我们不可忽视的。

曾经于1996年开始推行全国的农村政治科技学校，就是通过各种形式的培训，在农村青少年中大力开展科技教育活动，帮助他们尽快成长为全面推进农村各项事业发展的新一代农民。在学习科学知识的同时，也不忽视对于农民的思想政治教育，通过科学教育，引导农民正确处理个人利益与集体利益、局部利益与整体利益、眼前利益与长远利益的关系，并且通过经常性的时事政策的教育，使农民们对于当前国内外的各种科技形势有所了解。

这样一个鲜活的例子，提供给我们的便是科学教育对农村政治发展的特殊价值所在。首先，对于科学本身而言，其对于政治发展，尤其是农村地区的政治发展就意义非凡，如网络科学在农村的出现，就使得农村政治的运行机制等上升到了现代化的层面之上，使其参与政治生活的方式和渠道更加多样化，也为农民们表达自己的政治诉求、积极参与政治生活创造了条件；其次，农村科学教育，扎根在农村地区的科学教育，其不管面对的对象是学生还是农民，通过科学教育传递出来的利益价值层面的信息对于农村政治价值体系的建立也是至关重要。

（三）科学教育之于农村文化发展

农村文化建设作为社会主义新农村建设的重要内容，肩负着为社会主义新农村建设提供思想保证、精神动力和文化支持的重要责任和使命。然而对于社会发展如此重要的文化，其也会促使人们产生对于新奇事物的抵制。这种现象在农村地区尤为常见，一些农业从事者，由于种种因素的限制，使其对于新鲜事物的接触机会有限，其头脑中原有的思想观念和意识形态产生固化，让他们坚信原有的某些知识就是真理，这样往往会造成与当下器物层面的生产力要求相差悬殊、与制度层面的政治要求相背离的结果。这样的结果毫无疑问，无益于农村社会的长足发展。

保守文化对于农村的负面影响是潜移默化的，通过激进手段使其发生改变也是不现实的，最为有效的，对于人，尤其是农村地区人们的保守文化思想进行改变的方式即为教育，结合到促进农村发展最实际的便是科学教育。而在这里，科学教育的概念就要被重新认识，在这样一种层面的分析之下，农村科学教育的外延范围被扩大化，不仅仅局限于学校，以青少年为主体开展的传授科学知识、培养科学精神和态度的、建立科学知识和价值观，旨在提升科学能力和科学技术应用的教育。它还包括外部科学知识、人才的引进、内部农村人才的反哺等形式，因此在这样的“科学教育”之下，先进的科学技术设备、高端的科学知识、高素质的科学人才在农村地区“开花结果”，不仅带来实体物态层面的工具价值，直接促进农村地区经济发展，也作用于精神层面、文化层面，发挥科学教育自身的批判精神、创造精神，将科学教育的人性价值在这样一种特殊的文化环境之下发挥得淋漓尽致。

（四）科学教育之于农村教育发展

十九大报告提出实施乡村振兴战略，这是适应新时代中国特色社会主义建设需要的重大决策。而就一些研究者的地方调研情况来看，实施乡村振兴战略，关键是振兴农村教育，将农业农村优先发展和教育事业优先发展融合起来。科学教育与农村教育事业，教育直接指向的是人，作为一切发展之源，国家的整体发展有赖于人才素质的提升，人才素质的提升背后离不开教育的进步。农村教育事业的发展对于农村社会的整体发展更是至关重要。

科学教育在农村学校的开展，一方面引进了器物层面的科学知识与科学物具，将科学的客观器物与先进的教育理念相融合，这样的结果，就眼下的发展而言，提升了学校硬件设备的科学程度，为农村学校的发展奠定科学基础；就长远的意义来说，科学知识与教育的融合，开拓了农村青少年的科技视野、丰富了科学知识、提升了科学素养，并且还会通过农村青少年的辐射带动作用，加强农村青少年家庭对于科学教育的重视，长此以往，良性循环，其最后，这种科学教育所带来的器物层面发挥的价值就逐步显现出来。

另一方面，正如我们之前对于科学教育人性价值的论述，科学教育的发展价值、伦理价值、审美价值、精神价值，如果细细探究，科学教育的这些方面的人性价值，其产出作用于人的过程实质上都是借助教育、在教育过程之中来进行完成的，在农村这样一个特殊的场域，更需要科学教育在人的精神层面、发展层面、人性层面予以引领，农村由于获取信息的阻碍性等原因使得思想上的执拗性尤为明显，通过科学教育的人性价值发挥作用，加快农村老旧思想的更新换代，这不仅仅是教育事业的进步，更为农村社会长足发展奠定基础。

当我们对于某一事物的价值产生疑惑的时候，往往表明我们对于这样一个事物存在的意义显现出了疑虑。回归到我们这一章节所问“农村学校科学教育的价值大吗?”，之所以有对于这样一个问题的发问，其背后显现了我们对于农村开展科学教育价值及意义的深深的不自信。这样的不自信源于我们对于科学教育自身价值性的忽略、源于我们对于农村以及农村教育的无力感。科学教育在整体社会发展之中对于人、财、物的基本价值我们无需质疑，带来的进步与提升我们也在享受着。而在农村这样一个特殊的场域之中，科学教育也将其工具与人性价值发挥在农村的角角落落之中，其为农村社会，不仅仅局限于农村人才培养的价值则也是无需我们质疑的。

第二章　农村学校科学教育教学资本充足吗？

任何学校的教学活动开展都离不开教学资本。教学资本是教学活动开展的重要前提条件和客观要求。一般意义上讲，教学资本包括文本类资源、环境类资源、人力类资源。对于科学教育实施而言，教学资本因其学科特点而在这三个方面与其他学科有些不同。其中，文本类资源主要是指教科书、学生活动手册，教学具、教师教学用书、校本课程等。环境资源主要是指科学实验室、实验室中的材料与设备以及网络教学资源等。人力类资源主要是指科学课程的专兼职教师的数量多少、科学课程教师属于科班出身的人数的多少等。本章具体分析科学教育实施中的教学资本的具备情况，将农村学校科学教育教学资本以数据的形式现状呈现出来。

第一节　农村学校科学教育文本资源概览及差异比较

一、农村学校科学教育不同文本资源现状

（一）科学教科书具备情况

从统计数据表（见表2-1）中可以看出农村学校科学课程教科书情况。教科书非常充分的学校被试有615人，占所有被试的24.4%；教科书比较充分的学校被试有1013人，占所有被试的40.2%；教科书一般的学校被试有653人，占所有被试的25.9%；教科书不太充分的学校被试有230人，占所有被试的9.1%；没有教科书的学校被试有12人，占所有被试的0.5%。依据统计数据可以推断出，虽然农村学校科学课程教科书基本具备情况以上比例达到90.5%，但是仍有近9.5%的被试所在学校科学课程教科书具备情况不理想。

（二）学生活动手册具备情况

从统计数据表（见表2-2）中可以看出农村学校科学课程学生活动手册具备情况。学生活动手册具备情况非常充分的学校被试有384人，占所有被试的15.2%；学生活动手册具备情况比较充分的学校被试有890人，占所有被试的35.3%；学生活动手册具备情况一般的学校被试有752人，占所有被试的

29.8%；学生活动手册具备情况不太充分的学校被试有 299 人，占所有被试的 11.9%；没有学生活动手册具备情况的学校被试有 198 人，占所有被试的 7.8%。依据统计数据可以推断出，虽然农村学校科学课程学生活动手册基本具备情况以上比例达到 80.3%，但是仍有近 19.7% 的被试所在学校科学课程学生活动手册具备情况不理想。

表 2-1 科学教科书具备情况

项目		频率	百分比/%	有效百分比/%
有效	非常充分	615	24.4	24.4
	比较充分	1013	40.1	40.1
	一般	653	25.9	25.9
	不太充分	230	9.1	9.1
	没有	12	0.5	0.5
	合计	2523	100.0	100.0

表 2-2 学生活动手册具备情况

项目		频率	百分比/%	有效百分比/%
有效	非常充分	384	15.2	15.2
	比较充分	890	35.3	35.3
	一般	752	29.8	29.8
	不太充分	299	11.9	11.9
	没有	198	7.8	7.8
	合计	2523	100.0	100.0

（三）教学具具备情况

从统计数据表（见表 2-3）中可以看出农村学校科学课程教学具具备情况。教学具具备情况非常充分的学校被试有 322 人，占所有被试的 12.8%；教学具具备情况比较充分的学校被试有 925 人，占所有被试的 36.7%；教学具具备情况一般的学校被试有 859 人，占所有被试的 34.0%；教学具具备情况不太充分的学校被试有 334 人，占所有被试的 13.2%；没有教学具具备情况的学校被试有 83 人，占所有被试的 3.3%。依据统计数据可以推断出，虽然农村学校科学课程教学具基本具备情况以上比例达到83.5%，但是仍有近16.5%的被试所在学校科学课程教学具情况不理想。

表2-3　教学具具备情况

项　目		频率	百分比/%	有效百分比/%
有效	非常充分	322	12.8	12.8
	比较充分	925	36.7	36.7
	一般	859	34.0	34.0
	不太充分	334	13.2	13.2
	没有	83	3.3	3.3
	合计	2523	100.0	100.0

（四）教师教学用书具备情况

从统计数据表（见表2-4）中可以看出农村学校科学课程教师教学用书具备情况。教师教学用书具备情况非常充分的学校被试有637人，占所有被试的25.2%；教师教学用书具备情况比较充分的学校被试有996人，占所有被试的39.5%；教师教学用书具备情况一般的学校被试有679人，占所有被试的26.9%；教师教学用书具备情况不太充分的学校被试有178人，占所有被试的7.1%；没有教师教学用书具备情况的学校被试有33人，占所有被试的1.3%。依据统计数据可以推断出，虽然农村学校科学课程教师教学用书基本具备情况以上比例达到91.6%，但是仍有近8.4%的被试所在学校科学课程教师教学用书具备情况不理想。

表2-4　教师教学用书具备情况

项　目		频率	百分比/%	有效百分比/%
有效	非常充分	637	25.2	25.2
	比较充分	996	39.5	39.5
	一般	679	26.9	26.9
	不太充分	178	7.1	7.1
	没有	33	1.3	1.3
	合计	2523	100.0	100.0

（五）科学校本课程情况

从统计数据表（见表2-5）中可以看出农村学校科学校本课程情况。科学校本课程情况非常多的学校被试有361人，占所有被试的14.3%；科学校本课程情况比较多的学校被试有848人，占所有被试的33.6%；科学校本课程情况一般的学校被试有894人，占所有被试的35.4%；科学校本课程情况不太多的学校被试有237人，占所有被试的9.4%；没有科学校本课程情况的学校被试有183人，占所有被试的7.3%。依据统计数据可以推断出，虽然农村学校科学校本课程一般情况以上比例达到83.3%，但是仍有近16.7%的被试所在学校科学校本课程情况不理想。

表2-5 科学校本课程情况

项目		频率	百分比/%	有效百分比/%
有效	非常多	361	14.3	14.3
	比较多	848	33.6	33.6
	一般	894	35.4	35.4
	不太多	237	9.4	9.4
	没有	183	7.3	7.3
	合计	2523	100.0	100.0

二、农村学校科学教育不同文本资源间描述统计量比较

为了更好地了解各种文本资源的实际情况，用描述性统计将其极大值、极小值、均值、标准差列出进行比较之间的优劣。统计数据表（见表2-6）中显示，文本资源各项的均值在2.21至2.62之间，其水平均处在比较好和一般情况之间。相比之下，科学教科书具体情况和教师教学用书具备情况要好些。均值分别达到2.21、2.20，学生活动手册具备情况、教学具具备情况、科学校本课程情况要差一些，均值分别为2.62、2.58、2.62。农村学校文本资源中各类资源状态尚可。

表2-6 不同文本资源间描述统计量比较

文本资源	*N*	极小值	极大值	均值	标准差
科学教科书具备情况	2523	1	5	2.21	0.930
学生活动手册具备情况	2523	1	5	2.62	1.117

续表 2-6

文本资源	N	极小值	极大值	均值	标准差
教学具具备情况	2523	1	5	2.58	0.981
教师教学用书具备情况	2523	1	5	2.20	0.940
科学校本课程情况	2523	1	5	2.62	1.071

三、不同学校所在地间科学教育文本资源差异比较

为考查不同学校所在地间在文本资源方面存在的差异，对其进行差异分析。统计数据表（见表2-7）中显示，在所有的文本资源方面，不同学校所在地间在学生活动手册具备情况和科学校本课程方面存在显著差异，其他方面不存在显著差异。在科学课程教科书具备情况方面，县市和乡村之间没有显著差异，其中，县市的均值为2.19，小学的均值为2.22，p 值为0.60，大于0.05，不存在显著差异。在学生活动手册具备情况方面，县市和乡村之间存在显著差异，其中，县市的均值为2.42，乡村的均值为2.65，p 值为0.000，小于0.001，存在显著差异。在教学具具备情况方面，县市和乡村之间没有显著差异，其中，县市的均值为2.51，乡村的均值为2.59，p 值为0.12，大于0.05，不存在显著差异。在教师教学用书具备情况方面，县市和乡村之间没有显著差异，其中，县市的均值为2.12，乡村的均值为2.21，p 值为0.080，大于0.05，不存在显著差异。在科学校本课程情况方面，县市和乡村之间存在显著差异，其中，县市的均值为2.47，乡村的均值为2.64，p 值为0.000，小于0.001，存在显著差异。也就是，从学校所在地来看，学生活动手册和校本课程在县市和乡村间存在显著差异，县市学校的情况要好于乡村学校的情况，其他方面县市和乡村学校间没有显著差异。

表 2-7　不同学校所在地间的文本资源差异比较

文本资源	学校所在地	N	均值	标准差	Sig.（双侧）
科学教科书具备情况	县市	378	2.19	0.966	0.60
	乡村	2145	2.22	0.924	
学生活动手册具备情况	县市	378	2.42	1.038	0.000①
	乡村	2145	2.65	1.128	
教学具具备情况	县市	378	2.51	0.994	0.12
	乡村	2145	2.59	0.978	

续表 2-7

文本资源	学校所在地	N	均值	标准差	Sig.（双侧）
教师教学用书具备情况	县市	378	2.12	0.886	0.080
	乡村	2145	2.21	0.948	
科学校本课程情况	县市	378	2.47	0.967	0.000①
	乡村	2145	2.64	1.086	

① $p<0.001$。

四、不同学校类型间科学教育文本资源差异比较

为考查不同学校类型间在文本资源方面存在的差异，对其进行了差异分析。统计数据表（见表2-8）中显示，在所有的文本资源方面，不同学校类型间都不存在显著差异。在科学教科书具备情况方面，九年一贯制学校和小学之间没有显著差异，其中，九年一贯制学校的均值为2.25，小学的均值为2.20，p 值为0.325，大于0.05，不存在显著差异。在学生活动手册具备情况方面，九年一贯制学校和小学之间没有显著差异，其中，九年一贯制学校的均值为2.55，小学的均值为2.64，p 值为0.109，大于0.05，不存在显著差异。在教学具具备情况方面，九年一贯制学校和小学之间没有显著差异，其中，九年一贯制学校的均值为2.54，小学的均值为2.58，p 值为0.394，大于0.05，不存在显著差异。在教师教学用书具备情况方面，九年一贯制学校和小学之间没有显著差异，其中，九年一贯制学校的均值为2.21，小学的均值为2.19，p 值为0.669，大于0.05，不存在显著差异。在科学校本课程情况方面，九年一贯制学校和小学之间没有显著差异，其中，九年一贯制学校的均值为2.56，小学的均值为2.63，p 值为0.216，大于0.05，不存在显著差异。也就是说不同学校类型在科学教科书、学生活动手册、教学具、教师教学用书、校本课程方面没有显著差异。因此，可以进一步推断，所有类型学校的教学资本情况基本相同。

表 2-8　不同学校类型间的文本资源差异比较

文本资源	学校类型	N	均值	标准差	Sig.（双侧）
科学教科书具备情况	九年一贯制	517	2.25	0.920	0.325
	小学	2006	2.20	0.933	
学生活动手册具备情况	九年一贯制	517	2.55	1.047	0.109
	小学	2006	2.64	1.135	

续表 2-8

文本资源	学校类型	N	均值	标准差	Sig.（双侧）
教学具具备情况	九年一贯制	517	2.54	0.957	0.394
	小学	2006	2.58	0.987	
教师教学用书具备情况	九年一贯制	517	2.21	0.947	0.669
	小学	2006	2.19	0.938	
科学校本课程情况	九年一贯制	517	2.56	1.018	0.216
	小学	2006	2.63	1.083	

五、不同学校班级数被试学校间科学教育文本资源差异比较

（一）不同学校班级数被试学校间科学教科书具备情况差异比较

通过不同学校班级数被试学校科学教科书具备情况描述统计分析表（见表2-9）可以看出，学校班级数在1~10个被试学校的科学教科书具备情况均值为2.28，学校班级数在11~20个被试学校的科学教科书具备情况均值为2.15，学校班级数在21~30个被试学校的科学教科书具备情况均值为2.16，学校班级数在31~40个被试学校的科学教科书具备情况均值为1.82。

表 2-9 不同学校班级数的被试学校科学教科书具备情况描述统计分析

班级数	N	均值	标准差
1~10个	1465	2.28	0.914
11~20个	689	2.15	0.933
21~30个	268	2.16	0.997
31~40个	101	1.82	0.841
总　数	2523	2.21	0.930

不同学校班级数的被试学校科学教科书具备情况的方差分析表（见表2-10）可以显示，不同学校班级数的被试学校在科学教科书具备情况上有显著差异（$p<0.001$）。由事后比较得知，班级数为1~10个被试均值大于班级数为11~20个被试均值，即班级数为11~20个的被试所在学校的科学教科书具备情况明显好于班级数为1~10个被试所在学校。班级数为1~10个被试均值大于班级数为31~40个被试均值，即班级数为31~40个的被试所在学校的科学教科书具备

情况明显好于班级数为 1 ~ 10 个被试所在学校。班级数为 11 ~ 20 个被试均值大于班级数为 31 ~ 40 个被试均值，即班级数为 31 ~ 40 个的被试所在学校的科学教科书具备情况明显好于班级数为 11 ~ 20 个被试所在学校。班级数为 21 ~ 30 个被试均值大于班级数为 31 ~ 40 个被试均值，即班级数为 31 ~ 40 个的被试所在学校的科学教科书具备情况明显好于班级数为 21 ~ 30 个被试所在学校。进一步从关联强度指数来看，ω^2 的值等于 0.011，可见，班级数与科学教科书具备情况存在微弱关系。统计检验力等于 0.998，决策正确率较高，班级数对科学教科书具备情况的解释量较大。

表 2-10 不同学校班级数的被试学校科学教科书具备情况的方差分析

变异来源	SS(Ⅲ型平方和)	DF	MS(均方)	F	事后比较	ω^2	统计检验力
组间	25.495	3	8.498	9.922①	1 ~ 10 个 > 11 ~ 20 个； 1 ~ 10 个 > 31 ~ 40 个； 11 ~ 20 个 > 31 ~ 40 个； 21 ~ 30 个 > 31 ~ 40 个	0.011	0.998
组内	2157.483	2519	0.856				
全体	2182.977	2522					

① $p < 0.001$。

（二）不同学校班级数的被试学校间学生活动手册具备情况差异比较

通过不同学校班级数被试学校学生活动手册具备情况描述统计分析表（见表 2-11）可以看出，学校班级数在 1 ~ 10 个被试学校的学生活动手册具备情况均值为 2.75，学校班级数在 11 ~ 20 个被试学校的学生活动手册具备情况均值为 2.51，学校班级数在 21 ~ 30 个被试学校的学生活动手册具备情况均值为 2.41，学校班级数在 31 ~ 40 个被试学校的学生活动手册具备情况均值为 2.03。

表 2-11 不同学校班级数的被试学校学生活动手册描述统计分析

班级数	N	均值	标准差
1 ~ 10 个	1465	2.75	1.117
11 ~ 20 个	689	2.51	1.080
21 ~ 30 个	268	2.41	1.110
31 ~ 40 个	101	2.03	1.063
总 数	2523	2.62	1.117

不同学校班级数的被试学校学生活动手册具备情况的方差分析表（见表2-12）可以显示，不同学校班级数的被试学校在学生活动手册具备情况有显著差异（$p<0.001$）。由事后比较得知，班级数为1~10个被试均值大于班级数为11~20个被试均值，即班级数为11~20个的被试所在学校的学生活动手册具备情况明显好于班级数为1~10个被试所在学校。班级数为1~10个被试均值大于班级数为21~30个被试均值，即班级数为21~30个的被试所在学校的学生活动手册具备情况明显好于班级数为1~10个被试所在学校。班级数为1~10个被试均值大于班级数为31~40个被试均值，即班级数为31~40个的被试所在学校的学生活动手册具备情况明显好于班级数为1~10个被试所在学校。班级数为11~20个被试均值大于班级数为31~40个被试均值，即班级数为31~40个的被试所在学校的学生活动手册具备情况明显好于班级数为11~20个被试所在学校。班级数为21~30个被试均值大于班级数为31~40个被试均值，即班级数为31~40个的被试所在学校的学生活动手册具备情况明显好于班级数为21~30个被试所在学校。进一步从关联强度指数来看，ω^2的值等于0.024，可见，班级数与学生活动手册具备情况存在微弱关系。统计检验力等于1.000，决策正确率很高，班级数对学生活动手册具备情况的解释量很大。

表2-12　不同学校班级数的被试学校学生活动手册具备情况的方差分析

变异来源	SS(Ⅲ型平方和)	DF	MS(均方)	F	事后比较	ω^2	统计检验力
组间	77.812	3	25.937	21.271①	1~10个>11~20个； 1~10个>21~30个； 1~10个>31~40个； 11~20个>31~40个； 21~30个>31~40个	0.024	1.000
组内	3071.622	2519	1.219				
全体	3149.434	2522					

① $p<0.001$。

（三）不同学校班级数的被试学校间教学具具备情况差异比较

通过不同学校班级数被试学校教学具具备情况描述统计分析表（见表2-13）可以看出，学校班级数在1~10个被试学校的教学具具备情况均值为2.68，学校班级数在11~20个被试学校的教学具具备情况均值为2.47，学校班级数在21~30个被试学校的教学具具备情况均值为2.46，学校班级数在31~40个被试学校的教学具具备情况均值为2.13。

不同学校班级数的被试学校教学具具备情况的方差分析表（见表2-14）可以显示，不同学校班级数的被试学校在教学具具备情况有显著差异（$p<0.001$）。由事后比较得知，班级数为1~10个被试均值大于班级数为11~20个被试均值，即班级数为11~20个的被试所在学校的教学具具备情况明显好于班级数为1~10

个被试所在学校。班级数为 1～10 个被试均值大于班级数为 21～30 个被试均值，即班级数为 21～30 个的被试所在学校的教学具具备情况明显好于班级数为 1～10 个被试所在学校。班级数为 1～10 个被试均值大于班级数为 31～40 个被试均值，即班级数为 31～40 个的被试所在学校的教学具具备情况明显好于班级数为 1～10 个被试所在学校。班级数为 11～20 个被试均值大于班级数为 31～40 个被试均值，即班级数为 31～40 个的被试所在学校的教学具具备情况明显好于班级数为 11～20 个被试所在学校。班级数为 21～30 个被试均值大于班级数为 31～40 个被试均值，即班级数为 31～40 个的被试所在学校的教学具具备情况明显好于班级数为 21～30 个被试所在学校。进一步从关联强度指数来看，ω^2 的值等于 0.018，可见，班级数与教学具具备情况存在微弱关系。统计检验力等于 1.000，决策正确率很高，班级数对教学具具备情况的解释量很大。

表 2-13 不同学校班级数的被试学校教学具描述统计分析

班级数	N	均值	标准差
1～10 个	1465	2.68	0.995
11～20 个	689	2.47	0.924
21～30 个	268	2.46	1.006
31～40 个	101	2.13	0.845
总　数	2523	2.58	0.981

表 2-14 不同学校班级数的被试学校教学具具备情况的方差分析

变异来源	SS(Ⅲ型平方和)	DF	MS(均方)	F	事后比较	ω^2	统计检验力
组间	47.418	3	15.806	16.739①	1～10 个＞11～20 个； 1～10 个＞21～30 个； 1～10 个＞31～40 个； 11～20 个＞31～40 个； 21～30 个＞31～40 个	0.018	1.000
组内	2378.644	2519	0.944				
全体	2426.063	2522					

① $p<0.001$。

（四）不同学校班级数的被试学校间教师教学用书具备情况差异比较

通过不同学校班级数被试学校间教师教学用书具备情况描述统计分析表（见表 2-15）可以看出，学校班级数在 1～10 个被试学校的教师教学用书具备情况均值为 2.29，学校班级数在 11～20 个被试学校的教师教学用书具备情况均值为 2.13，学校班级数在 21～30 个被试学校的教师教学用书具备情况均值为 2.04，学校班级数在 31 ~40 个被试学校的教师教学用书具备情况均值为 1.71。

表 2-15　不同学校班级数的被试学校间教师教学用书具备情况描述统计分析

班级数	N	均值	标准差
1 ~10 个	1465	2.29	0.968
11 ~20 个	689	2.13	0.899
21 ~30 个	268	2.04	0.867
31 ~40 个	101	1.71	0.726
总　数	2523	2.20	0.940

不同学校班级数的被试学校教师教学用书具备情况的方差分析表（见表 2-16）可以显示，不同学校班级数的被试学校在教师教学用书具备情况方面有显著差异（$p<0.001$）。由事后比较得知，班级数为 1 ~10 个被试均值大于班级数为 11 ~20 个被试均值，即班级数为 11 ~20 个的被试所在学校的教师教学用书具备情况明显好于班级数为 1 ~10 个被试所在学校。班级数为 1 ~10 个被试均值大于班级数为 21 ~30 个被试均值，即班级数为 21 ~30 个的被试所在学校的教师教学用书具备情况明显好于班级数为 1 ~10 个被试所在学校。班级数为 1 ~10 个被试均值大于班级数为 31 ~40 个被试均值，即班级数为 31 ~40 个的被试所在学校的教师教学用书具备情况明显好于班级数为 1 ~10 个被试所在学校。班级数为 11 ~20 个被试均值大于班级数为 31 ~40 个被试均值，即班级数为 31 ~40 个的被试所在学校的教师教学用书具备情况明显好于班级数为 11 ~20 个被试所在学校。班级数为 21 ~30 个被试均值大于班级数为 31 ~40 个被试均值，即班级数为 31 ~40 个的被试所在学校的教师教学用书具备情况明显好于班级数为 21 ~30 个被试所在学校。进一步从关联强度指数来看，ω^2 的值等于 0.020，可见，班级数与教师教学用书具备情况存在微弱关系。统计检验力等于 1.000，决策正确率很高，班级数对教师教学用书具备情况的解释量很大。

表 2-16　不同学校班级数的被试学校教师教学用书具备情况的方差分析

变异来源	SS(Ⅲ型平方和)	DF	MS(均方)	F	事后比较	ω^2	统计检验力
组间	46.246	3	15.415	17.806①	1 ~10 个 >11 ~20 个； 1 ~10 个 >21 ~30 个； 1 ~10 个 >31 ~40 个； 11 ~20 个 >31 ~40 个； 21 ~30 个 >31 ~40 个	0.020	1.000
组内	2180.851	2519	0.866				
全体	2227.097	2522					

① $p<0.001$。

（五）不同学校班级数的被试学校间科学校本课程情况差异比较

通过不同学校班级数被试学校科学校本课程情况描述统计分析表（见表2-17）可以看出，学校班级数在1～10个被试学校的科学校本课程情况均值为2.73，学校班级数在11～20个被试学校的科学校本课程情况均值为2.50，学校班级数在21～30个被试学校的科学校本课程情况均值为2.42，学校班级数在31～40个被试学校的科学校本课程情况均值为2.30。

表2-17　不同学校班级数的被试学校科学校本课程描述统计分析

班级数	*N*	均值	标准差
1～10个	1465	2.73	1.062
11～20个	689	2.50	1.044
21～30个	268	2.42	1.083
31～40个	101	2.30	1.127
总　数	2523	2.62	1.071

不同学校班级数的被试学校间科学校本课程情况的方差分析表（见表2-18）可以显示，不同学校班级数的被试学校在科学校本课程情况方面有显著差异（$p<0.001$）。由事后比较得知，班级数为1～10个被试均值大于班级数为11～20个被试均值，即班级数为11～20个的被试所在学校的科学校本课程情况明显好于班级数为1～10个被试所在学校。班级数为1～10个被试均值大于班级数为21～30个被试均值，即班级数为21～30个的被试所在学校的科学校本课程情况明显好于班级数为1～10个被试所在学校。班级数为1～10个被试均值大于班级数为31～40个被试均值，即班级数为31～40个的被试所在学校的科学校本课程情况明显好于班级数为1～10个被试所在学校。进一步从关联强度指数来看，ω^2的值等于0.016，可见，班级数与科学校本课程情况存在微弱关系。统计检验力等于1.000，决策正确率很高，班级数对科学校本课程情况的解释量很大。

表2-18　不同学校班级数的被试学校科学校本课程情况的方差分析

变异来源	SS(Ⅲ型平方和)	DF	MS(均方)	*F*	事后比较	ω^2	统计检验力
组间	48.264	3	16.088	14.259①	1～10个>11～20个；1～10个>21～30个；1～10个>31～40个	0.016	1.000
组内	2842.110	2519	1.128				
全体	2890.374	2522					

① $p<0.001$。

六、不同办学条件学校被试间科学教育文本资源差异比较

（一）不同办学条件被试间的科学教科书具备情况差异比较

通过不同办学条件被试学校间科学教科书具备情况描述统计分析表（见表2-19）可以看出，办学条件非常好被试学校的科学教科书具备情况均值为1.43，办学条件比较好被试学校的科学教科书具备情况均值为2.00，办学条件一般被试学校的科学教科书具备情况均值为2.46，办学条件比较差被试学校的科学教科书具备情况均值为2.78。办学条件非常差被试学校的科学教科书具备情况均值为2.88。

表2-19 不同办学条件学校被试间的科学教科书具备情况描述统计分析

办学条件	*N*	均值	标准差
非常好	281	1.43	0.678
比较好	942	2.00	0.813
一　般	995	2.46	0.875
比较差	232	2.78	0.931
非常差	73	2.88	1.117
总　数	2523	2.21	0.930

不同办学条件的被试学校间科学教科书具备情况的方差分析表（见表2-20）可以显示，不同办学条件的被试学校在科学教科书具备情况方面有显著差异（$p<0.001$）。由事后比较得知，办学条件为比较好被试均值大于办学条件为非常好被试均值，即办学条件为非常好的被试所在学校的科学教科书具备情况明显好于办学条件为比较好被试所在学校。办学条件为一般被试均值大于办学条件为非常好、比较好被试均值，即办学条件为非常好、比较好的被试所在学校的科学教科书具备情况明显好于办学条件为一般被试所在学校。办学条件为比较差被试均值大于办学条件为非常好、比较好、一般被试均值，即办学条件为非常好、比较好、一般的被试所在学校的科学教科书具备情况明显好于办学条件为比较差被试所在学校。办学条件为非常差被试均值大于办学条件为非常好、比较好、一般试均值，即办学条件为非常好、比较好、一般的被试所在学校的科学教科书具备情况明显好于办学条件为非常差被试所在学校。进一步从关联强度指数来看，ω^2 的值等于0.173，可见，办学条件与科学教科书具备情况存在高度相关关系。统计检验力等于1.000，决策正确率很高，办学条件对科学教科书具备情况的解释量很大。

表 2-20 不同办学条件被试间的科学教科书具备情况的方差分析

变异来源	SS（Ⅲ型平方和）	DF	MS（均方）	F	事后比较	ω^2	统计检验力
组间	381.014	4	95.254	133.104①	比较好 > 非常好；一般 > 非常好、比较好；比较差 > 非常好、比较好、一般；非常差 > 非常好、比较好、一般	0.173	1.000
组内	1801.963	2518	0.716				
全体	2182.977	2522					

① $p<0.001$。

（二）不同办学条件被试间学校学生活动手册具备情况差异比较

通过不同办学条件被试学校学生活动手册具备情况描述统计分析表（见表 2-21）可以看出，办学条件非常好被试学校的学生活动手册具备情况均值为 1.82，办学条件比较好被试学校的学生活动手册具备情况均值为 2.40，办学条件一般被试学校的学生活动手册具备情况均值为 2.85，办学条件比较差被试学校的学生活动手册具备情况均值为 3.23，办学条件非常差被试学校的学生活动手册具备情况均值为 3.44。

表 2-21 不同办学条件被试间学校学生活动手册描述统计分析

办学条件	N	均值	标准差
非常好	281	1.82	0.971
比较好	942	2.40	1.042
一 般	995	2.85	1.042
比较差	232	3.23	1.035
非常差	73	3.44	1.291
总 数	2523	2.62	1.117

不同办学条件的被试学校间学生活动手册具备情况的方差分析表（见表 2-22）可以显示，不同办学条件的被试学校在学生活动手册具备情况方面有显著差异（$p<0.001$）。由事后比较得知，办学条件为比较好被试均值大于办学条件为非常好被试均值，即办学条件为非常好的被试所在学校的学生活动手册具备情况明显好于办学条件为比较好被试所在学校。办学条件为一般被试均值大于办学条件为非常好、比较好被试均值，即办学条件为非常好、比较好的被试所在学校的学生活动手册具备情况明显好于办学条件为一般被试所在学校。办学条件为

比较差被试均值大于办学条件为非常好、比较好、一般被试均值，即办学条件为非常好、比较好、一般的被试所在学校的学生活动手册具备情况明显好于办学条件为比较差被试所在学校。办学条件为非常差被试均值大于办学条件为非常好、比较好、一般试均值，即办学条件为非常好、比较好、一般的被试所在学校的学生活动手册具备情况明显好于办学条件为非常差被试所在学校。进一步从关联强度指数来看，ω^2 的值等于0.131，可见，办学条件与学生活动手册具备情况存在中度相关关系。统计检验力等于1.000，决策正确率很高，办学条件对学生活动手册具备情况的解释量很大。

表 2-22 不同办学条件被试间学校学生活动手册具备情况的方差分析

变异来源	SS（Ⅲ型平方和）	DF	MS（均方）	F	事后比较	ω^2	统计检验力
组间	416.996	4	104.249	96.068①	比较好 > 非常好；一般 > 非常好、比较好；比较差 > 非常好、比较好、一般；非常差 > 非常好、比较好、一般	0.131	1.000
组内	2732.438	2518	1.085				
全体	3149.434	2522					

① $p<0.001$。

（三）不同办学条件被试间学校教学具具备情况差异比较

通过不同办学条件被试学校教学具具备情况描述统计分析表（见表2-23）可以看出，办学条件非常好被试学校的教学具具备情况均值为1.75，办学条件比较好被试学校的教学具具备情况均值为2.30，办学条件一般被试学校的教学具具备情况均值为2.82，办学条件比较差被试学校的教学具具备情况均值为3.28，办学条件非常差被试学校的教学具具备情况均值为3.79。

表 2-23 不同办学条件被试间学校教学具具备情况描述统计分析

办学条件	N	均值	标准差
非常好	281	1.75	0.941
比较好	942	2.30	0.804
一　般	995	2.82	0.860
比较差	232	3.28	0.951
非常差	73	3.79	1.054
总　数	2523	2.58	0.981

不同办学条件的被试学校间教学具具备情况的方差分析表（见表2-24）可以显示，不同办学条件的被试学校在教学具具备情况方面有显著差异（$p<0.001$）。由事后比较得知，办学条件为比较好被试均值大于办学条件为非常好被试均值，即办学条件为非常好的被试所在学校的教学具具备情况明显好于办学条件为比较好被试所在学校。办学条件为一般被试均值大于办学条件为非常好、比较好被试均值，即办学条件为非常好、比较好的被试所在学校的教学具具备情况明显好于办学条件为一般被试所在学校。办学条件为比较差被试均值大于办学条件为非常好、比较好、一般被试均值，即办学条件为非常好、比较好、一般的被试所在学校的教学具具备情况明显好于办学条件为比较差被试所在学校。办学条件为非常差被试均值大于办学条件为非常好、比较好、一般、比较差试均值，即办学条件为非常好、比较好、一般、比较差的被试所在学校的教学具具备情况明显好于办学条件为非常差被试所在学校。进一步从关联强度指数来看，ω^2的值等于0.224，可见，办学条件与教学具具备情况存在高度相关关系。统计检验力等于1.000，决策正确率很高，办学条件对教学具具备情况的解释量很大。

表2-24　不同办学条件被试间学校教学具具备情况的方差分析

变异来源	SS（Ⅲ型平方和）	DF	MS（均方）	F	事后比较	ω^2	统计检验力
组间	546.135	4	136.534	182.875①	比较好＞非常好； 一般＞非常好、比较好； 比较差＞非常好、比较好、一般； 非常差＞非常好、比较好、一般、比较差	0.224	1.000
组内	1879.928	2518	0.747				
全体	2426.063	2522					

① $p<0.001$。

（四）不同办学条件学校被试间教师教学用书具备情况差异比较

通过不同办学条件被试学校间教师教学用书具备情况描述统计分析表（见表2-25）可以看出，办学条件非常好被试学校的教师教学用书具备情况均值为1.52，办学条件比较好被试学校的教师教学用书具备情况均值为1.98，办学条件一般被试学校的教师教学用书具备情况均值为2.42，办学条件比较差被试学校的教师教学用书具备情况均值为2.73，办学条件非常差被试学校的教师教学用书具备情况均值为2.92。

表 2-25　不同办学条件学校被试间教师教学用书具备情况描述统计分析

办学条件	N	均值	标准差
非常好	281	1.52	0.727
比较好	942	1.98	0.793
一　般	995	2.42	0.907
比较差	232	2.73	1.019
非常差	73	2.92	1.187
总　数	2523	2.20	0.940

不同办学条件的被试学校间教师教学用书具备情况的方差分析表（见表2-26）可以显示，不同办学条件的被试学校在教师教学用书具备情况方面有显著差异（$p<0.001$）。由事后比较得知，办学条件为比较好被试均值大于办学条件为非常好被试均值，即办学条件为非常好的被试所在学校的教师教学用书具备情况明显好于办学条件为比较好被试所在学校。办学条件为一般被试均值大于办学条件为非常好、比较好被试均值，即办学条件为非常好、比较好的被试所在学校的教师教学用书具备情况明显好于办学条件为一般被试所在学校。办学条件为比较差被试均值大于办学条件为非常好、比较好、一般被试均值，即办学条件为非常好、比较好、一般的被试所在学校的教师教学用书具备情况明显好于办学条件为比较差被试所在学校。办学条件为非常差被试均值大于办学条件为非常好、比较好、一般试均值，即办学条件为非常好、比较好、一般的被试所在学校的教师教学用书具备情况明显好于办学条件为非常差被试所在学校。进一步从关联强度指数来看，ω^2 的值等于0.145，可见，办学条件与教师教学用书具备情况存在高度相关关系。统计检验力等于1.000，决策正确率很高，办学条件对教师教学用书具备情况的解释量很大。

表 2-26　不同办学条件学校被试间教师教学用书具备情况的方差分析

变异来源	SS（Ⅲ型平方和）	DF	MS（均方）	F	事后比较	ω^2	统计检验力
组间	326.762	4	81.690	108.242①	比较好 > 非常好； 一般 > 非常好、比较好； 比较差 > 非常好、比较好、一般； 非常差 > 非常好、比较好、一般	0.145	1.000
组内	1900.335	2518	0.755				
全体	2227.097	2522					

① $p<0.001$。

（五）不同办学条件学校被试间科学校本课程情况差异比较

通过不同办学条件被试学校间科学校本课程情况描述统计分析表（见表2-27）可以看出，办学条件非常好被试学校的科学校本课程情况均值为1.90，办学条件比较好被试学校的科学校本课程情况均值为2.39，办学条件一般被试学校的科学校本课程情况均值为2.83，办学条件比较差被试学校的科学校本课程情况均值为3.18，办学条件非常差被试学校的科学校本课程情况均值为3.53。

表2-27 不同办学条件学校被试间科学校本课程情况描述统计分析

办学条件	N	均值	标准差
非常好	281	1.90	1.074
比较好	942	2.39	0.958
一 般	995	2.83	1.007
比较差	232	3.18	1.019
非常差	73	3.53	1.094
总 数	2523	2.62	1.071

不同办学条件的被试学校间科学校本课程情况的方差分析表（见表2-28）可以显示，不同办学条件的被试学校在科学校本课程情况方面有显著差异（$p < 0.001$）。由事后比较得知，办学条件为比较好被试均值大于办学条件为非常好被试均值，即办学条件为非常好的被试所在学校的科学校本课程情况明显好于办学条件为比较好被试所在学校。办学条件为一般被试均值大于办学条件为非常好、比较好被试均值，即办学条件为非常好、比较好的被试所在学校的科学校本课程情况明显好于办学条件为一般被试所在学校。办学条件为比较差被试均值大于办学条件为非常好、比较好、一般被试均值，即办学条件为非常好、比较好、一般的被试所在学校的科学校本课程情况明显好于办学条件为比较差被试所在学校。办学条件为非常差被试均值大于办学条件为非常好、比较好、一般试均值，即办学条件为非常好、比较好、一般的被试所在学校的科学校本课程情况明显好于办学条件为非常差被试所在学校。进一步从关联强度指数来看，ω^2 的值等于0.127，可见，办学条件与科学校本课程情况存在中度相关关系。统计检验力等于1.000，决策正确率很高，办学条件对科学校本课程情况的解释量很大。

表 2-28　不同办学条件学校被试间科学校本课程情况的方差分析

变异来源	SS（Ⅲ型平方和）	DF	MS（均方）	F	事后比较	ω^2	统计检验力
组间	371.390	4	92.848	92.811①	比较好＞非常好；一般＞非常好、比较好；比较差＞非常好、比较好、一般；非常差＞非常好、比较好、一般	0.127	1.000
组内	2518.984	2518	1.000				
全体	2890.374	2522					

① $p<0.001$。

七、本节小结

农村学校科学教育文本资源尚可，但因学校特征不同而存在显著差异。科学教育的文本资源在农村学校尚可。描述性统计数据显示，农村学校科学教科书、学生活动手册、教学具、教师教学用书、校本课程均值在 2.12 至 2.64 之间；农村学校科学教科书、学生活动手册、教学具、教师教学用书、校本课程达到基本情况以上的比例都在 80% 以上。但仍有 10% 左右的学校存在不足。

从学校所在地来看，学生活动手册和校本课程在县市和乡村间存在显著差异，县市学校的情况要好于乡村学校的情况，其他方面县市和乡村学校间没有显著差异。不同学校类型在科学教科书、学生活动手册、教学具、教师教学用书、校本课程方面情况基本相同。不同学校班级数的被试学校在科学教科书具备情况、学生活动手册具备情况、教学具具备情况、教师教学用书具备情况、科学校本课程情况方面有显著差异。不同办学条件的被试学校在科学教科书具备情况方面、学生活动手册具备情况、教学具具备情况、教师教学用书具备情况方面、科学校本课程情况方面有显著差异。

第二节　农村学校科学教育环境资源概览及差异比较

一、农村学校科学教育环境资源现状

（一）科学实验室情况

从统计数据表（见表 2-29）中可以看出农村学校科学实验室情况。科学实验室非常大的学校被试有 162 人，占所有被试的 6.4%；科学实验室比较大的学校被试有 825 人，占所有被试的 32.7%；科学实验室一般的学校被试有 1126 人，占所有被试的 44.6%；科学实验室比较小的学校被试有 243 人，占所有被试的 9.6%；没有科学实验室的学校被试有 167 人，占所有被试的 6.6%。依据统计数据可以推断出，虽然农村学校科学实验室情况在一般以上比例达到 83.7%，但是仍有近16.2%的被试所在学校科学实验室具备情况不理想。

表2-29 科学实验室情况

项目		频率	百分比/%	有效百分比/%
有效	非常大	162	6.4	6.4
	比较大	825	32.7	32.7
	一般	1126	44.6	44.6
	比较小	243	9.6	9.6
	没有	167	6.6	6.6
	合计	2523	100.0	100.0

（二）实验室中材料与设备情况

从统计数据表（见表2-30）中可以看出农村学校实验室中材料与设备情况。实验室中材料与设备非常全的学校被试有198人，占所有被试的7.8%；实验室中材料与设备比较全的学校被试有938人，占所有被试的37.2%；实验室中材料与设备一般的学校被试有867人，占所有被试的34.4%；实验室中材料与设备不太全的学校被试有384人，占所有被试的15.2%；没有科学实验室的学校被试有136人，占所有被试的5.4%。依据统计数据可以推断出，虽然农村学校科学实验室中材料与设备情况在一般以上比例达到79.4%，但是仍有近20.6%的被试所在学校科学实验室中材料与设备具备情况不理想。

表2-30 实验室中材料与设备

项目		频率	百分比/%	有效百分比/%
有效	非常全	198	7.8	7.8
	比较全	938	37.2	37.2
	一般	867	34.4	34.4
	不太全	384	15.2	15.2
	没有	136	5.4	5.4
	合计	2523	100.0	100.0

（三）科学课网络资源情况

从统计数据表（见表2-31）中可以看出农村学校科学课网络资源情况。科学课网络资源非常多的学校被试有 185 人，占所有被试的 7.3%；科学课网络资源比较多的学校被试有 738 人，占所有被试的 29.3%；科学课网络资源一般的学校被试有 1031 人，占所有被试的 40.9%；科学课网络资源不太多的学校被试有 391 人，占所有被试的 15.5%；没有科学课网络资源的学校被试有 178 人，占所有被试的 7.1%。依据统计数据可以推断出，虽然农村学校科学课网络资源情况在一般以上比例达到 77.5%，但是仍有近 22.5% 的被试所在学校科学课网络资源具备情况不理想。

表 2-31　科学课网络资源情况

项目		频率	百分比/%	有效百分比/%
有效	非常多	185	7.3	7.3
	比较多	738	29.2	29.2
	一般	1031	40.9	40.9
	不太多	391	15.5	15.5
	没有	178	7.1	7.1
	合计	2523	100.0	100.0

二、农村学校科学教育不同环境资源间描述统计量比较

为了更好地了解各种环境资源的实际情况，用描述性统计将其极大值、极小值、均值、标准差列出进行比较之间的优劣。统计数据表（见表 2-32）中显示，环境资源各项的均值分别为 2.77、2.73、2.86，其水平均处在比较好和一般情况之间。不同环境资源相比，科学实验室情况和实验室中材料与设备情况要好些，科学课网络资源情况要差一些。从整体上看，环境资源的各项均值都大于 2.5，整体情况接近一般水平。也即，农村学校环境资源中各类资源并非处于理想状态。

表 2-32　描述统计量

环境资源	*N*	极小值	极大值	均值	标准差
科学实验室情况	2523	1	5	2.77	0.945
实验室中材料与设备	2523	1	5	2.73	0.991
科学课网络资源情况	2523	1	5	2.86	1.001

三、不同学校所在地被试间的环境资源差异比较

为考查不同学校所在地间在环境资源方面存在的差异，对其进行差异分析。统计数据表（见表2-33）中显示，在所有的环境资源方面，不同学校所在地间在科学课网络资源情况方面存在显著差异。其他方面不存在显著差异。其中，在科学实验室情况方面，县市和乡村之间没有显著差异，其中，县市的均值为2.75，小学的均值为2.78，p 值为0.695，大于0.05，不存在显著差异。在实验室中材料与设备方面，县市和之间存在没有显著差异，其中，县市的均值为2.71，乡村的均值为2.74，p 值为0.636，大于0.05，不存在显著差异。在科学课网络资源情况方面，县市和乡村之间存在显著差异，其中，县市的均值为2.69，乡村的均值为2.89，p 值为0.001，小于0.01，存在显著差异。从数据表中可以看出，不同学校所在地的科学课网络资源情况存在显著差异，县市学校的情况要好于乡村学校。其他方面没有显著差异。

表2-33 不同学校所在地间的环境资源比较

环境资源	学校所在地	N	均值	标准差	Sig.（双侧）
科学实验室情况	县市	378	2.75	1.058	0.695
	乡镇	1419	2.78	0.924	
实验室中材料与设备	县市	378	2.71	1.040	0.636
	乡镇	1419	2.74	0.982	
科学课网络资源情况	县市	378	2.69	0.967	0.001①
	乡镇	1419	2.89	1.005	

① $p<0.01$。

四、不同学校类型被试间的环境资源差异比较

为考查不同学校类型间在环境资源方面存在的差异，对其进行差异分析。统计数据表（见表2-34）中显示，在所有的环境资源方面，不同学校类型间在科学实验室情况中存在显著差异，其他方面不存在显著差异。在科学实验室情况方面，九年一贯制学校和小学之间存在显著差异，其中，九年一贯制学校的均值为2.69，小学的均值为2.80，p 值为0.019，小于0.05，存在显著差异。在实验室中材料与设备情况方面，九年一贯制学校和小学之间没有显著差异，其中，九年一贯制学校的均值为2.67，小学的均值为2.75，p 值为0.090，大于0.05，不存在显著差异。在科学课网络资源情况方面，九年一贯制学校和小学之间没有显著

差异，其中，九年一贯制学校的均值为 2.80，小学的均值为 2.87，p 值为 0.132，大于 0.05，不存在显著差异。从分析结果可以看出，不同学校类型间的科学实验室情况存在显著差异，九年一贯制学校的情况要好于小学，其他方面两种类型学校间没有显著差异。

表 2-34　不同学校类型间的环境资源差异比较

环境资源	学校类型	N	均值	标准差	Sig.（双侧）
科学实验室情况	九年一贯制	517	2.69	0.925	0.019①
	小学	2006	2.80	0.950	
实验室中材料与设备	九年一贯制	517	2.67	0.947	0.090
	小学	2006	2.75	1.001	
科学课网络资源情况	九年一贯制	517	2.80	0.932	0.132
	小学	2006	2.87	1.018	

① $p < 0.05$。

五、不同学校班级数的被试间的环境资源差异比较

（一）不同学校班级数的被试间科学实验室情况差异比较

通过不同学校班级数被试学校科学实验室情况描述统计分析表（见表 2-35）可以看出，学校班级数在 1～10 个被试学校的科学实验室情况均值为 2.91，学校班级数在 11～20 个被试学校的科学实验室情况均值为 2.56，学校班级数在 21～30 个被试学校的科学实验室情况均值为 2.74，学校班级数在 31～40 个被试学校的科学实验室情况均值为 2.38。

表 2-35　不同学校班级数的被试间科学实验室描述统计分析

班级数	N	均值	标准差
1～10 个	1465	2.91	0.929
11～20 个	689	2.56	0.878
21～30 个	268	2.74	1.080
31～40 个	101	2.38	0.859
总　数	2523	2.77	0.945

不同学校班级数的被试学校间科学实验室情况的方差分析表（见表 2-36）

可以显示，不同学校班级数的被试学校在科学实验室情况上有显著差异（$p < 0.001$）。由事后比较得知，班级数为1～10个被试均值大于班级数为11～20个被试均值，即班级数为11～20个的被试所在学校的科学实验室情况明显好于班级数为1～10个被试所在学校。班级数为1～10个被试均值大于班级数为31～40个被试均值，即班级数为31～40个的被试所在学校的科学实验室情况明显好于班级数为1～10个被试所在学校。班级数为21～30个被试均值大于班级数为31～40个被试均值，即班级数为31～40个的被试所在学校的科学实验室情况明显好于班级数为21～30个被试所在学校。进一步从关联强度指数来看，ω^2的值等于0.033，可见，班级数与科学实验室情况存在微弱关系。统计检验力等于1.000，决策正确率较高，班级数对科学实验室情况的解释量较大。

表2-36 不同学校班级数的被试间科学实验室情况的方差分析

变异来源	SS（Ⅲ型平方和）	DF	MS（均方）	F	事后比较	ω^2	统计检验力
组间	75.876	3	25.292	29.246①	1～10个>11～20个； 1～10个>31～40个； 21～30个>31～40个	0.033	1.000
组内	2178.444	2519	0.865				
全体	2254.319	2522					

① $p<0.001$。

（二）不同学校班级数的被试间实验室中材料与设备差异比较

通过不同学校班级数被试学校实验室中材料与设备描述统计分析表（见表2-37）可以看出，学校班级数在1～10个被试学校的实验室中材料与设备均值为2.86，学校班级数在11～20个被试学校的实验室中材料与设备均值为2.55，学校班级数在21～30个被试学校的实验室中材料与设备均值为2.66，学校班级数在31～40个被试学校的实验室中材料与设备均值为2.29。

表2-37 不同学校班级数的被试间实验室中材料与设备描述统计分析

班级数	N	均值	标准差
1～10个	1465	2.86	0.999
11～20个	689	2.55	0.903
21～30个	268	2.66	1.081
31～40个	101	2.29	0.864
总 数	2523	2.73	0.991

不同学校班级数的被试学校间实验室中材料与设备的方差分析表（见表2-38）可以显示，不同学校班级数的被试学校在实验室中材料与设备上有显著差异（$p<0.001$）。由事后比较得知，班级数为1～10个被试均值大于班级数为11～20个被试均值，即班级数为11～20个的被试所在学校的实验室中材料与设备明显好于班级数为1～10个被试所在学校。班级数为1～10个被试均值大于班级数为21～30个被试均值，即班级数为21～30个的被试所在学校的实验室中材料与设备明显好于班级数为1～10个被试所在学校。班级数为1～10个被试均值大于班级数为31～40个被试均值，即班级数为31～40个的被试所在学校的实验室中材料与设备明显好于班级数为1～10个被试所在学校。班级数为11～20个被试均值大于班级数为31～40个被试均值，即班级数为31～40个的被试所在学校的实验室中材料与设备明显好于班级数为11～20个被试所在学校。班级数为21～30个被试均值大于班级数为31～40个被试均值，即班级数为31～40个的被试所在学校的实验室中材料与设备明显好于班级数为21～30个被试所在学校。进一步从关联强度指数来看，ω^2 的值等于0.026，可见，班级数与科学实验室情况存在微弱关系。统计检验力等于1.000，决策正确率较高，班级数对科学实验室情况的解释量较大。

表2-38 不同学校班级数的被试间实验室中材料与设备的方差分析

变异来源	SS（Ⅲ型平方和）	DF	MS（均方）	F	事后比较	ω^2	统计检验力
组间	67.181	3	22.394	23.420①	1～10个>11～20个；1～10个>21～30个；1～10个>31～40个；11～20个>31～40个；21～30个>31～40个	0.026	1.000
组内	2408.622	2519	0.956				
全体	2475.803	2522					

① $p<0.001$。

（三）不同学校班级数的被试间科学课网络资源情况差异比较

通过不同学校班级数被试学校科学课网络资源情况描述统计分析表（见表2-39）可以看出，学校班级数在1～10个被试学校的科学课网络资源情况均值为3.00，学校班级数在11～20个被试学校的科学课网络资源情况均值为2.70，学校班级数在21～30个被试学校的科学课网络资源情况均值为2.69，学校班级数在31～40个被试学校的科学课网络资源情况均值为2.35。

不同学校班级数的被试学校间科学课网络资源的方差分析表（见表2-40）

可以显示，不同学校班级数的被试学校在科学课网络资源上有显著差异（$p < 0.001$）。由事后比较得知，班级数为1～10个被试均值大于班级数为11～20个被试均值，即班级数为11～20个的被试所在学校的科学课网络资源明显好于班级数为1～10个被试所在学校。班级数为1～10个被试均值大于班级数为21～30个被试均值，即班级数为21～30个的被试所在学校的科学课网络资源明显好于班级数为1～10个被试所在学校。班级数为1～10个被试均值大于班级数为31～40个被试均值，即班级数为31～40个的被试所在学校的科学课网络资源明显好于班级数为1～10个被试所在学校。班级数为11～20个被试均值大于班级数为31～40个被试均值，即班级数为31～40个的被试所在学校的科学课网络资源明显好于班级数为11～20个被试所在学校。班级数为21～30个被试均值大于班级数为31～40个被试均值，即班级数为31～40个的被试所在学校的科学课网络资源明显好于班级数为21～30个被试所在学校。进一步从关联强度指数来看，ω^2 的值等于0.031，可见，班级数与科学课网络资源存在微弱关系。统计检验力等于1.000，决策正确率较高，班级数对科学课网络资源的解释量较大。

表2-39 不同学校班级数的被试间科学课网络资源描述统计分析

班级数	N	均值	标准差
1～10个	1465	3.00	0.995
11～20个	689	2.70	0.960
21～30个	268	2.69	1.031
31～40个	101	2.35	0.899
总　数	2523	2.86	1.001

表2-40 不同学校班级数的被试间科学课网络资源情况的方差分析

变异来源	SS（Ⅲ型平方和）	DF	MS（均方）	F	事后比较	ω^2	统计检验力
组间	81.810	3	27.270	28.066①	1～10个>11～20个； 1～10个>21～30个； 1～10个>31～40个； 11～20个>31～40个； 21～30个>31～40个	0.031	1.000
组内	2447.536	2519	0.972				
全体	2529.347	2522					

① $p < 0.001$。

六、不同办学条件学校被试间的环境资源差异比较

（一）不同办学条件学校被试间的科学实验室情况差异比较

通过不同办学条件被试学校间科学实验室情况描述统计分析表（见表2-41）可以看出，办学条件非常好被试学校的科学实验室情况均值为1.96，办学条件比较好被试学校的科学实验室情况均值为2.48，办学条件一般被试学校的科学实验室情况均值为3.02，办学条件比较差被试学校的科学实验室情况均值为3.50，办学条件非常差被试学校的科学实验室情况均值为4.04。

表2-41　不同办学条件学校被试间的科学实验室描述统计分析

办学条件	N	均值	标准差
非常好	281	1.96	0.803
比较好	942	2.48	0.737
一　般	995	3.02	0.844
比较差	232	3.50	0.958
非常差	73	4.04	1.020
总　数	2523	2.77	0.945

不同办学条件的被试学校间科学实验室情况的方差分析表（见表2-42）可以显示，不同办学条件的被试学校在科学实验室情况方面有显著差异（$p < 0.001$）。由事后比较得知，办学条件为比较好被试均值大于办学条件为非常好被试均值，即办学条件为非常好的被试所在学校的科学实验室情况明显好于办学条件为比较好被试所在学校。办学条件为一般被试均值大于办学条件为非常好、比较好被试均值，即办学条件为非常好、比较好的被试所在学校的科学实验室情况明显好于办学条件为一般被试所在学校。办学条件为比较差被试均值大于办学条件为非常好、比较好、一般被试均值，即办学条件为非常好、比较好、一般的被试所在学校的科学实验室情况明显好于办学条件为比较差被试所在学校。办学条件为非常差被试均值大于办学条件为非常好、比较好、一般、比较差试均值，即办学条件为非常好、比较好、一般、比较差的被试所在学校的科学实验室情况明显好于办学条件为非常差被试所在学校。进一步从关联强度指数来看，ω^2的值等于0.250，可见，办学条件与科学实验室情况存在高度相关关系。统计检验力等于1.000，决策正确率很高，办学条件对科学实验室情况的解释量很大。

表 2-42 不同办学条件学校被试间的科学实验室情况的方差分析

变异来源	SS（Ⅲ型平方和）	DF	MS（均方）	F	事后比较	ω^2	统计检验力
组间	567.161	4	141.790	211.615①	比较好 > 非常好；一般 > 比较好、非常好；比较差 > 非常好、比较好、一般；非常差 > 非常好、比较好、一般、比较差	0.250	1.000
组内	1687.159	2518	0.670				
全体	2254.319	2522					

① $p<0.001$。

（二）不同办学条件学校被试间的实验室中材料与设备差异比较

通过不同办学条件被试学校间实验室中材料与设备描述统计分析表（见表2-43）可以看出，办学条件非常好被试学校的实验室中材料与设备均值为1.91，办学条件比较好被试学校的实验室中材料与设备均值为2.42，办学条件一般被试学校的实验室中材料与设备均值为2.99，办学条件比较差被试学校的实验室中材料与设备均值为3.46，办学条件非常差被试学校的实验室中材料与设备均值为4.04。

表 2-43 不同办学条件学校被试间的实验室中材料与设备描述统计分析

办学条件	N	均值	标准差
非常好	281	1.91	0.878
比较好	942	2.42	0.812
一　般	995	2.99	0.861
比较差	232	3.46	1.001
非常差	73	4.04	1.020
总　数	2523	2.73	0.991

不同办学条件的被试学校间实验室中材料与设备的方差分析表（见表2-44）可以显示，不同办学条件的被试学校在实验室中材料与设备方面有显著差异（$p<0.001$）。由事后比较得知，办学条件为比较好被试均值大于办学条件为非常好被试均值，即办学条件为非常好的被试所在学校的实验室中材料与设备明显好于办学条件为比较好被试所在学校。办学条件为一般被试均值大于办学条件为非常好、比较好被试均值，即办学条件为非常好、比较好的被试所在学校的实验室

中材料与设备明显好于办学条件为一般被试所在学校。办学条件为比较差被试均值大于办学条件为非常好、比较好、一般被试均值，即办学条件为非常好、比较好、一般的被试所在学校的实验室中材料与设备明显好于办学条件为比较差被试所在学校。办学条件为非常差被试均值大于办学条件为非常好、比较好、一般、比较差试均值，即办学条件为非常好、比较好、一般、比较差的被试所在学校的实验室中材料与设备明显好于办学条件为非常差被试所在学校。进一步从关联强度指数来看，ω^2 的值等于0.239，可见，办学条件与实验室中材料与设备存在高度相关关系。统计检验力等于1.000，决策正确率很高，办学条件对实验室中材料与设备的解释量很大。

表2-44　不同办学条件学校被试间的实验室中材料与设备的方差分析

变异来源	SS（Ⅲ型平方和）	DF	MS（均方）	F	事后比较	ω^2	统计检验力
组间	595.250	4	148.813	199.255①	比较好 > 非常好； 一般 > 比较好、非常好； 比较差 > 非常好、比较好、一般； 非常差 > 非常好、比较好、一般、比较差	0.239	1.000
组内	1880.553	2518	0.747				
全体	2475.803	2522					

① $p<0.001$。

（三）不同办学条件学校被试间的科学课网络资源情况差异比较

通过不同办学条件被试学校间科学课网络资源情况描述统计分析表（见表2-45）可以看出，办学条件非常好被试学校的科学课网络资源情况均值为2.02，办学条件比较好被试学校的科学课网络资源情况均值为2.55，办学条件一般被试学校的科学课网络资源情况均值为3.12，办学条件比较差被试学校的科学课网络资源情况均值为3.60，办学条件非常差被试学校的科学课网络资源情况均值为3.96。

表2-45　不同办学条件学校被试间的科学课网络资源描述统计分析

办学条件	N	均值	标准差
非常好	281	2.02	0.924
比较好	942	2.55	0.856
一　般	995	3.12	0.870
比较差	232	3.60	0.934

续表 2-45

办学条件	N	均值	标准差
非常差	73	3.96	1.047
总　数	2523	2.86	1.001

不同办学条件的被试学校间科学课网络资源情况的方差分析表（见表 2-46）可以显示，不同办学条件的被试学校在科学课网络资源情况方面有显著差异（$p<0.001$）。由事后比较得知，办学条件为比较好被试均值大于办学条件为非常好被试均值，即办学条件为非常好的被试所在学校的科学课网络资源情况明显好于办学条件为比较好被试所在学校。办学条件为一般被试均值大于办学条件为非常好、比较好被试均值，即办学条件为非常好、比较好的被试所在学校的科学课网络资源情况明显好于办学条件为一般被试所在学校。办学条件为比较差被试均值大于办学条件为非常好、比较好、一般被试均值，即办学条件为非常好、比较好、一般的被试所在科学课网络资源情况明显好于办学条件为比较差被试所在学校。办学条件为非常差被试均值大于办学条件为非常好、比较好、一般试均值，即办学条件为非常好、比较好、一般的被试所在学校的科学课网络资源情况明显好于办学条件为非常差被试所在学校。进一步从关联强度指数来看，ω^2 的值等于 0.224，可见，办学条件与科学课网络资源情况存在高度相关关系。统计检验力等于 1.000，决策正确率很高，办学条件对科学课网络资源情况的解释量很大。

表 2-46　不同办学条件学校被试间的科学课网络资源情况的方差分析

变异来源	SS（Ⅲ型平方和）	DF	MS（均方）	F	事后比较	ω^2	统计检验力
组间	569.593	4	142.398	182.961①	比较好 > 非常好； 一般 > 比较好、非常好； 比较差 > 非常好、比较好、一般； 非常差 > 非常好、比较好、一般	0.224	1.000
组内	1959.753	2518	0.778				
全体	2529.347	2522					

① $p<0.001$。

七、本节小结

农村学校科学教育环境资源稍差，而且不同学校特征间存在显著差异。科学教育的环境资源在农村学校稍差。描述性统计数据显示，农村学校科学实验室、实验室中材料与设备、科学课网络资源均值在 2.73 至 2.86 之间；农村学校科学实验室、实验室中材料与设备、科学课网络资源达到基本情况以上的比例在

77.5%~83.7%，仍有16.2%~22.5%的被试所在学校环境资源具备情况不理想。不同学校类型间的科学实验室情况存在显著差异，九年一贯制学校的情况要好于小学，其他方面两种类型学校间没有显著差异。不同学校所在地的科学课网络资源情况存在显著差异，县市学校的情况要好于乡村学校，其他方面没有显著差异。

不同学校所在地的科学课网络资源情况存在显著差异，县市学校的情况要好于乡村学校。其他方面没有显著差异。不同学校类型间的科学实验室情况存在显著差异，九年一贯制学校的情况要好于小学，其他方面两种类型学校间没有显著差异。不同学校班级数的被试学校在科学实验室情况、实验室中材料与设备、科学课网络资源上有显著差异。不同办学条件的被试学校在科学实验室情况、实验室中材料与设备、科学课网络资源情况方面有显著差异。

第三节 农村学校科学教育人力资源概览及差异比较

一、不同人力资源现状

（一）科学课教师数量情况

从统计数据表（见表2-47）中可以看出农村学校科学课教师数量情况。科学课教师数量4人以上的学校被试有418人，占所有被试的16.6%；科学课教师数量3人的学校被试有679人，占所有被试的26.9%；科学课教师数量2人的学校被试有694人，占所有被试的27.5%；科学课教师数量1人的学校被试有666人，占所有被试的26.4%；没有科学课教师数量的学校被试有66人，占所有被试的2.6%。依据统计数据可以推断出，虽然农村学校科学课教师数量情况2人以上比例达到71%，但是仍有近29%的被试所在学校科学课教师数量是1人或没有，农村学校科学教师数量不足是客观存在的。

表2-47 科学课教师数量

项目		频率	百分比/%	有效百分比/%
有效	4人以上人	418	16.6	16.6
	3人	679	26.9	26.9
	2人	694	27.5	27.5
	1人	666	26.4	26.4
	0人	66	2.6	2.6
	合计	2523	100.0	100.0

（二）教师属于科班出身的人情况

从统计数据表（见表2-48）中可以看出，农村学校科学课教师属于科班出身的人情况。科学课教师属于科班出身的全部都是的学校被试有121人，占所有被试的4.8%；科学课教师属于科班出身的大多数是的学校被试有318人，占所有被试的12.6%；科学课教师属于科班出身的一半是的学校被试有268人，占所有被试的10.6%；科学课教师属于科班出身的一少半是的学校被试有264人，占所有被试的10.5%；科学课教师属于科班出身的都不是的学校被试有1552人，占所有被试的61.5%。依据统计数据可以推断出，农村学校科学课教师属于科班出身的情况在一半以上比例只有28%，有72%的被试所在学校课教师属于科班出身的情况，农村学校科学教师专业不对口的问题非常严重。

表2-48 教师属于科班出身的人

项目		频率	百分比/%	有效百分比/%
有效	全部	121	4.8	4.8
	大多数	318	12.6	12.6
	一半	268	10.6	10.6
	一少半	264	10.5	10.5
	都不是	1552	61.5	61.5
	合计	2523	100.0	100.0

二、不同人力资源间的比较

为了更好地了解各种人力资源的实际情况，用描述性统计将其极大值、极小值、均值、标准差列出进行比较之间的优劣。统计数据表（见表2-49）中显示，不同人力资源间相比，科学课教师数量情况要好些，均值达到2.72，科学课教师属于科班出身的情况较差，均值为4.11。从整体上看，人力资源均值较大，尤其农村学校人力资源中教师属于科班出身问题非常突出，几乎没有专业教师从事科学教育教学工作。

表2-49 不同人力资源间描述统计量比较

人力资源	*N*	极小值	极大值	均值	标准差
科学课教师数量	2523	1	5	2.72	1.105
教师属于科班出身的人	2523	1	5	4.11	1.283

三、不同学校所在地被试间的人力资源差异比较

为考查不同学校所在地间在人力资源方面存在的差异，对其进行差异分析。统计数据表（见表2-50）中显示，在所有的人力资源方面，不同学校所在地间在科学课教师数量方面和教师属于科班出身方面都存在显著差异。在科学课教师数量情况方面，县市和乡村之间存在显著差异，其中，县市的均值为2.25，乡村的均值为2.80，p值为0.000，小于0.001，存在显著差异。即，县市的科学课教师数量要多于乡村的。在教师属于科班出身情况方面，县市和乡村之间存在显著差异，其中，县市的均值为3.86，乡村的均值为4.16，p值为0.000，小于0.001，存在显著差异。即，县市学校的科学教师科班出身的人要多于乡村学校的。从数据表中可以看出，不论是科学课教师数量，还是教师科班出身问题，县市和乡村学校间都存在显著差异，县市学校情况要好于乡村学校。

表2-50 不同学校所在地间的人力资源差异比较

人力资源	学校所在地	N	均值	标准差	Sig.（双侧）
科学课教师数量	县市	378	2.25	1.034	0.000①
	乡村	2145	2.80	1.097	
教师属于科班出身的人	县市	378	3.86	1.336	0.000①
	乡村	2145	4.16	1.268	

① $p<0.001$。

四、不同学校类型被试间的人力资源差异比较

为考查不同学校类型间在人力资源方面存在的差异，对其进行差异分析。统计数据表（见表2-51）中显示，在所有的人力资源方面，不同学校类型间在科学课教师数量方面不存在显著差异，教师属于科班出身方面存在显著差异。在科学课教师数量情况方面，九年一贯制学校和小学之间不存在显著差异，其中，九年一贯制学校的均值为2.75，小学的均值为2.71，p值为0.327，大于0.05，不存在显著差异。在教师属于科班出身情况方面，九年一贯制学校和小学之间存在显著差异，其中，九年一贯制学校的均值为4.01，小学的均值为4.14，p值为0.048，小于0.05，存在显著差异。从数据表中可以看出，不同学校类型间在教师科班出身问题上存在显著差异，九年一贯制学校情况要好于小学，在科学课教师数量方面两种类型学校没有显著差异。

表 2-51 不同学校类型间的人力资源差异比较

人力资源	学校类型	N	均值	标准差	Sig.（双侧）
科学课教师数量	九年一贯制	517	2.75	0.964	0.327
	小学	2006	2.71	1.138	
教师属于科班出身的人	九年一贯制	517	4.01	1.310	0.048①
	小学	2006	4.14	1.275	

① $p<0.05$。

五、不同学校班级数的被试间的环境资源差异比较

（一）不同学校班级数的被试间科学课教师数量差异比较

通过不同学校班级数被试学校科学课教师数量描述统计分析表（见表 2-52）可以看出，学校班级数在 1～10 个被试学校的科学课教师数量均值为 3.17，学校班级数在 11～20 个被试学校的科学课教师数量均值为 2.20，学校班级数在 21～30 个被试学校的科学课教师数量均值为 1.93，学校班级数在 31～40 个被试学校的科学课教师数量均值为 1.71。

表 2-52 不同学校班级数的被试间科学课教师数量描述统计分析

班级数	N	均值	标准差
1～10 个	1465	3.17	0.970
11～20 个	689	2.20	0.948
21～30 个	268	1.93	0.992
31～40 个	101	1.71	0.779
总 数	2523	2.72	1.105

不同学校班级数的被试学校间科学课教师数量的方差分析表（见表 2-53）可以显示，不同学校班级数的被试学校在科学课教师数量上有显著差异（$p<0.001$）。由事后比较得知，班级数为 1～10 个被试均值大于班级数为 11～20 个被试均值，即班级数为 11～20 个的被试所在学校的科学课教师数量明显好于班级数为 1～10 个被试所在学校。班级数为 1～10 个被试均值大于班级数为 21～30 个被试均值，即班级数为 21～30 个的被试所在学校的科学课教师数量明显好于班级数为 1～10 个被试所在学校。班级数为 1～10 个被试均值大于班级数为 31～

40个被试均值，即班级数为31～40个的被试所在学校的科学课教师数量明显好于班级数为1～10个被试所在学校。班级数为11～20个被试均值大于班级数为21～30个被试均值，即班级数为21～30个的被试所在学校的科学课教师数量明显好于班级数为11～20个被试所在学校。班级数为11～20个被试均值大于班级数为31～40个被试均值，即班级数为31～40个的被试所在学校的科学课教师数量明显好于班级数为11～20个被试所在学校。进一步从关联强度指数来看，ω^2的值等于0.245，可见，班级数与科学课教师数量存在高度相关关系。统计检验力等于1.000，决策正确率很高，班级数对科学课教师数量的解释量很大。

表2-53　不同学校班级数的被试间科学课教师数量的方差分析

变异来源	SS（Ⅲ型平方和）	DF	MS（均方）	F	事后比较	ω^2	统计检验力
组间	757.918	3	252.639	274.390①	1～10个>11～20个；1～10个>21～30个；1～10个>31～40个；11～20个>21～30个；11～20个>31～40个	0.245	1.000
组内	2319.321	2519	0.921				
全体	3077.239	2522					

① $p<0.001$。

（二）不同学校班级数的被试间教师属于科班出身的人差异比较

通过不同学校班级数被试学校教师属于科班出身的人描述统计分析表（见表2-54）可以看出，学校班级数在1～10个被试学校的教师属于科班出身的人均值为4.25，学校班级数在11～20个被试学校的教师属于科班出身的人均值为3.99，学校班级数在21～30个被试学校的教师属于科班出身的人均值为3.93，学校班级数在31～40个被试学校的教师属于科班出身的人均值为3.50。

表2-54　不同学校班级数的被试间教师属于科班出身的人描述统计分析

班级数	N	均值	标准差
1～10个	1465	4.25	1.225
11～20个	689	3.99	1.331
21～30个	268	3.93	1.282
31～40个	101	3.50	1.447
总　数	2523	4.11	1.283

不同学校班级数的被试学校间教师属于科班出身的人的方差分析表（见表2-55）可以显示，不同学校班级数的被试学校在教师属于科班出身的人上有显著差异（$p<0.001$）。由事后比较得知，班级数为1～10个被试均值大于班级数为11～20个被试均值，即班级数为11～20个的被试所在学校的教师属于科班出身的人明显好于班级数为1～10个被试所在学校。班级数为1～10个被试均值大于班级数为21～30个被试均值，即班级数为21～30个的被试所在学校的教师属于科班出身的人明显好于班级数为1～10个被试所在学校。班级数为1～10个被试均值大于班级数为31～40个被试均值，即班级数为31～40个的被试所在学校的教师属于科班出身的人明显好于班级数为1～10个被试所在学校。班级数为11～20个被试均值大于班级数为21～30个被试均值，即班级数为21～30个的被试所在学校的教师属于科班出身的人明显好于班级数为11～20个被试所在学校。班级数为11～20个被试均值大于班级数为31～40个被试均值，即班级数为31～40个的被试所在学校的教师属于科班出身的人明显好于班级数为11～20个被试所在学校。进一步从关联强度指数来看，ω^2的值等于0.019，可见，班级数与教师属于科班出身的人存在微弱关系。统计检验力等于1.000，决策正确率很高，班级数对教师属于科班出身的人的解释量很大。

表2-55 不同学校班级数的被试间教师属于科班出身的人的方差分析

变异来源	SS（Ⅲ型平方和）	DF	MS（均方）	F	事后比较	ω^2	统计检验力
组间	83.795	3	27.932	17.309①	1～10个>11～20个； 1～10个>21～30个； 1～10个>31～40个； 11～20个>21～30个； 11～20个>31～40个	0.019	1.000
组内	4065.011	2519	1.614				
全体	4148.806	2522					

① $p<0.001$。

六、不同办学条件学校被试间的人力资源差异比较

（一）不同办学条件学校被试间的科学课教师数量差异比较

通过不同办学条件被试学校间科学课教师数量描述统计分析表（见表2-56）可以看出，办学条件非常好被试学校的科学课教师数量均值为2.43，办学条件比较好被试学校的科学课教师数量均值为2.51，办学条件一般被试学校的科学课教师数量均值为2.84，办学条件比较差被试学校的科学课教师数量均值为3.21。办学条件非常差被试学校的科学课教师数量均值为3.14。

表 2-56 不同办学条件学校被试间的科学课教师数量描述统计分析

办学条件	N	均值	标准差
非常好	281	2.43	1.050
比较好	942	2.51	1.064
一　般	995	2.84	1.116
比较差	232	3.21	0.998
非常差	73	3.14	1.109
总　数	2523	2.72	1.105

不同办学条件的被试学校间科学课教师数量的方差分析表（见表 2-57）可以显示，不同办学条件的被试学校在科学课教师数量方面有显著差异（$p < 0.001$）。由事后比较得知，办学条件为一般被试均值大于办学条件为非常好、比较好被试均值，即办学条件为非常好、比较好的被试所在学校的科学课教师数量明显好于办学条件为一般被试所在学校。办学条件为比较差被试均值大于办学条件为非常好、比较好、一般被试均值，即办学条件为非常好、比较好、一般的被试所在学校的科学课教师数量明显好于办学条件为比较差被试所在学校。办学条件为非常差被试均值大于办学条件为非常好、比较好试均值，即办学条件为非常好、比较好的被试所在学校的科学课教师数量明显好于办学条件为非常差被试所在学校。进一步从关联强度指数来看，ω^2 的值等于 0.046，可见，办学条件与科学课教师数量存在微弱关系。统计检验力等于 1.000，决策正确率很高，办学条件对科学课教师数量的解释量很大。

表 2-57 不同办学条件学校被试间的科学课教师数量的方差分析

变异来源	SS（Ⅲ型平方和）	DF	MS（均方）	F	事后比较	ω^2	统计检验力
组间	145.441	4	36.360	31.228①	一般 > 非常好、比较好；比较差 > 非常好、比较好、一般；非常差 > 非常好、比较好	0.046	1.000
组内	2931.798	2518	1.164				
全体	3077.239	2522					

① $p < 0.001$。

（二）不同办学条件学校被试间的教师属于科班出身的人差异比较

通过不同办学条件被试学校间教师属于科班出身的人描述统计分析表（见表 2-58）可以看出，办学条件非常好被试学校的教师属于科班出身的人均值为 3.47，办学条件比较好被试学校的教师属于科班出身的人均值为 3.94，办学条件一般被试学校的教师属于科班出身的人均值为 4.31，办学条件比较差被试学校的教师属于科班出身的人均值为4.59。办学条件非常差被试学校的教师属于科班出身的人均值为4.51。

表 2-58　不同办学条件学校被试间的教师属于科班出身的人描述统计分析

办学条件	N	均值	标准差
非常好	281	3.47	1.478
比较好	942	3.94	1.354
一　般	995	4.31	1.142
比较差	232	4.59	0.940
非常差	73	4.51	0.945
总　数	2523	4.11	1.283

不同办学条件的被试学校间教师属于科班出身的人的方差分析表（见表2-59）可以显示，不同办学条件的被试学校在教师属于科班出身的人方面有显著差异（$p<0.001$）。由事后比较得知，办学条件为比较好被试均值大于办学条件为非常好被试均值，即办学条件为非常好的被试所在学校的教师属于科班出身的人明显好于办学条件为比较好被试所在学校；办学条件为一般被试均值大于办学条件为非常好、比较好被试均值，即办学条件为非常好、比较好的被试所在学校的教师属于科班出身的人明显好于办学条件为一般被试所在学校。办学条件为比较差被试均值大于办学条件为非常好、比较好、一般被试均值，即办学条件为非常好、比较好、一般的被试所在学校的教师属于科班出身的人明显好于办学条件为比较差被试所在学校。办学条件为非常差被试均值大于办学条件为非常好、比较好被试均值，即办学条件为非常好、比较好的被试所在学校的教师属于科班出身的人明显好于办学条件为非常差被试所在学校。进一步从关联强度指数来看，ω^2 的值等于0.058，可见，办学条件与教师属于科班出身的人存在微弱关系。统计检验力等于1.000，决策正确率很高，办学条件对教师属于科班出身的人的解释量很大。

表 2-59　不同办学条件学校被试间的教师属于科班出身的人的方差分析

变异来源	SS（Ⅲ型平方和）	DF	MS（均方）	F	事后比较	ω^2	统计检验力
组间	245.677	4	61.419	39.623①	比较好 > 非常好； 一般 > 非常好、比较好； 比较差 > 非常好、比较好、一般； 非常差 > 非常好、比较好	0.058	1.000
组内	3903.129	2518	1.550				
全体	4148.806	2522					

① $p<0.001$。

七、本节小结

农村学校科学教育人力资源比较差，而且因学校特征不同而呈现显著差异。科学教育的人力资源在农村学校比较差。描述性统计数据显示，科学课教师数量情况要好些（均值达到2.72），科学课教师数量情况2人以上比例为71%，但有29%的被试所在学校科学课教师数量情况为1人或0人。科学课教师属于科班出身的情况较差（均值为4.11），科学课教师属于科班出身的情况一半以上学校被试比例只有28%，另有10.5%的被试所在学校科学课教师一少半属于科班出身的情况，但61.5%的被试所在学校科学课教师都不是科班出身。从整体上看，农村学校人力资源中教师属于科班出身问题非常突出，几乎没有专业教师从事科学教育教学工作。

不论是科学课教师数量，还是教师科班出身问题，县市和乡村学校间都存在显著差异，县市学校情况要好于乡村学校。不同学校类型间在教师科班出身问题上存在显著差异，九年一贯制学校情况要好于小学，在科学课教师数量方面两种类型学校没有显著差异。不同学校班级数的被试学校间科学课教师数量的方差分析表，班级数对科学课教师数量的解释量很大。不同学校班级数的被试学校间教师属于科班出身的人的方差分析表，班级数对教师属于科班出身的人的解释量很大。不同办学条件的被试学校间科学课教师数量的方差分析表，办学条件对科学课教师数量的解释量很大。不同办学条件的被试学校在教师属于科班出身的人方面有显著差异，办学条件对教师属于科班出身的人的解释量很大。

第三章　农村学校科学教育社会参与多吗？

社会参与是乡村学校借助外力促进教育教学的有效方式之一。农村学校因其地域环境等方面的劣势而对学校教育教学的开展带来不利影响。面对文本资源、环境资源、人力资源等不足的情况，如何能保证教育教学的正常开展是多数农村学校要面对和解决的现实问题。当农村学校因受到各种条件限制而难以改变自身状况时，借助外力解决文本资源、环境资源、人力资源等不足而导致的学校教育教学质量下降问题具有现实意义。当前农村学校科学教育的社会参与情况是对其做出正确判断的基础和前提。即农村学校科学课程的教学是否能够获得外界的经费支助，科学课的教学场所是否设在校外，科学教师是否获得外界的专业指导，科学课教师是否获得进修培训机会、是否有外来志愿者作为科学课程的教学辅导员，对这些情况的认识和了解有利于采取相应措施改善农村学校科学教育教学质量。

第一节　农村学校科学教育社会参与概览

一、农村学校科学教育社会参与现状

（一）科学课获得外界支助的教学经费情况

从统计数据表（见表3-1）中可以看出农村学校科学课获得外界支助的教学经费情况。科学课获得外界支助的教学经费非常多的学校被试有37人，占所有被试的1.5%；科学课获得外界支助的教学经费比较多的学校被试有162人，占所有被试的6.4%；科学课获得外界支助的教学经费一般的学校被试有553人，占所有被试的21.9%；科学课获得外界支助的教学经费比较少的学校被试有476人，占所有被试的18.9%；没有科学课获得外界支助的教学经费的学校被试有1295人，占所有被试的51.3%。依据统计数据可以推断出，农村学校科学课获得外界支助的教学经费情况在一般以上比例只有29.8%，但是有70.2%的被试所在学校科学课获得外界支助的教学经费较少或没有。

表 3-1　科学课获得外界支助的教学经费

项　目		频率	百分比/%	有效百分比/%
有效	非常多	37	1.5	1.5
	比较多	162	6.4	6.4
	一般	553	21.9	21.9
	比较少	476	18.9	18.9
	没有	1295	51.3	51.3
	合计	2523	100.0	100.0

（二）科学教学场所设在校外情况

从统计数据表（见表 3-2）中可以看出农村学校科学教学场所设在校外情况。科学教学场所设在校外非常多的学校被试有 30 人，占所有被试的 1.2%；科学教学场所设在校外比较多的学校被试有 152 人，占所有被试的 6.0%；科学教学场所设在校外一般的学校被试有 497 人，占所有被试的 19.7%；科学教学场所设在校外比较少的学校被试有 477 人，占所有被试的 18.9%；没有科学教学场所设在校外的学校被试有 1367 人，占所有被试的 54.2%。依据统计数据可以推断出，农村学校科学教学场所设在校外情况在一般以上比例只有 26.9%，但是有 73.1% 的被试所在学校科学教学场所设在校外较少或没有。

表 3-2　科学教学场所设在校外

项　目		频率	百分比/%	有效百分比/%
有效	非常多	30	1.2	1.2
	比较多	152	6.0	6.0
	一般	497	19.7	19.7
	比较少	477	18.9	18.9
	没有	1367	54.2	54.2
	合计	2523	100.0	100.0

（三）科学教师获得外界专业指导情况

从统计数据表（见表 3-3）中可以看出农村学校科学教师获得外界专业指导情况。科学教师获得外界专业指导非常多的学校被试有 57 人，占所有被试的

2. 3%；科学教师获得外界专业指导比较多的学校被试有 294 人，占所有被试的 11. 7%；科学教师获得外界专业指导一般的学校被试有 697 人，占所有被试的 27. 6%；科学教师获得外界专业指导比较少的学校被试有 774 人，占所有被试的 30. 7%；没有科学教师获得外界专业指导的学校被试有 701 人，占所有被试的 27. 8%。依据统计数据可以推断出，农村学校科学教师获得外界专业指导情况在一般以上比例只有 41. 6%，但是有 58. 4% 的被试所在学校科学教师获得外界专业指导较少或没有。

表 3-3　科学教师获得外界专业指导

项　目		频率	百分比/%	有效百分比/%
有效	非常多	57	2. 2	2. 2
	比较多	294	11. 7	11. 7
	一般	697	27. 6	27. 6
	比较少	774	30. 7	30. 7
	没有	701	27. 8	27. 8
	合计	2523	100. 0	100. 0

（四）科学教师获得进修培训机会情况

从统计数据表（见表 3-4）中可以看出农村学校科学教师获得进修培训机会情况。科学教师获得进修培训机会非常多的学校被试有 68 人，占所有被试的 2. 7%；科学教师获得进修培训机会比较多的学校被试有 418 人，占所有被试的 16. 6%；科学教师获得进修培训机会一般的学校被试有 852 人，占所有被试的 33. 8%；科学教师获得进修培训机会比较少的学校被试有 902 人，占所有被试的 35. 8%；没有科学教师获得进修培训机会的学校被试有 283 人，占所有被试的 11. 2%。依据统计数据可以推断出，农村学校科学教师获得进修培训机会情况在一般以上比例只有 53. 1%，但是有 46. 9% 的被试所在学校科学教师获得进修培训机会较少或没有。

（五）志愿者作为科学教学辅导员情况

从统计数据表（见表 3-5）中可以看出农村学校志愿者作为科学教学辅导员情况。志愿者作为科学教学辅导员非常多的学校被试有 33 人，占所有被试的 1. 3%；志愿者作为科学教学辅导员比较多的学校被试有 139 人，占所有被试的 5. 5%；志愿者作为科学教学辅导员一般的学校被试有 386 人，占所有被试的

15.3%；志愿者作为科学教学辅导员比较少的学校被试有355人，占所有被试的14.1%；没有志愿者作为科学教学辅导员的学校被试有1610人，占所有被试的63.8%。依据统计数据可以推断出，农村学校志愿者作为科学教学辅导员情况在一般以上比例只有22.1%，但是有77.9%的被试所在学校志愿者作为科学教学辅导员较少或没有。

表3-4 科学教师获得进修培训机会

项目		频率	百分比/%	有效百分比/%
有效	非常多	68	2.7	2.7
	比较多	418	16.5	16.5
	一般	852	33.8	33.8
	比较少	902	35.8	35.8
	没有	283	11.2	11.2
	合计	2523	100.0	100.0

表3-5 志愿者作为科学教学辅导员

项目		频率	百分比/%	有效百分比/%
有效	非常多	33	1.3	1.3
	比较多	139	5.5	5.5
	一般	386	15.3	15.3
	比较少	355	14.1	14.1
	没有	1610	63.8	63.8
	合计	2523	100.0	100.0

二、不同社会参与项目间描述统计量比较

为了更好地了解各种社会参与项目的实际情况，用描述性统计将其极大值、极小值、均值、标准差列出进行比较之间的优劣。统计数据表（见表3-6）中显示，社会参与项目各项的均值在3.36~4.34之间，其水平均处在比一般和没有之间。相比之下，科学教师获得进修培训机会和科学教师获得外界专业指导情况要稍好些。均值分别达到3.36、3.70，科学课获得外界支助的教学经费、科学教学场所设在校外、志愿者作为科学教学辅导员情况要差一些，均值分别为4.12、

4.19、4.34。农村学校科学教育社会参与状况较差。

表 3-6 不同社会参与项目间描述统计量比较

社会参与	N	极小值	极大值	均值	标准差
科学课获得外界支助的教学经费	2523	1	5	4.12	1.052
科学教学场所设在校外	2523	1	5	4.19	1.025
科学教师获得外界专业指导	2523	1	5	3.70	1.065
科学教师获得进修培训机会	2523	1	5	3.36	0.974
志愿者作为科学教学辅导员	2523	1	5	4.34	1.008

第二节 农村学校科学教育社会参与差异比较

一、不同学校所在地被试间的社会参与差异比较

为考查不同学校所在地间在社会参与项目方面存在的差异，对其进行差异分析。统计数据表（见表3-7）中显示，在所有的社会参与项目方面，不同学校所在地间在科学课获得外界支助的教学经费、科学教学场所设在校外、志愿者作为科学教学辅导员方面存在显著差异，其他方面不存在显著差异。在科学课获得外界支助的教学经费方面，县市和乡村之间存在显著差异，其中，县市的均值为3.90，小学的均值为4.16，p 值为0.000，小于0.001，存在显著差异。在科学教学场所设在校外方面，县市和之间存在显著差异，其中，县市的均值为4.08，乡村的均值为4.21，p 值为0.032，小于0.05，存在显著差异。在科学教师获得外界专业指导方面，县市和乡村之间没有显著差异，其中，县市的均值为3.66，乡村的均值为3.71，p 值为0.406，大于0.05，不存在显著差异。在科学教师获得进修培训机会方面，县市和乡村之间没有显著差异，其中，县市的均值为3.40，乡村的均值为3.36，p 值为0.455，大于0.05，不存在显著差异。在志愿者作为科学教学辅导员方面，县市和乡村之间存在显著差异，其中，县市的均值为4.19，乡村的均值为4.36，p 值为0.002，小于0.01，存在显著差异。也就是，从学校所在地来看，科学课获得外界支助的教学经费和科学教学场所设在校外、志愿者作为科学教学辅导员在县市和乡村间存在显著差异，县市学校的情况要好于乡村学校的情况，其他方面县市和乡村学校间没有显著差异。

表 3-7　不同学校所在地间的社会参与项目差异比较

社会参与	学校所在地	N	均值	标准差	Sig.（双侧）
科学课获得外界支助的教学经费	县市	378	3.90	1.065	0.000③
	乡村	2145	4.16	1.045	
科学教学场所设在校外	县市	378	4.08	1.097	0.032①
	乡村	2145	4.21	1.012	
科学教师获得外界专业指导	县市	378	3.66	1.069	0.406
	乡村	2145	3.71	1.064	
科学教师获得进修培训机会	县市	378	3.40	0.970	0.455
	乡村	2145	3.36	0.975	
志愿者作为科学教学辅导员	县市	378	4.19	1.055	0.002②
	乡村	2145	4.36	0.998	

① $p<0.05$；
② $p<0.01$；
③ $p<0.001$。

二、不同学校类型被试间的社会参与差异比较

为考查不同学校类型间在社会参与项目方面存在的差异，对其进行了差异分析。统计数据表（见表3-8）中显示，在所有的社会参与项目方面，不同学校类型间在科学教学场所设在校外、志愿者作为科学教学辅导员方面存在显著差异。其他方面没有显著差异。在科学课获得外界支助的教学经费方面，九年一贯制学校和小学之间没有显著差异，其中，九年一贯制学校的均值为4.04，小学的均值为4.14，p 值为0.051，大于0.05，不存在显著差异。在科学教学场所设在校外方面，九年一贯制学校和小学之间存在显著差异，其中，九年一贯制学校的均值为4.06，小学的均值为4.22，p 值为0.002，小于0.01，存在显著差异。在科学教师获得外界专业指导方面，九年一贯制学校和小学之间没有显著差异，其中，九年一贯制学校的均值为3.69，小学的均值为3.70，p 值为0.771，大于0.05，不存在显著差异。在科学教师获得进修培训机会方面，九年一贯制学校和小学之间没有显著差异，其中，九年一贯制学校的均值为3.36，小学的均值为3.36，p 值为0.948，大于0.05，不存在显著差异。在志愿者作为科学教学辅导员方面，九年一贯制学校和小学之间存在显著差异，其中，九年一贯制学校的均值为4.22，小学的均值为4.37，p 值为0.006，小于0.01，存在显著差异。因此，可以进一步推断，所有类型学校科学课获得外界支助的教学经费、科学教师获得外

界专业指导、科学教师获得进修培训机会在社会参与情况基本相同。科学教学场所设在校外、志愿者作为科学教学辅导员在社会参与方面存在显著差异，九年一贯制学校要好于小学的情况。

表 3-8 不同学校类型间的社会参与项目差异比较

社会参与	学校类型	N	均值	标准差	Sig.（双侧）
科学课获得外界支助的教学经费	九年一贯制	517	4.04	1.130	0.051
	小学	2006	4.14	1.030	
科学教学场所设在校外	九年一贯制	517	4.06	1.106	0.002①
	小学	2006	4.22	1.001	
科学教师获得外界专业指导	九年一贯制	517	3.69	1.097	0.771
	小学	2006	3.70	1.057	
科学教师获得进修培训机会	九年一贯制	517	3.36	1.009	0.948
	小学	2006	3.36	0.965	
志愿者作为科学教学辅导员	九年一贯制	517	4.22	1.098	0.006①
	小学	2006	4.37	0.982	

① $p<0.01$。

三、不同学校班级数的被试间的社会参与差异比较

（一）不同学校班级数的被试间科学课获得外界支助的教学经费差异比较

通过不同学校班级数被试学校间科学课获得外界支助的教学经费描述统计分析表（见表 3-9）可以看出，学校班级数在 1～10 个被试学校的科学课获得外界支助的教学经费均值为 4.21，学校班级数在 11～20 个被试学校的科学课获得外界支助的教学经费均值为 4.07，学校班级数在 21～30 个被试学校的科学课获得外界支助的教学经费均值为 3.83，学校班级数在 31～40 个被试学校的科学课获得外界支助的教学经费均值为 3.94。

表 3-9 不同学校班级数的被试间科学课获得外界支助的教学经费统计分析

班级数	N	均值	标准差
1～10 个	1465	4.21	1.018
11～20 个	689	4.07	1.048

续表 3-9

班级数	N	均值	标准差
21～30 个	268	3.83	1.158
31～40 个	101	3.94	1.094
总　数	2523	4.12	1.052

不同学校班级数的被试学校间科学课获得外界支助的教学经费的方差分析表（见表3-10）可以显示，不同学校班级数的被试学校在科学课获得外界支助的教学经费上有显著差异（$p<0.001$）。由事后比较得知，班级数为1～10个被试均值大于班级数为11～20个被试均值，即班级数为11～20个的被试所在学校的科学课获得外界支助的教学经费明显好于班级数为1～10个被试所在学校。班级数为1～10个被试均值大于班级数为21～30个被试均值，即班级数为21～30个的被试所在学校的科学课获得外界支助的教学经费明显好于班级数为1～10个被试所在学校。班级数为11～20个被试均值大于班级数为21～30个被试均值，即班级数为21～30个的被试所在学校的科学课获得外界支助的教学经费明显好于班级数为11～20个被试所在学校。进一步从关联强度指数来看，ω^2 的值等于0.014，可见，班级数与科学课获得外界支助的教学经费存在微弱关系。统计检验力等于1.000，决策正确率较高，班级数对科学课获得外界支助的教学经费的解释量较大。

表 3-10　不同学校班级数的被试间科学课获得外界支助的教学经费方差分析

变异来源	SS（Ⅲ型平方和）	DF	MS（均方）	F	事后比较	ω^2	统计检验力
组间	41.136	3	13.712	12.558①	1～10个>11～20个；1～10个>21～30个；11～20个>21～30个	0.014	1.000
组内	2750.508	2519	1.092				
全体	2791.644	2522					

① $p<0.001$。

（二）不同学校班级数的被试间科学教学场所设在校外差异比较

通过不同学校班级数被试学校间科学教学场所设在校外描述统计分析表（见表3-11）可以看出，学校班级数在1～10个被试学校的科学教学场所设在校外均值为4.25，学校班级数在11～20个被试学校的科学教学场所设在校外均值为4.10，学校班级数在21～30个被试学校的科学教学场所设在校外均值为4.12，学校班级数在31～40个被试学校的科学教学场所设在校外均值为4.10。

表 3-11 不同学校班级数的被试间科学教学场所设在校外统计分析

班级数	N	均值	标准差
1~10 个	1465	4.25	1.003
11~20 个	689	4.10	1.030
21~30 个	268	4.12	1.078
31~40 个	101	4.10	1.127
总 数	2523	4.19	1.025

不同学校班级数的被试学校间科学教学场所设在校外的方差分析表（见表 3-12）可以显示，不同学校班级数的被试学校在科学教学场所设在校外上有显著差异（$p<0.05$）。由事后比较得知，班级数为 1~10 个被试均值大于班级数为 11~20 个被试均值，即班级数为 11~20 个的被试所在学校的科学教学场所设在校外明显好于班级数为 1~10 个被试所在学校。进一步从关联强度指数来看，ω^2 的值等于 0.003，可见，班级数与科学教学场所设在校外存在微弱关系。统计检验力等于 0.820，决策正确率较高，班级数对科学教学场所设在校外的解释量较大。

表 3-12 不同学校班级数的被试间科学教学场所设在校外方差分析

变异来源	SS(Ⅲ型平方和)	DF	MS(均方)	F	事后比较	ω^2	统计检验力
组间	11.981	3	3.994	3.810①	1~10 个 > 11~20 个	0.003	0.820
组内	2640.215	2519	1.048				
全体	2652.196	2522					

① $p<0.05$。

（三）不同学校班级数的被试间科学教师获得外界专业指导差异比较

通过不同学校班级数被试学校间科学教师获得外界专业指导描述统计分析表（见表 3-13）可以看出，学校班级数在 1~10 个被试学校的科学教师获得外界专业指导均值为 3.77，学校班级数在 11~20 个被试学校的科学教师获得外界专业指导均值为 3.61，学校班级数在 21~30 个被试学校的科学教师获得外界专业指导均值为 3.72，学校班级数在 31~40 个被试学校的科学教师获得外界专业指导均值为 3.26。

表 3-13　不同学校班级数的被试间科学教师获得外界专业指导统计分析

班级数	N	均值	标准差
1～10 个	1465	3.77	1.061
11～20 个	689	3.61	1.025
21～30 个	268	3.72	1.102
31～40 个	101	3.26	1.155
总　数	2523	3.70	1.065

不同学校班级数的被试学校间科学教师获得外界专业指导的方差分析表（见表3-14）可以显示，不同学校班级数的被试学校在科学教师获得外界专业指导上有显著差异（$p<0.001$）。由事后比较得知，班级数为1～10个被试均值大于班级数为11～20个被试均值，即班级数为11～20个的被试所在学校的科学教师获得外界专业指导明显好于班级数为1～10个被试所在学校。班级数为1～10个被试均值大于班级数为31～40个被试均值，即班级数为31～40个的被试所在学校的科学教师获得外界专业指导明显好于班级数为1～10个被试所在学校。班级数为11～20个被试均值大于班级数为31～40个被试均值，即班级数为31～40个的被试所在学校的科学教师获得外界专业指导明显好于班级数为11～20个被试所在学校。班级数为21～30个被试均值大于班级数为31～40个被试均值，即班级数为31～40个的被试所在学校的科学教师获得外界专业指导明显好于班级数为21～30个被试所在学校。进一步从关联强度指数来看，ω^2 的值等于0.010，可见，班级数与科学教师获得外界专业指导在校外存在微弱关系。统计检验力等于0.998，决策正确率较高，班级数对科学教师获得外界专业指导的解释量较大。

表 3-14　不同学校班级数的被试间科学教师获得外界专业指导方差分析

变异来源	SS(Ⅲ型平方和)	DF	MS(均方)	F	事后比较	ω^2	统计检验力
组间	33.160	3	11.053	9.846①	1～10个>11～20个； 1～10个>31～40个； 11～20个>31～40个； 21～30个>31～40个	0.010	0.998
组内	2827.909	2519	1.123				
全体	2861.069	2522					

① $p<0.001$。

（四）不同学校班级数的被试间科学教师获得进修培训机会差异比较

通过不同学校班级数被试学校间科学教师获得进修培训机会描述统计分析表

（见表3-15）可以看出，学校班级数在1～10个被试学校的科学教师获得进修培训机会均值为3.44，学校班级数在11～20个被试学校的科学教师获得进修培训机会均值为3.24，学校班级数在21～30个被试学校的科学教师获得进修培训机会均值为3.35，学校班级数在31～40个被试学校的科学教师获得进修培训机会均值为3.09。

表3-15 不同学校班级数的被试间科学教师获得进修培训机会统计分析

班级数	N	均值	标准差
1～10个	1465	3.44	0.967
11～20个	689	3.24	0.947
21～30个	268	3.35	1.030
31～40个	101	3.09	0.981
总　数	2523	3.36	0.974

不同学校班级数的被试学校间科学教师获得进修培训机会的方差分析表（见表3-16）可以显示，不同学校班级数的被试学校在科学教师获得进修培训机会上有显著差异（$p<0.001$）。由事后比较得知，班级数为1～10个被试均值大于班级数为11～20个被试均值，即班级数为11～20个的被试所在学校的科学教师获得进修培训机会明显好于班级数为1～10个被试所在学校。班级数为1～10个被试均值大于班级数为31～40个被试均值，即班级数为31～40个的被试所在学校的科学教师获得进修培训机会明显好于班级数为1～10个被试所在学校。进一步从关联强度指数来看，ω^2 的值等于0.010，可见，班级数与科学教师获得进修培训机会在校外存在微弱关系。统计检验力等于0.998，决策正确率较高，班级数对科学教师获得进修培训机会的解释量较大。

表3-16 不同学校班级数的被试间科学教师获得进修培训机会方差分析

变异来源	SS（Ⅲ型平方和）	DF	MS（均方）	F	事后比较	ω^2	统计检验力
组间	27.031	3	9.010	9.594①	1～10个>11～20个；1～10个>31～40个	0.010	0.998
组内	2365.857	2519	0.939				
全体	2392.888	2522					

① $p<0.001$。

(五)不同学校班级数的被试间志愿者作为科学教学辅导员差异比较

通过不同学校班级数被试学校间志愿者作为科学教学辅导员描述统计分析表(见表3-17)可以看出,学校班级数在1~10个被试学校的志愿者作为科学教学辅导员均值为4.40,学校班级数在11~20个被试学校的志愿者作为科学教学辅导员均值为4.25,学校班级数在21~30个被试学校的志愿者作为科学教学辅导员均值为4.31,学校班级数在31~40个被试学校的志愿者作为科学教学辅导员均值为4.08。

表3-17 不同学校班级数的被试间志愿者作为科学教学辅导员统计分析

班级数	*N*	均值	标准差
1~10个	1465	4.40	0.964
11~20个	689	4.25	1.054
21~30个	268	4.31	1.047
31~40个	101	4.08	1.129
总 数	2523	4.34	1.008

不同学校班级数的被试学校间志愿者作为科学教学辅导员的方差分析表(见表3-18)可以显示,不同学校班级数的被试学校在志愿者作为科学教学辅导员上有显著差异($p<0.001$)。由事后比较得知,班级数为1~10个被试均值大于班级数为11~20个被试均值,即班级数为11~20个的被试所在学校的志愿者作为科学教学辅导员明显好于班级数为1~10个被试所在学校。班级数为1~10个被试均值大于班级数为31~40个被试均值,即班级数为31~40个的被试所在学校的志愿者作为科学教学辅导员明显好于班级数为1~10个被试所在学校。进一步从关联强度指数来看,ω^2的值等于0.006,可见,班级数与志愿者作为科学教学辅导员在校外存在微弱关系。统计检验力等于0.962,决策正确率较高,班级数对志愿者作为科学教学辅导员的解释量较大。

表3-18 不同学校班级数的被试间志愿者作为科学教学辅导员方差分析

变异来源	SS(Ⅲ型平方和)	DF	MS(均方)	*F*	事后比较	ω^2	统计检验力
组间	18.521	3	6.174	6.108①	1~10个>11~20个; 1~10个>31~40个	0.006	0.962
组内	2546.131	2519	1.011				
全体	2564.652	2522					

① $p<0.001$。

四、不同办学条件被试学校被试间的社会参与差异比较

（一）不同办学条件被试学校被试间科学课获得外界支助的教学经费差异比较

通过不同办学条件被试学校间科学课获得外界支助的教学经费描述统计分析表（见表3-19）可以看出，办学条件非常好被试学校的科学课获得外界支助的教学经费均值为3.59，办学条件比较好被试学校的科学课获得外界支助的教学经费均值为3.99，办学条件一般被试学校的科学课获得外界支助的教学经费均值为4.29，办学条件比较差被试学校的科学课获得外界支助的教学经费均值为4.49，办学条件非常差被试学校的科学课获得外界支助的教学经费均值为4.45。

表3-19 不同办学条件被试学校被试间科学课获得外界支助的教学经费统计分析

办学条件	N	均值	标准差
非常好	281	3.59	1.281
比较好	942	3.99	1.083
一 般	995	4.29	0.932
比较差	232	4.49	0.806
非常差	73	4.45	0.883
总 数	2523	4.12	1.052

不同办学条件的被试学校间科学课获得外界支助的教学经费的方差分析表（见表3-20）可以显示，不同办学条件的被试学校在科学课获得外界支助的教学经费方面有显著差异（$p<0.001$）。由事后比较得知，办学条件为比较好被试均值大于办学条件为非常好被试均值，即办学条件为非常好的被试所在学校的科学课获得外界支助的教学经费明显好于办学条件为比较好被试所在学校。办学条件为一般被试均值大于办学条件为非常好、比较好被试均值，即办学条件为非常好、比较好的被试所在学校的科学课获得外界支助的教学经费明显好于办学条件为一般被试所在学校。办学条件为比较差被试均值大于办学条件为非常好、比较好、一般被试均值，即办学条件为非常好、比较好、一般的被试所在学校的科学课获得外界支助的教学经费明显好于办学条件为比较差被试所在学校。办学条件为非常差被试均值大于办学条件为非常好、比较好试均值，即办学条件为非常好、比较好的被试所在学校的科学课获得外界支助的教学经费明显好于办学条件为非常差被试所在学校。进一步从关联强度指数来看，ω^2 的值等于0.056，可

见，办学条件与科学课获得外界支助的教学经费存在微弱关系。统计检验力等于1.000，决策正确率很高，办学条件对科学课获得外界支助的教学经费的解释量很大。

表3-20 不同办学条件被试学校被试间科学课获得外界支助的教学经费方差分析

变异来源	SS（Ⅲ型平方和）	DF	MS（均方）	*F*	事后比较	ω^2	统计检验力
组间	159.997	4	39.999	38.272①	比较好 > 非常好； 一般 > 非常好、比较好； 比较差 > 非常好、比较好、一般； 非常差 > 非常好、比较好	0.056	1.000
组内	2631.647	2518	1.045				
全体	2791.644	2522					

① $p<0.001$。

（二）不同办学条件被试学校被试间科学教学场所设在校外差异比较

通过不同办学条件被试学校间科学教学场所设在校外描述统计分析表（见表3-21）可以看出，办学条件非常好被试学校的科学教学场所设在校外均值为3.74，办学条件比较好被试学校的科学教学场所设在校外均值为4.12，办学条件一般被试学校的科学教学场所设在校外均值为4.30，办学条件比较差被试学校的科学教学场所设在校外均值为4.46，办学条件非常差被试学校的科学教学场所设在校外均值为4.41。

表3-21 不同办学条件被试学校被试间科学教学场所设在校外统计分析

办学条件	*N*	均值	标准差
非常好	281	3.74	1.280
比较好	942	4.12	1.029
一 般	995	4.30	0.929
比较差	232	4.46	0.862
非常差	73	4.41	0.998
总 数	2523	4.19	1.025

不同办学条件的被试学校间科学教学场所设在校外的方差分析表（见表3-22）可以显示，不同办学条件的被试学校在科学教学场所设在校外方面有显著差异（$p<0.001$）。由事后比较得知，办学条件为比较好被试均值大于办学条

件为非常好被试均值，即办学条件为非常好的被试所在学校的科学教学场所设在校外明显好于办学条件为比较好被试所在学校。办学条件为一般被试均值大于办学条件为非常好、比较好被试均值，即办学条件为非常好、比较好的被试所在学校的科学教学场所设在校外明显好于办学条件为一般被试所在学校。办学条件为比较差被试均值大于办学条件为非常好、比较好均值，即办学条件为非常好、比较好被试所在学校的科学教学场所设在校外明显好于办学条件为比较差被试所在学校。办学条件为非常差被试均值大于办学条件为非常好被试均值，即办学条件为非常好的被试所在学校的科学教学场所设在校外明显好于办学条件为非常差被试所在学校。进一步从关联强度指数来看，ω^2 的值等于0.035，可见，办学条件与科学教学场所设在校外存在微弱关系。统计检验力等于1.000，决策正确率很高，办学条件对科学教学场所设在校外的解释量很大。

表3-22　不同办学条件被试学校被试间科学教学场所设在校外方差分析

变异来源	SS（Ⅲ型平方和）	DF	MS（均方）	F	事后比较	ω^2	统计检验力
组间	95.734	4	23.933	23.573①	比较好＞非常好；一般＞非常好、比较好；比较差＞非常好、比较好；非常差＞非常好	0.035	1.000
组内	2556.462	2518	1.015				
全体	2652.196	2522					

① $p<0.001$。

（三）不同办学条件被试学校被试间科学教师获得外界专业指导差异比较

通过不同办学条件被试学校间科学教师获得外界专业指导描述统计分析表（见表3-23）可以看出，办学条件非常好被试学校的科学教师获得外界专业指导均值为3.26，办学条件比较好被试学校的科学教师获得外界专业指导均值为3.52，办学条件一般被试学校的科学教师获得外界专业指导均值为3.87，办学条件比较差被试学校的科学教师获得外界专业指导均值为4.06，办学条件非常差被试学校的科学教师获得外界专业指导均值为4.23。

表3-23　不同办学条件被试学校被试间科学教师获得外界专业指导统计分析

办学条件	N	均值	标准差
非常好	281	3.26	1.199
比较好	942	3.52	1.031
一　般	995	3.87	1.017

续表 3-23

办学条件	N	均值	标准差
比较差	232	4.06	0.938
非常差	73	4.23	0.936
总　数	2523	3.70	1.065

不同办学条件的被试学校间科学教师获得外界专业指导的方差分析表（见表3-24）可以显示，不同办学条件的被试学校在科学教师获得外界专业指导方面有显著差异（$p<0.001$）。由事后比较得知，办学条件为比较好被试均值大于办学条件为非常好被试均值，即办学条件为非常好的被试所在学校的科学教师获得外界专业指导明显好于办学条件为比较好被试所在学校。办学条件为一般被试均值大于办学条件为非常好、比较好被试均值，即办学条件为非常好、比较好的被试所在学校的科学教师获得外界专业指导明显好于办学条件为一般被试所在学校。办学条件为比较差被试均值大于办学条件为非常好、比较好、一般均值，即办学条件为非常好、比较好、一般被试所在学校的科学教师获得外界专业指导明显好于办学条件为比较差被试所在学校。办学条件为非常差被试均值大于办学条件为非常好、比较好、一般被试均值，即办学条件为非常好、比较好、一般的被试所在学校的科学教师获得外界专业指导明显好于办学条件为非常差被试所在学校。进一步从关联强度指数来看，ω^2 的值等于0.055，可见，办学条件与科学教师获得外界专业指导存在微弱关系。统计检验力等于1.000，决策正确率很高，办学条件对科学教师获得外界专业指导的解释量很大。

表 3-24　不同办学条件被试学校被试间科学教师获得外界专业指导方差分析

变异来源	SS（Ⅲ型平方和）	DF	MS（均方）	F	事后比较	ω^2	统计检验力
组间	162.359	4	40.590	37.872①	比较好 > 非常好； 一般 > 非常好、比较好； 比较差 > 非常好、比较好、一般； 非常差 > 非常好、比较好、一般；	0.055	1.000
组内	2698.710	2518	1.072				
全体	2861.069	2522					

① $p<0.001$。

（四）不同办学条件被试学校被试间科学教师获得进修培训机会差异比较

通过不同办学条件被试学校间科学教师获得进修培训机会描述统计分析表（见表3-25）可以看出，办学条件非常好被试学校的科学教师获得进修培训机会均值为2.94，办学条件比较好被试学校的科学教师获得进修培训机会均值为3.19，办学条件一般被试学校的科学教师获得进修培训机会均值为3.51，办学条件比较差被试学校的科学教师获得进修培训机会均值为3.74，办学条件非常差被试学校的科学教师获得进修培训机会均值为4.05。

表3-25 不同办学条件被试学校被试间科学教师获得进修培训机会统计分析

办学条件	N	均值	标准差
非常好	281	2.94	1.104
比较好	942	3.19	0.938
一　般	995	3.51	0.901
比较差	232	3.74	0.936
非常差	73	4.05	0.815
总　数	2523	3.36	0.974

不同办学条件的被试学校间科学教师获得进修培训机会的方差分析表（见表3-26）可以显示，不同办学条件的被试学校在科学教师获得进修培训机会方面有显著差异（$p<0.001$）。由事后比较得知，办学条件为比较好被试均值大于办学条件为非常好被试均值，即办学条件为非常好的被试所在学校的科学教师获得进修培训机会明显好于办学条件为比较好被试所在学校。办学条件为一般被试均值大于办学条件为非常好、比较好被试均值，即办学条件为非常好、比较好的被试所在学校的科学教师获得进修培训机会明显好于办学条件为一般被试所在学校。办学条件为比较差被试均值大于办学条件为非常好、比较好、一般均值，即办学条件为非常好、比较好、一般被试所在学校的科学教师获得进修培训机会明显好于办学条件为比较差被试所在学校。办学条件为非常差被试均值大于办学条件为非常好、比较好、一般被试均值，即办学条件为非常好、比较好、一般的被试所在学校的科学教师获得进修培训机会明显好于办学条件为非常差被试所在学校。进一步从关联强度指数来看，ω^2 的值等于0.068，可见，办学条件与科学教师获得进修培训机会存在微弱关系。统计检验力等于1.000，决策正确率很高，办学条件对科学教师获得进修培训机会的解释量很大。

（五）不同办学条件被试学校被试间志愿者作为科学教学辅导员

通过不同办学条件被试学校间志愿者作为科学教学辅导员描述统计分析表（见表3-27）可以看出，办学条件非常好被试学校的志愿者作为科学教学辅导员均值为3.93，办学条件比较好被试学校的志愿者作为科学教学辅导员均值为

4.29，办学条件一般被试学校的志愿者作为科学教学辅导员均值为4.41，办学条件比较差被试学校的志愿者作为科学教学辅导员均值为4.60，办学条件非常差被试学校的志愿者作为科学教学辅导员均值为4.63。

表3-26　不同办学条件被试学校被试间科学教师获得进修培训机会方差分析

变异来源	SS（Ⅲ型平方和）	DF	MS（均方）	F	事后比较	ω^2	统计检验力
组间	167.086	4	41.771	47.255①	比较好 > 非常好；一般 > 非常好、比较好；比较差 > 非常好、比较好、一般；非常差 > 非常好、比较好、一般	0.068	1.000
组内	2225.802	2518	0.884				
全体	2392.888	2522					

① $p < 0.001$。

表3-27　不同办学条件被试学校被试间志愿者作为科学教学辅导员统计分析

办学条件	N	均值	标准差
非常好	281	3.93	1.274
比较好	942	4.29	1.026
一　般	995	4.41	0.921
比较差	232	4.60	0.805
非常差	73	4.63	0.825
总　数	2523	4.34	1.008

不同办学条件的被试学校间志愿者作为科学教学辅导员的方差分析表（见表3-28）可以显示，不同办学条件的被试学校在志愿者作为科学教学辅导员方面有显著差异（$p < 0.001$）。由事后比较得知，办学条件为比较好被试均值大于办学条件为非常好被试均值，即办学条件为非常好的被试所在学校的志愿者作为科学教学辅导员明显好于办学条件为比较好被试所在学校。办学条件为一般被试均值大于办学条件为非常好、比较好被试均值，即办学条件为非常好、比较好的被试所在学校的志愿者作为科学教学辅导员明显好于办学条件为一般被试所在学校。办学条件为比较差被试均值大于办学条件为非常好、比较好、一般均值，即办学条件为非常好、比较好、一般被试所在学校的志愿者作为科学教学辅导员明显好于办学条件为比较差被试所在学校。办学条件为非常差被试均值大于办学条件为非常好、比较好被试均值，即办学条件为非常好、比较好的被试所在学校的志愿者作为科学教学辅导员明显好于办学条件为非常差被试所在学校。进一步从关联

强度指数来看，ω^2 的值等于0.029，可见，办学条件与志愿者作为科学教学辅导员存在微弱关系。统计检验力等于1.000，决策正确率很高，办学条件对志愿者作为科学教学辅导员的解释量很大。

表3-28 不同办学条件被试学校被试间志愿者作为科学教学辅导员方差分析

变异来源	SS（Ⅲ型平方和）	DF	MS（均方）	F	事后比较	ω^2	统计检验力
组间	77.453	4	19.363	19.603①	比较好＞非常好；一般＞非常好、比较好；比较差＞非常好、比较好、一般；非常差＞非常好、比较好	0.029	1.000
组内	2487.200	2518	0.988				
全体	2564.652	2522					

① $p<0.001$。

五、本节小结

农村学校科学教育社会参与不多，而且因学校特征不同而呈现显著差异。依据统计数据可以推断出，农村学校有70.2%的被试所在学校科学课获得外界支助的教学经费较少或没有；有73.1%的被试所在学校科学教学场所设在校外较少或没有；有58.4%的被试所在学校科学教师获得外界专业指导较少或没有；有46.9%的被试所在学校科学教师获得进修培训机会较少或没有；有77.9%的被试所在学校志愿者作为科学教学辅导员较少或没有。

不同学校所在地间在科学课获得外界支助的教学经费、科学教学场所设在校外、志愿者作为科学教学辅导员方面存在显著差异，其他方面不存在显著差异。不同学校类型间在科学教学场所设在校外、志愿者作为科学教学辅导员方面存在显著差异。所有类型学校科学课获得外界支助的教学经费、科学教师获得外界专业指导、科学教师获得进修培训机会在社会参与情况基本相同。不同学校班级数的被试学校在科学课获得外界支助的教学经费、科学教学场所设在校外、科学教师获得外界专业指导、科学教师获得进修培训机会、志愿者作为科学教学辅导员上有显著差异。不同办学条件的被试学校在科学课获得外界支助的教学经费方面、科学教学场所设在校外、科学教师获得外界专业指导、科学教师获得进修培训机会、志愿者作为科学教学辅导员方面有显著差异。

第四章 农村学校科学教育课程实施质量监控效果好吗?

课程实施质量监控效果是确保学校教育教学质量的重要手段。农村学校科学教育质量高低在一定程度与其课程实施质量监控体系的完善以及监控效果的使用等方面有着密切的关系。没有课程实施质量监控就没有办法获取有效的课程实施的相关信息，这必然会影响到课程实施的方向与效果。为确保农村科学教育课程实施的方向与目标正确，对其课程实施质量监控体系的建构是必不可少的，应该建构学校层面的科学课程教学质量监控体系，其次要建立并完善上级部门对科学课程的教育教学质量进行的质量监控体系。

第一节 农村学校科学教育课程实施质量监控概览

一、农村学校科学教育课程实施质量监控现状

（一）学校对科学课的教学质量进行的评价情况

从统计数据表（见表4-1）中可以看出农村学校对科学课的教学质量进行的评价情况。学校对科学课的教学质量进行的评价非常多的学校被试有533人，占所有被试的21.1%；学校对科学课的教学质量进行的评价比较多的学校被试有385人，占所有被试的15.3%；学校对科学课的教学质量进行的评价一般的学校

表4-1 学校对科学课的教学质量进行的评价

项目		频率	百分比/%
有效	一直有	533	21.1
	多数情况下有	385	15.3
	一般	723	28.7
	少数情况下有	634	25.1
	从来没有	248	9.8
	合计	2523	100.0

被试有 723 人，占所有被试的 28.7%；学校对科学课的教学质量进行的评价比较少的学校被试有 634 人，占所有被试的 25.1%；没有学校对科学课的教学质量进行的评价的学校被试有 248 人，占所有被试的 9.8%。依据统计数据可以推断出，农村学校对科学课的教学质量进行的评价情况在一般以上比例只有 65.1%，但是有 34.9% 的被试所在学校学校对科学课的教学质量进行的评价少数情况下有或从来没有。

（二）上级部门对科学课的教学情况进行检查情况

从统计数据表（见表 4-2）中可以看出农村学校对上级部门对科学课的教学情况进行检查情况。上级部门对科学课的教学情况进行检查非常多的学校被试有 639 人，占所有被试的 25.3%；上级部门对科学课的教学情况进行检查比较多的学校被试有 425 人，占所有被试的 16.8%；上级部门对科学课的教学情况进行检查一般的学校被试有 771 人，占所有被试的 30.6%；上级部门对科学课的教学情况进行检查比较少的学校被试有 512 人，占所有被试的 20.3%；没有上级部门对科学课的教学情况进行检查的学校被试有 176 人，占所有被试的 7.0%。依据统计数据可以推断出，农村学校上级部门对科学课的教学情况进行检查情况在一般以上比例只有 72.7%，但是有 27.3% 的被试所在学校对上级部门对科学课的教学情况进行检查少数情况下有或从来没有。

表 4-2　上级部门对科学课的教学情况进行检查

项目		频率	百分比/%
有效	一直有	639	25.3
	多数情况下有	425	16.8
	一般	771	30.6
	少数情况下有	512	20.3
	从来没有	176	7.0
	合计	2523	100.0

二、不同课程实施质量监控项目间描述统计量比较

为了更好地了解各种课程实施质量监控项目的实际情况，用描述性统计将其极大值、极小值、均值、标准差列出进行比较之间的优劣。统计数据表（见表 4-3）中显示，课程实施质量监控项目各项的均值为 2.67 和 2.87，其水平均处在比较多和一般之间。相比之下，地区相关部分检查科学教学质量情况要稍好些。

均值分别达到 2.67，学校对科学教学质量评价情况要差一些，均值为 2.87。农村学校科学教育课程实施质量监控状况尚可。

表 4-3　不同课程实施质量监控项目间描述统计量比较

课程实施质量监控	*N*	极小值	极大值	均值	标准差
学校对科学教学质量评价	2523	1	5	2.87	1.275
地区相关部分检查科学教学质量	2523	1	5	2.67	1.246

第二节　农村学校科学教育课程实施质量监控差异比较

一、不同学校所在地被试间的课程实施质量监控项目差异比较

为考查不同学校所在地间在课程实施质量监控项目方面存在的差异，对其进行差异分析。统计数据表（见表 4-4）中显示，在所有的课程实施质量监控项目方面，不同学校所在地间在学校对科学教学质量评价方面存在显著差异，地区相关部分检查科学教学质量方面不存在显著差异。在学校对科学教学质量评价方面，县市和乡村之间存在显著差异，其中，县市的均值为 2.67，乡村的均值为 2.91，p 值为 0.001，小于 0.01，存在显著差异。在地区相关部分检查科学教学质量方面，县市和乡村之间没有显著差异，其中，县市的均值为 2.57，乡村的均值为 2.68，p 值为 0.104，大于 0.05，不存在显著差异。也就是，从学校所在地来看，学校对科学教学质量评价在县市和乡村间存在显著差异，县市学校的情况要好于乡村学校的情况，地区相关部分检查科学教学质量方面在县市和乡村学校间没有显著差异。

表 4-4　不同学校所在地被试间的课程实施质量监控差异比较

课程实施质量监控	学校所在地	*N*	均值	标准差	Sig.（双侧）
学校对科学教学质量评价	县市	378	2.67	1.257	0.001①
	乡/村	2145	2.91	1.276	
地区相关部分检查科学教学质量	县市	378	2.57	1.215	0.104
	乡/村	2145	2.68	1.251	

① $p<0.01$。

二、不同学校类型被试间的课程实施质量监控项目差异比较

为考查不同学校类型间在课程实施质量监控项目方面存在的差异，对其进行了差异分析。统计数据表（见表4-5）中显示，在所有的课程实施质量监控项目方面，不同学校类型间在学校对科学教学质量评价、地区相关部分检查科学教学质量方面没有显著差异。在学校对科学教学质量评价方面，九年一贯制学校和小学之间没有显著差异，其中，九年一贯制学校的均值为2.96，小学的均值为2.85，p 值为0.081，大于0.05，不存在显著差异。在地区相关部分检查科学教学质量方面，九年一贯制学校和小学之间没有显著差异，其中，九年一贯制学校的均值为2.74，小学的均值为2.65，p 值为0.144，大于0.05，不存在显著差异。因此，可以进一步推断，所有类型学校中的学校对科学教学质量评价、地区相关部分检查科学教学质量情况基本相同。

表4-5 不同学校类型被试间的课程实施质量监控差异比较

课程实施质量监控	学校类型	N	均值	标准差	Sig.（双侧）
学校对科学教学质量评价	九年一贯制	517	2.96	1.221	0.081
	小学	2006	2.85	1.288	
地区相关部分检查科学教学质量	九年一贯制	517	2.74	1.201	0.144
	小学	2006	2.65	1.258	

三、不同学校班级数的被试间的课程实施质量监控项目差异比较

（一）不同学校班级数的被试间的学校对科学教学质量评价差异比较

通过不同学校班级数被试学校间学校对科学教学质量评价描述统计分析表（见表4-6）可以看出，学校班级数在1～10个被试学校的学校对科学教学质量评价均值为3.08，学校班级数在11～20个被试学校的学校对科学教学质量评价均值为2.65，学校班级数在21～30个被试学校的学校对科学教学质量评价均值为2.65，学校班级数在31～40个被试学校的学校对科学教学质量评价均值为2.05。

不同学校班级数的被试学校间学校对科学教学质量评价的方差分析表（见表4-7）可以显示，不同学校班级数的被试学校在学校对科学教学质量评价上有显著差异（$p<0.001$）。由事后比较得知，班级数为1～10个被试均值大于班级数为11～20个被试均值，即班级数为11～20个的被试所在学校的学校对科学教

学质量评价明显好于班级数为 1～10 个被试所在学校。班级数为 1～10 个被试均值大于班级数为 21～30 个被试均值，即班级数为 21～30 个的被试所在学校的学校对科学教学质量评价明显好于班级数为 1～10 个被试所在学校。班级数为 1～10 个被试均值大于班级数为 31～40 个被试均值，即班级数为 31～40 个的被试所在学校的学校对科学教学质量评价明显好于班级数为 1～10 个被试所在学校。班级数为 11～20 个被试均值大于班级数为 31～40 个被试均值，即班级数为 21～30 个的被试所在学校的学校对科学教学质量评价明显好于班级数为 31～40 个被试所在学校。班级数为 21～30 个被试均值大于班级数为 31～40 个被试均值，即班级数为 21～30 个的被试所在学校的学校对科学教学质量评价明显好于班级数为 31～40 个被试所在学校。进一步从关联强度指数来看，ω^2 的值等于 0.042，可见，班级数与学校对科学教学质量评价存在微弱关系。统计检验力等于 1.000，决策正确率很高，班级数对学校对科学教学质量评价的解释量很大。

表 4-6　不同学校班级数的被试间的学校对科学教学质量评价

班级数	*N*	均值	标准差
1～10 个	1465	3.08	1.246
11～20 个	689	2.65	1.251
21～30 个	268	2.65	1.282
31～40 个	101	2.05	1.178
总　数	2523	2.87	1.275

表 4-7　不同学校班级数的被试间的学校对科学教学质量评价差异比较

变异来源	SS(Ⅲ型平方和)	DF	MS(均方)	*F*	事 后 比 较	ω^2	统计检验力
组间	175.934	3	58.645	37.625①	1～10 个 > 11～20 个；1～10 个 > 21～30 个；1～10 个 > 31～40 个；11～20 个 > 31～40 个；21～30 个 > 31～40 个	0.042	1.000
组内	3926.225	2519	1.559				
全体	4102.159	2522					

① $p < 0.001$。

（二）不同学校班级数的被试间的地区相关部分检查科学教学质量差异比较

通过不同学校班级数被试学校间地区相关部分检查科学教学质量描述统计分析表（见表 4-8）可以看出，学校班级数在 1～10 个被试学校的地区相关部分检查科学教学质量均值为2.80，学校班级数在11～20个被试学校的地区相关部分检查科学教学质量均值为2.52，学校班级数在21～30个被试学校的地区相关部分检查科学教学质量均值为2.53，学校班级数在31～40个被试学校的地区相关部分检查科学教学质量均值为2.11。

表4-8 不同学校班级数的被试间的地区相关部分检查科学教学质量

班级数	N	均值	标准差
1～10个	1465	2.80	1.233
11～20个	689	2.52	1.234
21～30个	268	2.53	1.273
31～40个	101	2.11	1.148
总　数	2523	2.67	1.246

不同学校班级数的被试学校间地区相关部分检查科学教学质量的方差分析表（见表4-9）可以显示，不同学校班级数的被试学校在地区相关部分检查科学教学质量上有显著差异（$p<0.001$）。由事后比较得知，班级数为1～10个被试均值大于班级数为11～20个被试均值，即班级数为11～20个的被试所在学校的地区相关部分检查科学教学质量明显好于班级数为1～10个被试所在学校。班级数为1～10个被试均值大于班级数为21～30个被试均值，即班级数为21～30个的被试所在学校的地区相关部分检查科学教学质量明显好于班级数为1～10个被试所在学校。班级数为1～10个被试均值大于班级数为31～40个被试均值，即班级数为31～40个的被试所在学校的地区相关部分检查科学教学质量明显好于班级数为1～10个被试所在学校。班级数为11～20个被试均值大于班级数为31～40个被试均值，即班级数为21～30个的被试所在学校的地区相关部分检查科学教学质量明显好于班级数为31～40个被试所在学校。班级数为21～30个被试均

表4-9 不同学校班级数的被试间的地区相关部分检查科学教学质量差异比较

变异来源	SS(Ⅲ型平方和)	DF	MS(均方)	F	事后比较	ω^2	统计检验力
组间	78.243	3	26.081	17.110①	1～10个>11～20个；1～10个>21～30个；1～10个>31～40个；11～20个>31～40个；21～30个>31～40个	0.019	1.000
组内	3839.755	2519	1.524				
全体	3917.998	2522					

① $p<0.001$。

值大于班级数为 31～40 个被试均值，即班级数为 21～30 个的被试所在学校的地区相关部分检查科学教学质量明显好于班级数为 31～40 个被试所在学校。进一步从关联强度指数来看，ω^2 的值等于 0.019，可见，班级数与地区相关部分检查科学教学质量存在微弱关系。统计检验力等于 1.000，决策正确率较高，班级数对地区相关部分检查科学教学质量的解释量较大。

四、不同办学条件被试学校被试间的课程实施质量监控项目差异比较

（一）不同办学条件的被试间的学校对科学教学质量评价差异比较

通过不同办学条件被试学校间学校对科学教学质量评价描述统计分析（见表 4-10）可以看出，办学条件非常好被试学校的学校对科学教学质量评价均值为 2.19，办学条件比较好被试学校的学校对科学教学质量评价均值为 2.61，办学条件一般被试学校的学校对科学教学质量评价均值为 3.09，办学条件比较差被试学校的学校对科学教学质量评价均值为 3.59，办学条件非常差被试学校的学校对科学教学质量评价均值为 3.62。

表 4-10　不同办学条件的被试间的学校对科学教学质量评价

办学条件	N	均值	标准差
非常好	281	2.19	1.251
比较好	942	2.61	1.241
一　般	995	3.09	1.202
比较差	232	3.59	1.045
非常差	73	3.62	1.319
总　数	2523	2.87	1.275

不同办学条件的被试学校间学校对科学教学质量评价的方差分析表（见表 4-11）可以显示，不同办学条件的被试学校在学校对科学教学质量评价方面有显著差异（$p<0.001$）。由事后比较得知，办学条件为比较好被试均值大于办学条件为非常好被试均值，即办学条件为非常好的被试所在学校的学校对科学教学质量评价明显好于办学条件为比较好被试所在学校。办学条件为一般被试均值大于办学条件为非常好、比较好被试均值，即办学条件为非常好、比较好的被试所在学校的学校对科学教学质量评价明显好于办学条件为一般被试所在学校。办学条件为比较差被试均值大于办学条件为非常好、比较好、一般被试均值，即办学

条件为非常好、比较好、一般的被试所在学校的学校对科学教学质量评价明显好于办学条件为比较差被试所在学校。办学条件为非常差被试均值大于办学条件为非常好、比较好、一般试均值，即办学条件为非常好、比较好、一般的被试所在学校的学校对科学教学质量评价明显好于办学条件为非常差被试所在学校。进一步从关联强度指数来看，ω^2 的值等于0.097，可见，办学条件与学校对科学教学质量评价存在中度关系。统计检验力等于1.000，决策正确率很高，办学条件对学校对科学教学质量评价的解释量很大。

表4-11 不同办学条件的被试间的学校对科学教学质量评价差异比较

变异来源	SS（Ⅲ型平方和）	DF	MS（均方）	F	事后比较	ω^2	统计检验力
组间	402.266	4	100.566	68.441①	比较好＞非常好； 一般＞非常好、比较好； 比较差＞非常好、比较好、一般； 非常差＞非常好、比较好、一般	0.097	1.000
组内	3699.894	2518	1.469				
全体	4102.159	2522					

① $p<0.001$。

（二）不同办学条件的被试间的地区相关部分检查科学教学质量差异比较

通过不同办学条件被试学校间地区相关部分检查科学教学质量描述统计分析（见表4-12）可以看出，办学条件非常好被试学校的地区相关部分检查科学教学质量均值为2.09，办学条件比较好被试学校的地区相关部分检查科学教学质量均值为2.42，办学条件一般被试学校的地区相关部分检查科学教学质量均值为2.88，办学条件比较差被试学校的地区相关部分检查科学教学质量均值为3.22，办学条件非常差被试学校的地区相关部分检查科学教学质量均值为3.45。

表4-12 不同办学条件的被试间的地区相关部分检查科学教学质量

办学条件	N	均值	标准差
非常好	281	2.09	1.208
比较好	942	2.42	1.202
一 般	995	2.88	1.198
比较差	232	3.22	1.109
非常差	73	3.45	1.323
总 数	2523	2.67	1.246

不同办学条件的被试学校间地区相关部分检查科学教学质量的方差分析表（见表4-13）可以显示，不同办学条件的被试学校在地区相关部分检查科学教学质量方面有显著差异（$p<0.001$）。由事后比较得知，办学条件为比较好被试均值大于办学条件为非常好被试均值，即办学条件为非常好的被试所在学校的地区相关部分检查科学教学质量明显好于办学条件为比较好被试所在学校。办学条件为一般被试均值大于办学条件为非常好、比较好被试均值，即办学条件为非常好、比较好的被试所在学校的地区相关部分检查科学教学质量明显好于办学条件为一般被试所在学校。办学条件为比较差被试均值大于办学条件为非常好、比较好、一般被试均值，即办学条件为非常好、比较好、一般的被试所在学校的地区相关部分检查科学教学质量明显好于办学条件为比较差被试所在学校。办学条件为非常差被试均值大于办学条件为非常好、比较好、一般试均值，即办学条件为非常好、比较好、一般的被试所在学校的地区相关部分检查科学教学质量明显好于办学条件为非常差被试所在学校。进一步从关联强度指数来看，ω^2 的值等于0.078，可见，办学条件与地区相关部分检查科学教学质量存在中度关系。统计检验力等于1.000，决策正确率很高，办学条件对地区相关部分检查科学教学质量的解释量很大。

表4-13　不同办学条件的被试间的地区相关部分检查科学教学质量差异比较

变异来源	SS（Ⅲ型平方和）	DF	MS（均方）	F	事后比较	ω^2	统计检验力
组间	312.226	4	78.056	54.509①	比较好＞非常好；一般＞非常好、比较好；比较差＞非常好、比较好、一般；非常差＞非常好、比较好、一般	0.078	1.000
组内	3605.773	2518	1.432				
全体	3917.998	2522					

① $p<0.001$。

五、本节小结

农村学校科学教育课程实施质量监控效果尚可，但因学校特征不同而呈现显著差异。依据统计数据可以推断出，农村学校学校对科学课的教学质量进行的评价情况在一般以上比例只有65.1%，但是有34.9%的被试所在学校对科学课的教学质量进行的评价少数情况下有或从来没有。农村学校上级部门对科学课的教学情况进行检查情况在一般以上比例只有72.7%，但是有27.3%的被试所在学校对上级部门对科学课的教学情况进行检查少数情况下有或从来没有。

从学校所在地来看，学校对科学教学质量评价在县市和乡村间存在显著差异，县市学校的情况要好于乡村学校的情况，地区相关部分检查科学教学质量方面在县市和乡村学校间没有显著差异。所有类型学校中的学校对科学教学质量评价、地区相关部分检查科学教学质量情况基本相同。不同学校班级数的被试学校在学校对科学教学质量评价、地区相关部分检查科学教学质量上有显著差异。不同办学条件的被试学校在学校对科学教学质量评价、地区相关部分检查科学教学质量方面有显著差异。

第五章 农村学校科学教育实施效果理想吗？

对于同一门课程来讲，因其实施过程中的外在条件不同会出现不同的效果。这种情况在城市和农村学校间表现的比较明显。农村学校科学教育实施效果主要从以下几个方面表现出来：1～2 年级科学课程每周不少于 1 学时，3～6 年级科学课程每周不少于 2 学时，科学课程相关各种交流活动开展情况，学校校园内科技角科技园等开设情况。这些情况能比较全面地说明农村学校科学教育实施的效果。针对这些方面的实践数据的梳理有利于对农村学校科学教育的实施有效性有一个客观的了解，并在此基础上提升有针对性的建议。

第一节 农村学校科学教育实施效果概览

一、农村学校科学教育实施效果现状

（一）学校 1～2 年级每周不少于 1 学时

从统计数据表（见表 5-1）中可以看出农村学校科学课 1～2 年级每周不少于 1 学时情况。学校 1～2 年级每周不少于 1 学时情况完全是的学校被试有 1061 人，占所有被试的 42.1%；学校 1～2 年级每周不少于 1 学时情况多数是的学校

表 5-1 学校 1～2 年级每周不少于 1 学时

项 目		频率	百分比/%	有效百分比/%
有效	完全是	1061	42.1	42.1
	多数是	267	10.6	10.6
	基本是	831	32.9	32.9
	少数是	190	7.5	7.5
	完全不是	174	6.9	6.9
	合计	2523	100.0	100.0

被试有267人，占所有被试的10.6%；学校1~2年级每周不少于1学时情况基本是的学校被试有831人，占所有被试的32.9%；学校1~2年级每周不少于1学时情况少数是的学校被试有190人，占所有被试的7.5%；学校1~2年级每周不少于1学时情况完全不是的学校被试有174人，占所有被试的6.9%；依据统计数据可以推断出，农村学校科学课1~2年级每周不少于1学时情况在基本以上比例只有85.6%，但是有14.4%的被试所在学校科学课1~2年级每周不少于1学时情况少数是或完全不是这种情况。

（二）学校3~6年级每周不少于2学时

从统计数据表（见表5-2）中可以看出农村学校科学课3~6年级每周不少于2学时情况。学校3~6年级每周不少于2学时情况完全是的学校被试有1440人，占所有被试的57.1%；学校3~6年级每周不少于2学时情况多数是的学校被试有256人，占所有被试的10.1%；学校3~6年级每周不少于2学时情况基本是的学校被试有671人，占所有被试的26.6%；学校3~6年级每周不少于2学时情况少数是的学校被试有112人，占所有被试的4.4%；学校3~6年级每周不少于2学时情况完全不是的学校被试有44人，占所有被试的1.7%；依据统计数据可以推断出，农村学校科学课3~6年级每周不少于2学时情况在基本以上比例只有93.8%，但是有6.2%的被试所在学校科学课3~6年级每周不少于2学时情况少数是或完全不是这种情况。

表5-2　学校3~6年级每周不少于2学时

项目		频率	百分比/%	有效百分比/%
有效	完全是	1440	57.1	57.1
	多数是	256	10.1	10.1
	基本是	671	26.6	26.6
	少数是	112	4.4	4.4
	完全不是	44	1.7	1.7
	合计	2523	100.0	100.0

（三）开展科学相关交流活动

从统计数据表（见表5-3）中可以看出农村学校科学课开展科学相关交流活动情况。学校开展科学相关交流活动情况非常多的学校被试有59人，占所有被试的2.3%；学校开展科学相关交流活动情况比较多的学校被试有291人，占所有被试的 11.5%；学校开展科学相关交流活动情况一般的学校被试有 798 人，占所有被试的 31.6%；学校开展科学相关交流活动情况比较少的学校被试有 893 人，占所有被试的 35.4%；学校开展科学相关交流活动情况没有的学校被试有 482 人，占所有被试的 19.1%；依据统计数据可以推断出，农村学校科学课开展科学相关交流活动情况在一般以上比例只有 45.4%，但是有 54.6% 的被试所在学校科学课开展科学相关交流活动情况比较少或没有这种情况。

表 5-3 开展科学相关交流活动

项 目		频率	百分比/%	有效百分比/%
有效	非常多	59	2.3	2.3
	比较多	291	11.5	11.5
	一般	798	31.6	31.6
	比较少	893	35.4	35.4
	没有	482	19.1	19.1
	合计	2523	100.0	100.0

（四）校园内开设科技角科技园

从统计数据表（见表 5-4）中可以看出农村学校校园内开设科技角科技园情况。学校校园内开设科技角科技园情况非常多的学校被试有 62 人，占所有被试的 2.5%；校园内开设科技角科技园情况比较多的学校被试有 268 人，占所有被试的 10.6%；校园内开设科技角科技园情况一般的学校被试有 780 人，占所有被试的 30.9%；校园内开设科技角科技园情况比较少的学校被试有 603 人，占所有

表 5-4 校园内开设科技角科技园

项 目		频率	百分比/%	有效百分比/%
有效	非常多	62	2.5	2.5
	比较多	268	10.6	10.6
	一般	780	30.9	30.9
	比较少	603	23.9	23.9
	没有	810	32.1	32.1
	合计	2523	100.0	100.0

被试的23.9%；校园内开设科技角科技园情况没有的学校被试有810人，占所有被试的32.1%；依据统计数据可以推断出，农村学校校园内开设科技角科技园情况在一般以上比例只有44%，但是有56%的被试所在学校校园内开设科技角科技园情况比较少或没有这种情况。

（五）学校科学课程开设效果

从统计数据表（见表5-5）中可以看出农村学校科学课程开设效果情况。学校科学课程开设效果情况非常好的学校被试有465人，占所有被试的18.4%；学校科学课程开设效果情况比较好的学校被试有919人，占所有被试的36.4%；学校科学课程开设效果情况一般的学校被试有939人，占所有被试的37.2%；学校科学课程开设效果情况不太好的学校被试有155人，占所有被试的6.1%；学校科学课程开设效果情况非常不好的学校被试有45人，占所有被试的1.8%；依据统计数据可以推断出，农村学校科学课程开设效果情况在一般以上比例只有92%，但是有8%的被试所在学校科学课程开设效果情况不太好或非常不好。

表5-5 学校科学课程开设效果

项目		频率	百分比/%	有效百分比/%
有效	非常好	465	18.4	18.4
	比较好	919	36.4	36.4
	一般	939	37.2	37.2
	不太好	155	6.1	6.1
	非常不好	45	1.8	1.8
	合计	2523	100.0	100.0

二、不同科学教育实施效果间描述统计量比较

为了更好地了解各种科学教育实施效果项目的实际情况，用描述性统计将其极大值、极小值、均值、标准差列出进行比较之间的优劣。统计数据表（见表5-6）中显示，科学教育实施效果项目各项的均值差距较大，最大值为3.73，最小值为1.84。学校3~6年级每周不少于2学时情况要稍好些，均值达到1.84，就此项来看，课程开设情况较好。相比之下，开展科学相关交流活动、校园内开设科技角科技园情况要差一些，均值分别为3.57，3.73，就这两项来看，农村学校科学教育实施效果状况不理想。

表 5-6　不同科学教育实施效果项目间描述统计量比较

科学教育实施效果	*N*	极小值	极大值	均值	标准差
学校 1～2 年级每周不少于 1 学时	2523	1	5	2.27	1.266
学校 3～6 年级每周不少于 2 学时	2523	1	5	1.84	1.070
开展科学相关交流活动	2523	1	5	3.57	0.999
校园内开设科技角科技园	2523	1	5	3.73	1.096
学校科学课程开设效果	2523	1	5	2.36	0.911
有效的样本	2523				

第二节　农村学校科学教育实施效果差异比较

一、不同学校所在地被试间的科学教育实施效果差异比较

为考查不同学校所在地间在科学教育实施效果项目方面存在的差异，对其进行差异分析。统计数据表（见表 5-7）中显示，在所有的科学教育实施效果项目方面，不同学校所在地间在学校 1～2 年级每周不少于 1 学时、学校 3～6 年级每周不少于 2 学时、开展科学相关交流活动、学校科学课程开设效果方面没有显著差异。其中，在学校 1～2 年级每周不少于 1 学时方面，县市的均值为 2.26，乡

表 5-7　不同学校所在地被试间的科学教育实施效果差异比较

科学教育实施效果	学校所在地	*N*	均值	标准差	Sig.（双侧）
学校 1～2 年级每周不少于 1 学时	县市	378	2.26	1.255	0.871
	乡村	2145	2.27	1.268	
学校 3～6 年级每周不少于 2 学时	县市	378	1.92	1.110	0.087
	乡村	2145	1.82	1.062	
开展科学相关交流活动	县市	378	3.57	0.989	0.958
	乡村	2145	3.57	1.001	
校园内开设科技角科技园	县市	378	3.61	1.050	0.031①
	乡村	2145	3.75	1.103	
学校科学课程开设效果	县市	378	2.29	0.906	0.079
	乡村	2145	2.38	0.912	

① $p < 0.05$。

村的均值为2.27，p 值为0.871，大于0.05，不存在显著差异。在学校3～6年级每周不少于2学时方面，县市的均值为1.92，乡村的均值为1.82，p 值为0.087，大于0.05，不存在显著差异。在开展科学相关交流活动方面，县市的均值为3.57，乡村的均值为3.57，p 值为0.958，大于0.05，不存在显著差异。在学校科学课程开设效果方面，县市的均值为2.29，乡村的均值为2.38，p 值为0.079，大于0.05，不存在显著差异。但在校园内开设科技角科技园方面存在显著差异，其中，县市的均值为3.61，乡村的均值为3.75，p 值为0.031，小于0.05，存在显著差异。即县市学校校园内开设科技角科技园情况要好于乡村学校。

二、不同学校类型被试间的科学教育实施效果差异比较

为考查不同学校类型间在科学教育实施效果项目方面存在的差异，对其进行差异分析。统计数据表（见表5-8）中显示，在所有的科学教育实施效果项目方面，不同学校类型间在开展科学相关交流活动、校园内开设科技角科技园、学校科学课程开设效果方面没有显著差异。其中，在开展科学相关交流活动方面，九年一贯制的均值为3.55，小学的均值为3.58，p 值为0.468，大于0.05，不存在显著差异。在校园内开设科技角科技园方面，九年一贯制的均值为3.72，小学的均值为3.73，p 值为0.921，大于0.05，不存在显著差异。在学校科学课程开设效果方面，九年一贯制的均值为2.38，小学的均值为2.36，p 值为0.758，大于0.05，不存在显著差异。但在学校1～2年级每周不少于1学时、学校3～6年级每周不少于2学时方面存在显著差异。在学校1～2年级每周不少于1学时方面，九年一贯制的均值为2.38，小学的均值为2.24，p 值为0.023，小于0.05，存在显著差异。即小学的情况要好于九年一贯制学校。在学校3～6年级每周不少于2学时方面，九年一贯制的均值为2.01，小学的均值为1.79，p 值为0.000，小于0.001，存在显著差异。即小学的情况要好于九年一贯制学校。

表5-8 不同学校类型被试间的科学教育实施效果差异比较

科学教育实施效果	学校类型	N	均值	标准差	Sig.（双侧）
学校1～2年级每周不少于1学时	九年一贯制	517	2.38	1.236	0.023①
	小学	2006	2.24	1.272	
学校3～6年级每周不少于2学时	九年一贯制	517	2.01	1.093	0.000②
	小学	2006	1.79	1.060	
开展科学相关交流活动	九年一贯制	517	3.55	0.998	0.468
	小学	2006	3.58	0.999	

续表 5-8

科学教育实施效果	学校类型	N	均值	标准差	Sig.（双侧）
校园内开设科技角科技园	九年一贯制	517	3.72	1.076	0.921
	小学	2006	3.73	1.101	
学校科学课程开设效果	九年一贯制	517	2.38	0.891	0.758
	小学	2006	2.36	0.917	

① $p<0.05$；
② $p<0.001$。

三、不同学校班级数的被试间的科学教育实施效果差异比较

（一）不同学校班级数的被试间的学校1～2年级每周不少于1学时差异比较

通过不同学校班级数被试学校间学校1～2年级每周不少于1学时描述统计分析表（见表5-9）可以看出，学校班级数在1～10个被试学校的学校1～2年级每周不少于1学时均值为2.38，学校班级数在11～20个被试学校的学校1～2年级每周不少于1学时均值为2.15，学校班级数在21～30个被试学校的学校1～2年级每周不少于1学时均值为2.16，学校班级数在31～40个被试学校的学校1～2年级每周不少于1学时均值为1.78。

表5-9　不同学校班级数的被试间的学校1～2年级每周不少于1学时描述分析

班级数	N	均值	标准差
1～10个	1465	2.38	1.263
11～20个	689	2.15	1.248
21～30个	268	2.16	1.285
31～40个	101	1.78	1.180
总　数	2523	2.27	1.266

不同学校班级数的被试学校间学校1～2年级每周不少于1学时的方差分析表（见表5-10）可以显示，不同学校班级数的被试学校在学校1～2年级每周不少于1学时上有显著差异（$p<0.001$）。由事后比较得知，班级数为1～10个被试均值大于班级数为11～20个被试均值，即班级数为11～20个的被试所在学校的学校1～2年级每周不少于1学时明显好于班级数为1～10个被试所在学校。

班级数为1~10个被试均值大于班级数为31~40个被试均值，即班级数为31~40个的被试所在学校的学校1~2年级每周不少于1学时明显好于班级数为1~10个被试所在学校。进一步从关联强度指数来看，ω^2 的值等于0.012，可见，班级数与学校1~2年级每周不少于1学时存在微弱关系。统计检验力等于0.999，决策正确率很高，班级数对学校1~2年级每周不少于1学时的解释量很大。

表5-10 不同学校班级数的被试间的学校1~2年级每周不少于1学时差异比较

变异来源	SS(Ⅲ型平方和)	DF	MS(均方)	F	事后比较	ω^2	统计检验力
组间	54.027	3	18.009	11.384①	1~10个>11~20个；1~10个>31~40个	0.012	0.999
组内	3984.986	2519	1.582				
全体	4039.013	2522					

① $p<0.001$。

（二）不同学校班级数的被试间的学校3~6年级每周不少于2学时差异比较

通过不同学校班级数被试学校间学校3~6年级每周不少于2学时描述统计分析表（见表5-11）可以看出，学校班级数在1~10个被试学校的学校3~6年级每周不少于2学时均值为1.94，学校班级数在11~20个被试学校的学校3~6年级每周不少于2学时均值为1.70，学校班级数在21~30个被试学校的学校3~6年级每周不少于2学时均值为1.73，学校班级数在31~40个被试学校的学校3~6年级每周不少于2学时均值为1.53。

表5-11 不同学校班级数的被试间的学校3~6年级每周不少于2学时描述分析

班级数	N	均值	标准差
1~10个	1465	1.94	1.110
11~20个	689	1.70	0.983
21~30个	268	1.73	1.029
31~40个	101	1.53	0.986
总　数	2523	1.84	1.070

不同学校班级数的被试学校间学校3~6年级每周不少于2学时的方差分析

表（见表5-12）可以显示，不同学校班级数的被试学校在学校3～6年级每周不少于2学时上有显著差异（$p<0.001$）。由事后比较得知，班级数为1～10个被试均值大于班级数为11～20个被试均值，即班级数为11～20个的被试所在学校的学校3～6年级每周不少于2学时明显好于班级数为1～10个被试所在学校。班级数为1～10个被试均值大于班级数为21～30个被试均值，即班级数为21～30个的被试所在学校的学校3～6年级每周不少于2学时明显好于班级数为1～10个被试所在学校。班级数为1～10个被试均值大于班级数为31～40个被试均值，即班级数为31～40个的被试所在学校的学校3～6年级每周不少于2学时明显好于班级数为1～10个被试所在学校。进一步从关联强度指数来看，ω^2的值等于0.013，可见，班级数与学校3～6年级每周不少于2学时存在微弱关系。统计检验力等于1.000，决策正确率很高，班级数对学校3～6年级每周不少于2学时的解释量很大。

表5-12　不同学校班级数的被试间的学校3～6年级每周不少于2学时差异比较

变异来源	SS(Ⅲ型平方和)	DF	MS(均方)	F	事后比较	ω^2	统计检验力
组间	40.486	3	13.495	11.941①	1～10个>11～20个； 1～10个>21～30个； 1～10个>31～40个	0.013	1.000
组内	2846.909	2519	1.130				
全体	2887.394	2522					

① $p<0.001$。

（三）不同学校班级数的被试间的开展科学相关交流活动差异比较

通过不同学校班级数被试学校间开展科学相关交流活动描述统计分析表（见表5-13）可以看出，学校班级数在1～10个被试学校的开展科学相关交流活动均值为3.69，学校班级数在11～20个被试学校的开展科学相关交流活动均值为3.40，学校班级数在21～30个被试学校的开展科学相关交流活动均值为3.53，学校班级数在31～40个被试学校的开展科学相关交流活动均值为3.17。

表5-13　不同学校班级数的被试间的开展科学相关交流活动描述分析

班级数	N	均值	标准差
1～10个	1465	3.69	0.980
11～20个	689	3.40	0.960
21～30个	268	3.53	1.089

续表 5-13

班级数	N	均值	标准差
31～40 个	101	3.17	1.020
总　数	2523	3.57	0.999

不同学校班级数的被试学校间开展科学相关交流活动的方差分析表（见表 5-14）可以显示，不同学校班级数的被试学校在开展科学相关交流活动上有显著差异（$p<0.001$）。由事后比较得知，班级数为 1～10 个被试均值大于班级数为 11～20 个被试均值，即班级数为 11～20 个的被试所在学校的开展科学相关交流活动明显好于班级数为 1～10 个被试所在学校。班级数为 1～10 个被试均值大于班级数为 31～40 个被试均值，即班级数为 31～40 个的被试所在学校的开展科学相关交流活动明显好于班级数为 1～10 个被试所在学校。班级数为 21～30 个被试均值大于班级数为 31～40 个被试均值，即班级数为 31～40 个的被试所在学校的开展科学相关交流活动明显好于班级数为 21～30 个被试所在学校。进一步从关联强度指数来看，ω^2 的值等于 0.022，可见，班级数与开展科学相关交流活动存在微弱关系。统计检验力等于 1.000，决策正确率很高，班级数对开展科学相关交流活动的解释量很大。

表 5-14　不同学校班级数的被试间的开展科学相关交流活动差异比较

变异来源	SS（Ⅲ型平方和）	DF	MS（均方）	F	事后比较	ω^2	统计检验力
组间	57.184	3	19.061	19.520①	1～10 个＞11～20 个； 1～10 个＞31～40 个； 21～30 个＞31～40 个	0.022	1.000
组内	2459.780	2519	0.976				
全体	2516.964	2522					

① $p<0.001$。

（四）不同学校班级数的被试间的校园内开设科技角科技园差异比较

通过不同学校班级数被试学校间校园内开设科技角科技园描述统计分析表（见表 5-15）可以看出，学校班级数在 1～10 个被试学校的校园内开设科技角科技园均值为 3.85，学校班级数在 11～20 个被试学校的校园内开设科技角科技园均值为 3.61，学校班级数在 21～30 个被试学校的校园内开设科技角科技园均值为 3.53，学校班级数在 31～40 个被试学校的校园内开设科技角科技园均值为 3.33。

表 5-15　不同学校班级数的被试间的校园内开设科技角科技园描述分析

班级数	N	均值	标准差
1~10 个	1465	3.85	1.047
11~20 个	689	3.61	1.159
21~30 个	268	3.53	1.120
31~40 个	101	3.33	1.050
总　数	2523	3.73	1.096

不同学校班级数的被试学校间校园内开设科技角科技园的方差分析表（见表 5-16）可以显示，不同学校班级数的被试学校在校园内开设科技角科技园上有显著差异（$p<0.001$）。由事后比较得知，班级数为 1~10 个被试均值大于班级数为 11~20 个被试均值，即班级数为 11~20 个的被试所在学校的校园内开设科技角科技园明显好于班级数为 1~10 个被试所在学校。班级数为 1~10 个被试均值大于班级数为 21~30 个被试均值，即班级数为 21~30 个的被试所在学校的校园内开设科技角科技园明显好于班级数为 1~10 个被试所在学校。班级数为 1~10 个被试均值大于班级数为 31~40 个被试均值，即班级数为 31~40 个的被试所在学校的校园内开设科技角科技园明显好于班级数为 1~10 个被试所在学校。进一步从关联强度指数来看，ω^2 的值等于 0.018，可见，班级数与校园内开设科技角科技园存在微弱关系。统计检验力等于 1.000，决策正确率很高，班级数对校园内开设科技角科技园的解释量很大。

表 5-16　不同学校班级数的被试间的校园内开设科技角科技园差异比较

变异来源	SS（Ⅲ型平方和）	DF	MS（均方）	F	事后比较	ω^2	统计检验力
组间	56.837	3	18.946	16.051①	1~10 个 >11~20 个；1~10 个 >21~30 个；1~10 个 >31~40 个	0.018	1.000
组内	2973.363	2519	1.180				
全体	3030.201	2522					

① $p<0.001$。

（五）不同学校班级数的被试间的学校科学课程开设效果差异比较

通过不同学校班级数被试学校间科学课程开设效果描述统计分析表（见表 5-17）可以看出，学校班级数在 1~10 个被试学校科学课程开设效果均值为 2.49，学校班级数在 11~20 个被试学校科学课程开设效果均值为 2.21，学校班级数在 21 ~30 个被试学校科学课程开设效果均值为 2.24，学校班级数在 31 ~40 个被试学校科学课程开设效果均值为 1.91。

表 5-17　不同学校班级数的被试间的学校科学课程开设效果描述分析

班级数	N	均值	标准差
1 ~10 个	1465	2.49	0.895
11 ~20 个	689	2.21	0.897
21 ~30 个	268	2.24	0.913
31 ~40 个	101	1.91	0.896
总　数	2523	2.36	0.911

不同学校班级数的被试学校间科学课程开设效果的方差分析表（见表 5-18）可以显示，不同学校班级数的被试学校科学课程开设效果上有显著差异（$p<0.001$）。由事后比较得知，班级数为 1 ~10 个被试均值大于班级数为 11 ~20 个被试均值，即班级数为 11 ~20 个的被试所在学校科学课程开设效果明显好于班级数为 1 ~10 个被试所在学校。班级数为 1 ~10 个被试均值大于班级数为 21 ~30 个被试均值，即班级数为 21 ~30 个的被试所在学校科学课程开设效果明显好于班级数为 1 ~10 个被试所在学校。班级数为 1 ~10 个被试均值大于班级数为 31 ~40 个被试均值，即班级数为 31 ~40 个的被试所在学校科学课程开设效果明显好于班级数为 1 ~10 个被试所在学校。班级数为 11 ~20 个被试均值大于班级数为 31 ~40 个被试均值，即班级数为 31 ~40 个的被试所在学校科学课程开设效果明显好于班级数为 11 ~20 个被试所在学校。班级数为 21 ~30 个被试均值大于班级数为 31 ~40 个被试均值，即班级数为 31 ~40 个的被试所在学校科学课程开设效果明显好于班级数为 21 ~30 个被试所在学校。进一步从关联强度指数来看，ω^2 的值等于 0.030，可见，班级数与学校科学课程开设效果存在微弱关系。统计检验力等于 1.000，决策正确率很高，班级数对学校科学课程开设效果的解释量很大。

表 5-18　不同学校班级数的被试间的学校科学课程开设效果差异比较

变异来源	SS(Ⅲ型平方和)	DF	MS(均方)	F	事 后 比 较	ω^2	统计检验力
组间	65.293	3	21.764	27.021①	1 ~10 个 >11 ~20 个； 1 ~10 个 >21 ~30 个； 1 ~10 个 >31 ~40 个； 11 ~20 个 >31 ~40 个； 21 ~30 个 >31 ~40 个	0.030	1.000
组内	2028.962	2519	0.805				
全体	2094.255	2522					

① $p<0.001$。

四、不同办学条件被试学校被试间的科学教育实施效果差异比较

（一）不同办学条件被试学校被试间的学校1~2年级每周不少于1学时差异比较

通过不同办学条件被试学校间学校1~2年级每周不少于1学时描述统计分析（见表5-19）可以看出，办学条件非常好被试学校的学校1~2年级每周不少于1学时均值为1.74，办学条件比较好被试学校的学校1~2年级每周不少于1学时均值为2.06，办学条件一般被试学校的学校1~2年级每周不少于1学时均值为2.43，办学条件比较差被试学校的学校1~2年级每周不少于1学时均值为2.83，办学条件非常差被试学校的学校1~2年级每周不少于1学时均值为2.97。

表5-19　不同办学条件被试学校被试间的学校1~2年级每周不少于1学时描述分析

办学条件	*N*	均值	标准差
非常好	281	1.74	1.181
比较好	942	2.06	1.208
一　般	995	2.43	1.257
比较差	232	2.83	1.208
非常差	73	2.97	1.258
总　数	2523	2.27	1.266

不同办学条件的被试学校间学校1~2年级每周不少于1学时的方差分析表（见表5-20）可以显示，不同办学条件的被试学校在学校1~2年级每周不少于1学时方面有显著差异（$p<0.001$）。由事后比较得知，办学条件为比较好被试均值大于办学条件为非常好被试均值，即办学条件为非常好的被试所在学校的学校1~2年级每周不少于1学时明显好于办学条件为比较好被试所在学校。办学条件为一般被试均值大于办学条件为非常好、比较好被试均值，即办学条件为非常好、比较好的被试所在学校的学校1~2年级每周不少于1学时明显好于办学条件为一般被试所在学校。办学条件为比较差被试均值大于办学条件为非常好、比较好、一般被试均值，即办学条件为非常好、比较好、一般的被试所在学校的学校1~2年级每周不少于1学时明显好于办学条件为比较差被试所在学校。办学条件为非常差被试均值大于办学条件为非常好、比较好、一般试均值，即办学条件为非常好、比较好、一般的被试所在学校的学校1~2年级每周不少于1学时明显好于办学条件为非常差被试所在学校。进一步从关联强度指数来看，ω^2 的

值等于0.061，可见，办学条件与学校1～2年级每周不少于1学时存在中度关系。统计检验力等于1.000，决策正确率很高，办学条件对学校1～2年级每周不少于1学时的解释量很大。

表5-20 不同办学条件被试学校被试间的学校1～2年级每周不少于1学时差异比较

变异来源	SS（Ⅲ型平方和）	DF	MS（均方）	*F*	事后比较	ω^2	统计检验力
组间	253.556	4	63.389	42.165①	比较好 > 非常好； 一般 > 非常好、比较好； 比较差 > 非常好、比较好、一般； 非常差 > 非常好、比较好、一般	0.061	1.000
组内	3785.457	2518	1.503				
全体	4039.013	2522					

① $p < 0.001$。

（二）不同办学条件被试学校被试间的学校3～6年级每周不少于2学时差异比较

通过不同办学条件被试学校间学校3～6年级每周不少于2学时描述统计分析（见表5-21）可以看出，办学条件非常好被试学校的学校3～6年级每周不少于2学时均值为1.47，办学条件比较好被试学校的学校3～6年级每周不少于2学时均值为1.63，办学条件一般被试学校的学校3～6年级每周不少于2学时均值为1.95，办学条件比较差被试学校的学校3～6年级每周不少于2学时均值为2.41，办学条件非常差被试学校的学校3～6年级每周不少于2学时均值为2.58。

表5-21 不同办学条件被试学校被试间的学校3～6年级每周不少于2学时描述分析

办学条件	*N*	均值	标准差
非常好	281	1.47	0.845
比较好	942	1.63	0.959
一　般	995	1.95	1.079
比较差	232	2.41	1.231
非常差	73	2.58	1.212
总　数	2523	1.84	1.070

不同办学条件的被试学校间学校3～6年级每周不少于2学时的方差分析表（见表5-22）可以显示，不同办学条件的被试学校在学校3～6年级每周不少于2

学时方面有显著差异（$p<0.001$）。由事后比较得知，办学条件为一般被试均值大于办学条件为非常好、比较好被试均值，即办学条件为非常好、比较好的被试所在学校的学校3~6年级每周不少于2学时明显好于办学条件为一般被试所在学校。办学条件为比较差被试均值大于办学条件为非常好、比较好、一般被试均值，即办学条件为非常好、比较好、一般的被试所在学校的学校3~6年级每周不少于2学时明显好于办学条件为比较差被试所在学校。办学条件为非常差被试均值大于办学条件为非常好、比较好、一般试均值，即办学条件为非常好、比较好、一般的被试所在学校的学校3~6年级每周不少于2学时明显好于办学条件为非常差被试所在学校。进一步从关联强度指数来看，ω^2 的值等于0.071，可见，办学条件与学校3~6年级每周不少于2学时存在中度关系。统计检验力等于1.000，决策正确率很高，办学条件对学校3~6年级每周不少于2学时的解释量很大。

表5-22　不同办学条件被试学校被试间的学校3~6年级每周不少于2学时差异比较

变异来源	SS（Ⅲ型平方和）	DF	MS（均方）	F	事后比较	ω^2	统计检验力
组间	207.818	4	51.955	48.822①	一般＞非常好、比较好； 比较差＞非常好、比较好、一般； 非常差＞非常好、比较好、一般	0.071	1.000
组内	2679.576	2518	1.064				
全体	2887.394	2522					

① $p<0.001$。

（三）不同办学条件被试学校被试间的开展科学相关交流活动差异比较

通过不同办学条件被试学校间开展科学相关交流活动描述统计分析（见表5-23）可以看出，办学条件非常好被试学校的开展科学相关交流活动均值为3.04，办学条件比较好被试学校的开展科学相关交流活动均值为3.42，办学条件一般被试学校的开展科学相关交流活动均值为3.75，办学条件比较差被试学校的开展科学相关交流活动均值为3.89，办学条件非常差被试学校的开展科学相关交流活动均值为4.19。

表5-23　不同办学条件被试学校被试间的开展科学相关交流活动描述分析

办学条件	N	均值	标准差
非常好	281	3.04	1.127
比较好	942	3.42	0.981

续表 5-23

办学条件	N	均值	标准差
一般	995	3.75	0.914
比较差	232	3.89	0.880
非常差	73	4.19	0.923
总 数	2523	3.57	0.999

不同办学条件的被试学校间开展科学相关交流活动的方差分析表（见表5-24）可以显示，不同办学条件的被试学校在开展科学相关交流活动方面有显著差异（$p<0.001$）。

表 5-24 不同办学条件被试学校被试间的开展科学相关交流活动差异比较

变异来源	SS（Ⅲ型平方和）	DF	MS（均方）	F	事 后 比 较	ω^2	统计检验力
组间	185.547	4	46.387	50.099①	比较好 > 非常好； 一般 > 非常好、比较好； 比较差 > 非常好、比较好； 非常差 > 非常好、比较好、一般	0.072	1.000
组内	2331.417	2518	0.926				
全体	2516.964	2522					

① $p<0.001$。

由事后比较得知，办学条件为比较好被试均值大于办学条件为非常好被试均值，即办学条件为非常好的被试所在学校的开展科学相关交流活动明显好于办学条件为比较好被试所在学校。办学条件为一般被试均值大于办学条件为非常好、比较好被试均值，即办学条件为非常好、比较好的被试所在学校的开展科学相关交流活动明显好于办学条件为一般被试所在学校。办学条件为比较差被试均值大于办学条件为非常好、比较好被试均值，即办学条件为非常好、比较好的被试所在学校的开展科学相关交流活动明显好于办学条件为比较差被试所在学校。办学条件为非常差的被试均值大于办学条件为非常好、比较好、一般的被试均值，即办学条件为非常好、比较好、一般的被试所在学校的开展科学相关交流活动明显好于办学条件为非常差被试所在学校。进一步从关联强度指数来看，ω^2 的值等于0.072，可见，办学条件与开展科学相关交流活动存在中度关系。统计检验力等于1.000，决策正确率很高，办学条件对开展科学相关交流活动的解释量很大。

（四）不同办学条件被试学校被试间的校园内开设科技角科技园差异比较

通过不同办学条件被试学校间校园内开设科技角科技园描述统计分析（见表

5-25）可以看出，办学条件非常好被试学校的校园内开设科技角科技园均值为3.15，办学条件比较好被试学校的校园内开设科技角科技园均值为3.53，办学条件一般被试学校的校园内开设科技角科技园均值为3.93，办学条件比较差被试学校的校园内开设科技角科技园均值为4.15，办学条件非常差被试学校的校园内开设科技角科技园均值为4.33。

表 5-25　不同办学条件被试学校被试间的校园内开设科技角科技园描述分析

办学条件	N	均值	标准差
非常好	281	3.15	1.240
比较好	942	3.53	1.073
一　般	995	3.93	1.002
比较差	232	4.15	0.948
非常差	73	4.33	1.015
总　数	2523	3.73	1.096

不同办学条件的被试学校间校园内开设科技角科技园的方差分析表（见表5-26）可以显示，不同办学条件的被试学校在校园内开设科技角科技园方面有显著差异（$p<0.001$）。由事后比较得知，办学条件为比较好被试均值大于办学条件为非常好被试均值，即办学条件为非常好的被试所在学校的校园内开设科技角科技园明显好于办学条件为比较好被试所在学校。办学条件为一般被试均值大于办学条件为非常好、比较好被试均值，即办学条件为非常好、比较好的被试所在学校的校园内开设科技角科技园明显好于办学条件为一般被试所在学校。办学条件为比较差被试均值大于办学条件为非常好、比较好、一般被试均值，即办学条件为非常好、比较好、一般的被试所在学校的校园内开设科技角科技园明显好于办

表 5-26　不同办学条件被试学校被试间的校园内开设科技角科技园差异比较

变异来源	SS（Ⅲ型平方和）	DF	MS（均方）	F	事后比较	ω^2	统计检验力
组间	237.410	4	59.353	53.513①	比较好＞非常好； 一般＞非常好、比较好； 比较差＞非常好、比较好、一般； 非常差＞非常好、比较好、一般	0.077	1.000
组内	2792.790	2518	1.109				
全体	3030.201	2522					

① $p<0.001$。

学条件为比较差被试所在学校。办学条件为非常差被试均值大于办学条件为非常好、比较好、一般试均值，即办学条件为非常好、比较好、一般的被试所在学校的校园内开设科技角科技园明显好于办学条件为非常差被试所在学校。进一步从关联强度指数来看，ω^2 的值等于0.077，可见，办学条件与校园内开设科技角科技园存在中度关系。统计检验力等于1.000，决策正确率很高，办学条件对校园内开设科技角科技园的解释量很大。

（五） 不同办学条件被试学校被试间的学校科学课程开设效果差异比较

通过不同办学条件被试学校间学校科学课程开设效果描述统计分析（见表5-27）可以看出，办学条件非常好被试学校科学课程开设效果均值为1.79，办学条件比较好被试学校科学课程开设效果均值为2.13，办学条件一般被试学校科学课程开设效果均值为2.56，办学条件比较差被试学校科学课程开设效果均值为2.94，办学条件非常差被试学校科学课程开设效果均值为3.18。

表5-27 不同办学条件被试学校被试间的学校科学课程开设效果描述分析

办学条件	*N*	均值	标准差
非常好	281	1.79	0.851
比较好	942	2.13	0.803
一　般	995	2.56	0.847
比较差	232	2.94	0.878
非常差	73	3.18	1.097
总　数	2523	2.36	0.911

不同办学条件的被试学校间科学课程开设效果的方差分析表（见表5-28）可以显示，不同办学条件的被试学校在科学课程开设效果方面有显著差异（$p<0.001$）。由事后比较得知，办学条件为比较好被试均值大于办学条件为非常好被试均值，即办学条件为非常好的被试所在学校的科学课程开设效果明显好于办学条件为比较好被试所在学校。办学条件为一般被试均值大于办学条件为非常好、比较好被试均值，即办学条件为非常好、比较好的被试所在学校的科学课程开设效果明显好于办学条件为一般被试所在学校。办学条件为比较差被试均值大于办学条件为非常好、比较好、一般被试均值，即办学条件为非常好、比较好、一般的被试所在学校的科学课程开设效果明显好于办学条件为比较差被试所在学校。办学条件为非常差被试均值大于办学条件为非常好、比较好、一般试均值，即办学条件为非常好、比较好、一般的被试所在学校的科学课程开设效果明显好于办

学条件为非常差被试所在学校。进一步从关联强度指数来看，ω^2 的值等于0.145，可见，办学条件与科学课程开设效果存在中度关系。统计检验力等于1.000，决策正确率很高，办学条件对科学课程开设效果的解释量很大。

表 5-28　不同办学条件被试学校被试间的学校科学课程开设效果差异比较

变异来源	SS（Ⅲ型平方和）	DF	MS（均方）	F	事后比较	ω^2	统计检验力
组间	305.929	4	76.482	107.688①	比较好＞非常好； 一般＞非常好、比较好； 比较差＞非常好、比较好、一般； 非常差＞非常好、比较好、一般	0.145	1.000
组内	1788.326	2518	0.710				
全体	2094.255	2522					

① $p < 0.001$。

五、本节小结

农村学校科学教育实施整体效果不理想，在部分学校特征方面存在显著差异。依据统计数据可以推断出，农村学科学课3～6年级每周不少于2学时情况基本全都能完成，但相比之下农村学科学课1～2年级每周不少于1学时情况多数能完成。农村学科学课开展科学相关交流活动情况和校园内开设科技角科技园情况不是很好，几乎有一半被试所在学校这方面工作开展的不好。虽然有92%左右的被试认为农村学校科学课程开设效果情况在一般以上，但从具体的数据来看并不理想。学校3～6年级每周不少于2学时情况要稍好些，就此项来看，课程开设情况较好。相比之下，开展科学相关交流活动、校园内开设科技角科技园情况要差一些。

不同学校所在地间在学校1～2年级每周不少于1学时、学校3～6年级每周不少于2学时、开展科学相关交流活动、学校科学课程开设效果方面没有显著差异。但在校园内开设科技角科技园方面存在显著差异，县市学校校园内开设科技角科技园情况要好于乡村学校。不同学校类型间在开展科学相关交流活动、校园内开设科技角科技园、学校科学课程开设效果方面没有显著差异。从学校类型来看，在学校1～2年级每周不少于1学时、学校3～6年级每周不少于2学时方面存在显著差异。小学的情况要好于九年一贯制学校。不同学校班级数的被试学校在学校1～2年级每周不少于1学时、学校3～6年级每周不少于2学时、开展科学相关交流活动、校园内开设科技角科技园、科学课程开设效果上有显著差异。不同办学条件的被试学校在学校1～2年级每周不少于1学时、学校3～6年级每周不少于2学时、开展科学相关交流活动、校园内开设科技角科技园、科学课程开设效果方面有显著差异。

第六章 农村学校科学教育文本资源受哪些因素影响？

通过前面章节数据分析可以得出农村学校科学教育文本资源尚可。学校文本资源，即科学教科书具备情况、学生活动手册具备情况、教学具具备情况、教师教学用书具备情况、科学校本课程情况受多种因素影响，包括被试学校的特征、社会参与情况、课程实施质量监控、课程实施效果等方面因素。本章通过回归分析探究这些因素中哪些因素会对学校教学资本有影响，作为变量其对教学资本的解释力有多大。在进一步了解农村学校科学教育文本资源的影响因素的基础上为提出具有可行性建议提供基础。

第一节 科学教科书具备影响因素

一、科学教科书具备情况与基本条件回归分析

结合前面所做的相关性分析结果，采用逐步回归法对科学教科书具备情况与基本条件进行回归分析来确定其相关显著性。以科学教科书具备情况作为因变量，将基本条件作为自变量进行多元回归分析，统计结果见表6-1。

表6-1 科学教科书具备情况与基本条件回归分析

模型		非标准化系数		标准系数	t	F	R^2	R^2 更改
		B	标准误差	试用版				
1	（常量）	1.147	0.050		22.750①	502.587①	0.166	0.166
	本校办学条件	0.417	0.019	0.408	22.418①			
2	（常量）	0.698	0.110		6.343①	263.765①	0.173	0.007
	本校办学条件	0.413	0.019	0.404	22.289①			
	身份	0.243	0.053	0.083	4.578①			

注：因变量：科学教科书具备情况。

模型1：预测变量：（常量），本校办学条件。

模型2：预测变量：（常量），本校办学条件，身份。

① $p<0.001$。

模型1：进入自变量——本校办学条件，此变量对科学教科书具备情况解释度为16.6%，在0.001显著性水平上，模型1回归效果显著（$F=502.587$，$p<0.001$）。在0.001显著性水平上，不同办学条件的学校间有显著差异（$\beta=0.408$，$p<0.001$）。

模型2：进一步进入自变量——本校办学条件、身份，所有变量对科学教科书具备情况解释度17.3%，其中身份的解释度为0.7%。在0.001显著性水平上，模型2回归效果显著（$F=263.765$，$p<0.001$）。在0.001显著性水平上，不同办学条件的学校间有显著差异（$\beta=0.404$，$p<0.001$）；不同身份被试的学校间有显著差异（$\beta=0.083$，$p<0.001$）。

二、科学教科书具备情况与社会参与回归分析

结合前面所做的相关性分析结果，采用逐步回归法对科学教科书具备情况与社会参与进行回归分析来确定其相关显著性。以科学教科书具备情况作为因变量，将社会参与作为自变量进行多元回归分析，统计结果见表6-2。

表6-2　科学教科书具备情况与社会参与回归分析

模型		非标准化系数		标准系数	t	F	R^2	R^2 更改
		B	标准误差	试用版				
1	（常量）	1.337	0.064		20.866②	202.036②	0.074	0.074
	科学教师获得进修培训机会	0.260	0.018	0.272	14.214②			
2	（常量）	1.182	0.080		14.804②	106.632②	0.078	0.004
	科学教师获得进修培训机会	0.232	0.020	0.243	11.433②			
	科学课获得外界支助的教学经费	0.061	0.019	0.069	3.235①			

注：因变量：科学教科书具备情况。

模型1：预测变量：（常量），科学教师获得进修培训机会。

模型2：预测变量：（常量），科学教师获得进修培训机会，科学课获得外界支助的教学经费。

① $p<0.01$；

② $p<0.001$

模型1：进入自变量——科学教师获得进修培训机会，此变量对科学教科书具备情况解释度为7.4%，在0.001显著性水平上，模型1回归效果显著（$F=$

202.036，$p<0.001$）。在0.001显著性水平上，不同科学教师获得进修培训机会间有显著差异（$\beta=0.272$，$p<0.001$）。

模型2：进一步进入自变量——科学教师获得进修培训机会、科学课获得外界支助的教学经费，所有变量对科学教科书具备情况解释度7.8%，其中科学课获得外界支助的教学经费的解释度为0.4%。在0.001显著性水平上，模型2回归效果显著（$F=106.632$，$p<0.001$）。在0.001显著性水平上，不同科学教师获得进修培训机会间有显著差异（$\beta=0.243$，$p<0.001$）；在0.01显著性水平上，不同科学课获得外界支助的教学经费间有显著差异（$\beta=0.069$，$p<0.01$）。

三、科学教科书具备情况与课程实施质量监控回归分析

结合前面所做的相关性分析结果，采用逐步回归法对科学教科书具备情况与课程实施质量监控进行回归分析来确定其相关显著性。以科学教科书具备情况作为因变量，将课程实施质量监控作为自变量进行多元回归分析，统计结果见表6-3。

表6-3 科学教科书具备情况与课程实施质量监控回归分析

模型		非标准化系数		标准系数	t	F	R^2	R^2 更改
		B	标准误差	试用版				
1	（常量）	1.525	0.043		35.342①	303.505①	0.107	0.107
	学校对科学教学质量评价	0.239	0.014	0.328	17.421①			
2	（常量）	1.440	0.045		32.024①	173.137①	0.121	0.013
	学校对科学教学质量评价	0.156	0.019	0.214	8.197①			
	地区相关部分检查科学教学质量	0.121	0.020	0.162	6.187①			

注：因变量：科学教科书具备情况。

模型1：预测变量：（常量），学校对科学教学质量评价。

模型2：预测变量：（常量），学校对科学教学质量评价，地区相关部分检查科学教学质量。

① $p<0.001$。

模型1：进入自变量——学校对科学教学质量评价，此变量对科学教科书具备情况解释度为10.7%，在0.001显著性水平上，模型1回归效果显著（$F=303.505$，$p<0.001$）。在0.001显著性水平上，不同学校对科学教学质量评价间

有显著差异（$\beta=0.328$，$p<0.001$）。

模型 2：进一步进入自变量——学校对科学教学质量评价，地区相关部分检查科学教学质量，所有变量对科学教科书具备情况解释度 12.1%，其中地区相关部分检查科学教学质量的解释度为 1.3%。在 0.001 显著性水平上，模型 2 回归效果显著（$F=173.137$，$p<0.001$）。在 0.001 显著性水平上，不同学校对科学教学质量评价间有显著差异（$\beta=0.214$，$p<0.001$）；不同地区相关部分检查科学教学质量间有显著差异（$\beta=0.162$，$p<0.001$）。

四、科学教科书具备情况与科学教育实施效果回归分析

结合前面所做的相关性分析结果，采用逐步回归法对科学教科书具备情况与科学教育实施效果进行回归分析来确定其相关显著性。以科学教科书具备情况作为因变量，将科学教育实施效果作为自变量进行多元回归分析，统计结果见表 6-4。

表 6-4　科学教科书具备情况与科学教育实施效果回归分析

模型		非标准化系数		标准系数	t	F	R^2	R^2 更改
		B	标准误差	试用版				
1	（常量）	1.287	0.048		27.035③	434.091③	0.147	0.147
	学校科学课程开设效果	0.391	0.019	0.383	20.835③			
2	（常量）	1.169	0.049		23.676③	252.699③	0.167	0.020
	学校科学课程开设效果	0.333	0.020	0.326	16.662③			
	学校 1～2 年级每周不少于 1 学时	0.112	0.014	0.153	7.809③			
3	（常量）	0.913	0.066		13.796③	181.730③	0.178	0.011
	学校科学课程开设效果	0.287	0.021	0.281	13.399③			
	学校 1～2 年级每周不少于 1 学时	0.103	0.014	0.140	7.142③			
	开展科学相关交流活动	0.108	0.019	0.116	5.772③			

续表 6-4

模　型		非标准化系数		标准系数	t	F	R^2	R^2 更改
		B	标准误差	试用版				
4	（常量）	0.885	0.066		13.345③	140.871③	0.183	0.005
	学校科学课程开设效果	0.261	0.022	0.256	11.652③			
	学校 1 ~2 年级每周不少于 1 学时	0.073	0.016	0.099	4.481③			
	开展科学相关交流活动	0.113	0.019	0.121	6.010③			
	学校 3 ~6 年级每周不少于 2 学时	0.077	0.020	0.089	3.901③			
5	（常量）	0.839	0.069		12.189③	114.160③	0.185	0.002
	学校科学课程开设效果	0.252	0.023	0.247	11.163③			
	学校 1 ~2 年级每周不少于 1 学时	0.071	0.016	0.096	4.355③			
	开展科学相关交流活动	0.076	0.024	0.082	3.217②			
	学校 3 ~6 年级每周不少于 2 学时	0.079	0.020	0.090	3.985③			
	校园内开设科技角科技园	0.053	0.021	0.062	2.482①			

注：因变量：科学教科书具备情况。

模型 1：预测变量：（常量），学校科学课程开设效果。

模型 2：预测变量：（常量），学校科学课程开设效果，学校 1 ~2 年级每周不少于 1 学时。

模型 3：预测变量：（常量），学校科学课程开设效果，学校 1 ~2 年级每周不少于 1 学时，开展科学相关交流活动。

模型 4：预测变量：（常量），学校科学课程开设效果，学校 1 ~2 年级每周不少于 1 学时，开展科学相关交流活动，学校 3 ~6 年级每周不少于 2 学时。

模型 5：预测变量：（常量），学校科学课程开设效果，学校 1 ~2 年级每周不少于 1 学时，开展科学相关交流活动，学校 3 ~6 年级每周不少于 2 学时，校园内开设科技角科技园。

① $p<0.05$；

② $p<0.01$；

③ $p<0.001$。

模型1：进入自变量——学校科学课程开设效果，此变量对科学教科书具备情况解释度为14.7%，在0.001显著性水平上，模型1回归效果显著（$F=434.091$，$p<0.001$）。在0.001显著性水平上，不同学校科学课程开设效果间有显著差异（$\beta=0.383$，$p<0.001$）。

模型2：进一步进入自变量——学校科学课程开设效果，学校1~2年级每周不少于1学时，所有变量对科学教科书具备情况解释度16.7%，其中学校1~2年级每周不少于1学时的解释度为2.0%。在0.001显著性水平上，模型2回归效果显著（$F=252.699$，$p<0.001$）。在0.001显著性水平上，不同学校科学课程开设效果间有显著差异（$\beta=0.326$，$p<0.001$）；不同学校1~2年级每周不少于1学时间有显著差异（$\beta=0.153$，$p<0.001$）。

模型3：进一步进入自变量——学校科学课程开设效果，学校1~2年级每周不少于1学时，开展科学相关交流活动。所有变量对科学教科书具备情况解释度17.8%，其中开展科学相关交流活动的解释度为1.1%。在0.001显著性水平上，模型3回归效果显著（$F=181.730$，$p<0.001$）。在0.001显著性水平上，不同学校科学课程开设效果间有显著差异（$\beta=0.281$，$p<0.001$）；不同学校1~2年级每周不少于1学时间有显著差异（$\beta=0.140$，$p<0.001$）；不同开展科学相关交流活动间有显著差异（$\beta=0.116$，$p<0.001$）。

模型4：进一步进入自变量——学校科学课程开设效果，学校1~2年级每周不少于1学时，开展科学相关交流活动，学校3~6年级每周不少于2学时。所有变量对科学教科书具备情况解释度18.3%，其中学校3~6年级每周不少于2学时的解释度为0.5%。在0.001显著性水平上，模型4回归效果显著（$F=140.871$，$p<0.001$）。在0.001显著性水平上，不同学校科学课程开设效果间有显著差异（$\beta=0.256$，$p<0.001$）；不同学校1~2年级每周不少于1学时间有显著差异（$\beta=0.099$，$p<0.001$）；不同开展科学相关交流活动间有显著差异（$\beta=0.121$，$p<0.001$）；不同学校3~6年级每周不少于2学时间有显著差异（$\beta=0.089$，$p<0.001$）。

模型5：进一步进入自变量——学校科学课程开设效果，学校1~2年级每周不少于1学时，开展科学相关交流活动，学校3~6年级每周不少于2学时，校园内开设科技角科技园。所有变量对科学教科书具备情况解释度18.5%，其中校园内开设科技角科技园的解释度为0.2%。在0.001显著性水平上，模型5回归效果显著（$F=114.160$，$p<0.001$）。在0.001显著性水平上，不同学校科学课程开设效果间有显著差异（$\beta=0.247$，$p<0.001$）；不同学校1~2年级每周不少于1学时间有显著差异（$\beta=0.096$，$p<0.001$）；不同开展科学相关交流活动间有显著差异（$\beta=0.082$，$p<0.001$）；不同学校3~6年级每周不少于2学时间有显著差异（$\beta=0.090$，$p<0.001$）。不同校园内开设科技角科技园间有显著差异（$\beta=0.062$，$p<0.001$）。

五、本节小结

科学教科书具备情况主要是受本校办学条件、不同身份被试所在学校、科学教师获得进修培训机会、科学课获得外界支助的教学经费、学校对科学教学质量评价、地区相关部分检查科学教学质量、学校科学课程开设效果、学校1~2年级每周不少于1学时、开展科学相关交流活动、学校3~6年级每周不少于2学时、校园内开设科技角科技园影响。这些因素对农村学校科学教科书具备情况的解释度不同，其中解释力最大的是学校的办学条件。

就基本条件而言，本校办学条件对科学教科书具备情况解释度为16.6%，身份的解释度为0.7%。就社会参与而言，科学教师获得进修培训机会对科学教科书具备情况解释度为7.4%，科学课获得外界支助的教学经费的解释度为0.4%。就课程实施质量监控而言，学校对科学教学质量评价对科学教科书具备情况解释度为10.7%，地区相关部分检查科学教学质量的解释度为1.3%。就科学教育实施效果而言，学校科学课程开设效果对科学教科书具备情况解释度为14.7%，学校1~2年级每周不少于1学时的解释度为2.0%，开展科学相关交流活动的解释度为1.1%，学校3~6年级每周不少于2学时的解释度为0.5%，校园内开设科技角科技园的解释度为0.2%。

第二节　学生活动手册具备影响因素

一、学生活动手册具备情况与基本条件回归分析

结合前面所做的相关性分析结果，采用逐步回归法对学生活动手册具备情况与基本条件进行回归分析来确定其相关显著性。以学生活动手册具备情况作为因变量，将基本条件作为自变量进行多元回归分析，统计结果见表6-5。

表6-5　学生活动手册具备情况与基本条件回归分析

模　型		非标准化系数		标准系数	t	F	R^2	R^2 更改
		B	标准误差	试用版				
1	（常量）	1.491	0.062		24.097①	373.653①	0.129	0.129
	本校办学条件	0.441	0.023	0.359	19.330①			
2	（常量）	1.148	0.093		12.286①	200.470①	0.137	0.008
	本校办学条件	0.451	0.023	0.367	19.778①			
	年龄	0.113	0.023	0.091	4.888①			

续表 6-5

模　型		非标准化系数		标准系数	t	F	R^2	R^2 更改
		B	标准误差	试用版				
3	（常量）	1.384	0.109		12.658①	140.161①	0.143	0.006
	本校办学条件	0.431	0.023	0.351	18.522①			
	年龄	0.107	0.023	0.086	4.640①			
	小学班级数	−0.105	0.025	−0.078	−4.123①			

注：因变量：学生活动手册具备情况。

模型 1：预测变量：（常量），本校办学条件。

模型 2：预测变量：（常量），本校办学条件，年龄。

模型 3：预测变量：（常量），本校办学条件，年龄，小学班级数。

① $p<0.001$。

模型 1：进入自变量——本校办学条件，此变量对学生活动手册具备情况解释度为 12.9%，在 0.001 显著性水平上，模型 1 回归效果显著（$F=373.653$，$p<0.001$）。在 0.001 显著性水平上，不同办学条件间有显著差异（$\beta=0.359$，$p<0.001$）。

模型 2：进入自变量——本校办学条件、年龄，所有变量对学生活动手册具备情况解释度为 13.7%，其中年龄的解释度为 0.8%。在 0.001 显著性水平上，模型 2 回归效果显著（$F=200.470$，$p<0.001$）。在 0.001 显著性水平上，不同办学条件间有显著差异（$\beta=0.367$，$p<0.001$）；不同年龄间有显著差异（$\beta=0.091$，$p<0.001$）。

模型 3：进入自变量——本校办学条件、年龄、小学班级数，所有变量对学生活动手册具备情况解释度为 14.3%，其中小学班级数的解释度为 0.6%。在 0.001 显著性水平上，模型 3 回归效果显著（$F=140.161$，$p<0.001$）。在 0.001 显著性水平上，不同办学条件间有显著差异（$\beta=0.351$，$p<0.001$）。不同年龄间有显著差异（$\beta=0.086$，$p<0.001$）；不同小学班级数间有显著差异（$\beta=-0.078$，$p<0.001$）。

二、学生活动手册具备情况与社会参与回归分析

结合前面所做的相关性分析结果，采用逐步回归法对学生活动手册具备情况与社会参与进行回归分析来确定其相关显著性。以学生活动手册具备情况作为因变量，将社会参与作为自变量进行多元回归分析，统计结果见表 6-6。

表 6-6　学生活动手册具备情况与社会参与回归分析

模型		非标准化系数		标准系数	t	F	R^2	R^2 更改
		B	标准误差	试用版				
1	（常量）	1.393	0.076		18.371①	282.807①	0.101	0.101
	科学教师获得进修培训机会	0.364	0.022	0.318	16.817①			
2	（常量）	0.871	0.093		9.349①	190.217①	0.131	0.030
	科学教师获得进修培训机会	0.268	0.024	0.234	11.354①			
	科学课获得外界支助的教学经费	0.205	0.022	0.193	9.375①			
3	（常量）	0.740	0.099		7.495①	132.641①	0.136	0.005
	科学教师获得进修培训机会	0.247	0.024	0.215	10.222①			
	科学课获得外界支助的教学经费	0.145	0.027	0.137	5.445①			
	科学教学场所设在校外	0.107	0.027	0.098	3.915①			

注：因变量：学生活动手册具备情况。

模型 1：预测变量：（常量），科学教师获得进修培训机会。

模型 2：预测变量：（常量），科学教师获得进修培训机会，科学课获得外界支助的教学经费。

模型 3：预测变量：（常量），科学教师获得进修培训机会，科学课获得外界支助的教学经费，科学教学场所设在校外。

① $p<0.001$。

模型 1：进入自变量——科学教师获得进修培训机会，此变量对学生活动手册具备情况解释度为 10.1%，在 0.001 显著性水平上，模型 1 回归效果显著（$F=282.807$，$p<0.001$）。在 0.001 显著性水平上，不同科学教师获得进修培训机会间有显著差异（$\beta=0.318$，$p<0.001$）。

模型 2：进入自变量——科学教师获得进修培训机会、科学课获得外界支助的教学经费，所有变量对学生活动手册具备情况解释度为 13.1%，其中科学课获得外界支助的教学经费的解释度为 3.0%。在 0.001 显著性水平上，模型 2 回归效果显著（$F=190.217$，$p<0.001$）。在 0.001 显著性水平上，不同科学教师获

得进修培训机会间有显著差异（$\beta=0.234$，$p<0.001$）；不同科学课获得外界支助的教学经费间有显著差异（$\beta=0.193$，$p<0.001$）。

三、学生活动手册具备情况与课程实施质量监控回归分析

结合前面所做的相关性分析结果，采用逐步回归法对学生活动手册具备情况与课程实施质量监控进行回归分析来确定其相关显著性。以学生活动手册具备情况作为因变量，将课程实施质量监控作为自变量进行多元回归分析，统计结果见表6-7。

表6-7　学生活动手册具备情况与课程实施质量监控回归分析

模型		非标准化系数		标准系数	t	F	R^2	R^2 更改
		B	标准误差	试用版				
1	（常量）	1.695	0.051		33.218①	391.953①	0.135	0.135
	学校对科学教学质量评价	0.321	0.016	0.367	19.798①			
2	（常量）	1.586	0.053		29.857①	222.322①	0.150	0.015
	学校对科学教学质量评价	0.215	0.023	0.245	9.523①			
	地区相关部分检查科学教学质量	0.156	0.023	0.174	6.763①			

注：因变量：学生活动手册具备情况。

模型1：预测变量：（常量），学校对科学教学质量评价。

模型2：预测变量：（常量），学校对科学教学质量评价，地区相关部分检查科学教学质量。

① $p<0.001$。

模型1：进入自变量——学校对科学教学质量评价，此变量对学生活动手册具备情况解释度为13.5%，在0.001显著性水平上，模型1回归效果显著（$F=391.953$，$p<0.001$）。在0.001显著性水平上，不同学校对科学教学质量评价间有显著差异（$\beta=0.367$，$p<0.001$）。

模型2：进入自变量——学校对科学教学质量评价、地区相关部分检查科学教学质量，所有变量对学生活动手册具备情况解释度为15.0%，其中地区相关部分检查科学教学质量的解释度为1.5%。在0.001显著性水平上，模型2回归效果显著（$F=222.322$，$p<0.001$）。在0.001显著性水平上，不同学校对科学教学质量评价间有显著差异（$\beta=0.245$，$p<0.001$）；不同地区相关部分检查科学教学质量间有显著差异（$\beta=0.174$，$p<0.001$）。

四、学生活动手册具备情况与科学教育实施效果回归分析

结合前面所做的相关性分析结果，采用逐步回归法对学生活动手册具备情况与科学教育实施效果进行回归分析来确定其相关显著性。以学生活动手册具备情况作为因变量，将科学教育实施效果作为自变量进行多元回归分析，统计结果见表6-8。

表6-8　学生活动手册具备情况与科学教育实施效果回归分析

模型		非标准化系数		标准系数	t	F	R^2	R^2 更改
		B	标准误差	试用版				
1	（常量）	1.428	0.056		25.301③	511.514③	0.169	0.169
	学校科学课程开设效果	0.504	0.022	0.411	22.617③			
2	（常量）	0.788	0.075		10.570③	351.884③	0.218	0.050
	学校科学课程开设效果	0.383	0.024	0.312	16.227③			
	校园内开设科技角科技园	0.248	0.020	0.244	12.649③			
3	（常量）	0.693	0.075		9.274③	260.101③	0.237	0.018
	学校科学课程开设效果	0.324	0.025	0.264	13.191③			
	校园内开设科技角科技园	0.233	0.020	0.228	11.940③			
	学校1～2年级每周不少于1学时	0.129	0.017	0.146	7.749③			
4	（常量）	0.613	0.079		7.726③	197.764③	0.239	0.003
	学校科学课程开设效果	0.309	0.025	0.252	12.358③			
	校园内开设科技角科技园	0.189	0.025	0.185	7.623③			
	学校1～2年级每周不少于1学时	0.126	0.017	0.142	7.550③			
	开展科学相关交流活动	0.080	0.028	0.072	2.906②			

续表 6-8

模型		非标准化系数		标准系数	t	F	R^2	R^2 更改
		B	标准误差	试用版				
5	（常量）	0.635	0.080		7.956③	159.700③	0.241	0.002
	学校科学课程开设效果	0.328	0.026	0.268	12.528③			
	校园内开设科技角科技园	0.187	0.025	0.183	7.545③			
	学校1～2年级每周不少于1学时	0.147	0.019	0.167	7.810③			
	开展科学相关交流活动	0.078	0.028	0.070	2.843②			
	学校3～6年级每周不少于2学时	-0.056	0.023	-0.053	-2.430①			

注：因变量：学生活动手册具备情况。

模型1：预测变量：（常量），学校科学课程开设效果。

模型2：预测变量：（常量），学校科学课程开设效果，校园内开设科技角科技园。

模型3：预测变量：（常量），学校科学课程开设效果，校园内开设科技角科技园，学校1～2年级每周不少于1学时。

模型4：预测变量：（常量），学校科学课程开设效果，校园内开设科技角科技园，学校1～2年级每周不少于1学时，开展科学相关交流活动。

模型5：预测变量：（常量），学校科学课程开设效果，校园内开设科技角科技园，学校1～2年级每周不少于1学时，开展科学相关交流活动，学校3～6年级每周不少于2学时。

① $p<0.05$；

② $p<0.01$；

③ $p<0.001$。

模型1：进入自变量——学校科学课程开设效果，此变量对学生活动手册具备情况解释度为16.9%，在0.001显著性水平上，模型1回归效果显著（$F=511.514$，$p<0.001$）。在0.001显著性水平上，不同学校科学课程开设效果间有显著差异（$\beta=0.411$，$p<0.001$）。

模型2：进入自变量——学校科学课程开设效果、校园内开设科技角科技园，所有变量对学生活动手册具备情况解释度为21.8%，其中校园内开设科技角科技园的解释度为5.0%。在0.001显著性水平上，模型2回归效果显著（$F=351.884$，$p<0.001$）。在0.001显著性水平上，不同学校科学课程开设效果间有

显著差异（$\beta=0.312$，$p<0.001$）；不同校园内开设科技角科技园间有显著差异（$\beta=0.244$，$p<0.001$）。

模型3：进入自变量——学校科学课程开设效果、校园内开设科技角科技园、学校1~2年级每周不少于1学时，所有变量对学生活动手册具备情况解释度为23.7%，其中学校1~2年级每周不少于1学时的解释度为1.8%。在0.001显著性水平上，模型3回归效果显著（$F=260.101$，$p<0.001$）。在0.001显著性水平上，不同学校科学课程开设效果间有显著差异（$\beta=0.264$，$p<0.001$）；不同校园内开设科技角科技园间有显著差异（$\beta=0.228$，$p<0.001$）；不同学校1~2年级每周不少于1学时间有显著差异（$\beta=0.146$，$p<0.001$）。

模型4：进入自变量——学校科学课程开设效果，校园内开设科技角科技园，学校1~2年级每周不少于1学时，开展科学相关交流活动，所有变量对学生活动手册具备情况解释度为23.9%，其中开展科学相关交流活动的解释度为0.3%。在0.001显著性水平上，模型4回归效果显著（$F=197.764$，$p<0.001$）。在0.001显著性水平上，不同学校科学课程开设效果间有显著差异（$\beta=0.252$，$p<0.001$）；不同校园内开设科技角科技园间有显著差异（$\beta=0.185$，$p<0.001$）；不同学校1~2年级每周不少于1学时间有显著差异（$\beta=0.142$，$p<0.001$）。在0.01显著性水平上，不同开展科学相关交流活动间有显著差异（$\beta=0.072$，$p<0.01$）。

模型5：进入自变量——学校科学课程开设效果、校园内开设科技角科技园、学校1~2年级每周不少于1学时、开展科学相关交流活动、学校3~6年级每周不少于2学时，所有变量对学生活动手册具备情况解释度为24.1%，其中学校3~6年级每周不少于2学时的解释度为0.2%。在0.001显著性水平上，模型5回归效果显著（$F=159.700$，$p<0.001$）。在0.001显著性水平上，不同学校科学课程开设效果间有显著差异（$\beta=0.268$，$p<0.001$）；不同校园内开设科技角科技园间有显著差异（$\beta=0.183$，$p<0.001$）；不同学校1~2年级每周不少于1学时间有显著差异（$\beta=0.167$，$p<0.001$）；在0.01显著性水平上，不同开展科学相关交流活动间有显著差异（$\beta=0.070$，$p<0.01$）；在0.05显著性水平上，不同学校3~6年级每周不少于2学时间有显著差异（$\beta=-0.053$，$p<0.05$）。

五、本节小结

学生活动手册具备情况主要受校办学条件、年龄、小学班级数、科学教师获得进修培训机会、科学课获得外界支助的教学经费、学校对科学教学质量评价、地区相关部分检查科学教学质量、学校科学课程开设效果、校园内开设科技角科技园、学校1~2年级每周不少于1学时、开展科学相关交流活动、学校3~6年级每周不少于2学时的影响。这些因素对学生活动手册具备情况解释力不同，其中学校科学课程开设效果解释力最大。

就基本条件而言，本校办学条件解释度为12.9%，年龄的解释度为0.8%。小学班级数的解释度为0.6%。就社会参与而言，科学教师获得进修培训机会解释度为10.1%，科学课获得外界支助的教学经费的解释度为3.0%。就课程实施质量监控而言，学校对科学教学质量评价解释度为13.5%，地区相关部分检查科学教学质量的解释度为1.5%。就科学教育实施效果而言，学校科学课程开设效果解释度为16.9%，校园内开设科技角科技园的解释度为5.0%，学校1～2年级每周不少于1学时的解释度为1.8%，开展科学相关交流活动的解释度为0.3%，学校3～6年级每周不少于2学时的解释度为0.2%。

第三节　教学具具备影响因素

一、教学具具备情况与基本条件回归分析

结合前面所做的相关性分析结果，采用逐步回归法对教学具具备情况与基本条件进行回归分析来确定其相关显著性。以教学具具备情况作为因变量，将基本条件作为自变量进行多元回归分析，统计结果见表6-9。

表6-9　教学具具备情况与基本条件回归分析

模　型		非标准化系数		标准系数	t	F	R^2	R^2 更改
		B	标准误差	试用版				
1	（常量）	1.271	0.051		24.803①	730.929①	0.225	0.225
	本校办学条件	0.511	0.019	0.474	27.036①			
2	（常量）	0.911	0.077		11.804①	390.227①	0.236	0.012
	本校办学条件	0.522	0.019	0.484	27.685①			
	年龄	0.119	0.019	0.109	6.214①			

注：因变量：教学具具备情况。

模型1：预测变量：（常量），本校办学条件。

模型2：预测变量：（常量），本校办学条件，年龄。

① $p<0.001$。

模型1：进入自变量——本校办学条件，此变量对教学具具备情况解释度为22.5%，在0.001显著性水平上，模型1回归效果显著（$F=730.929$，$p<0.001$）。在0.001显著性水平上，不同学校办学条件间有显著差异（$\beta=0.474$，$p<0.001$）。

模型2：进入自变量——本校办学条件、年龄，所有变量对教学具具备情况解释度为23.6%，其中年龄的解释度为1.2%。在0.001显著性水平上，模型2回归效果显著（$F=390.227$，$p<0.001$）。在0.001显著性水平上，不同学校办学条件间有显著差异（$\beta=0.484$，$p<0.001$）；不同年龄间有显著差异（$\beta=0.109$，$p<0.001$）。

二、教学具具备情况与社会参与回归分析

结合前面所做的相关性分析结果，采用逐步回归法对教学具具备情况与社会参与进行回归分析来确定其相关显著性。以教学具具备情况作为因变量，将社会参与作为自变量进行多元回归分析，统计结果见表6-10。

表6-10　教学具具备情况与社会参与回归分析

模型		非标准化系数		标准系数	t	F	R^2	R^2更改
		B	标准误差	试用版				
1	（常量）	1.123	0.063		17.713①	569.457①	0.184	0.184
	科学教师获得进修培训机会	0.432	0.018	0.429	23.863①			
2	（常量）	0.905	0.068		13.340①	326.555①	0.206	0.022
	科学教师获得进修培训机会	0.291	0.025	0.289	11.805①			
	科学教师获得外界专业指导	0.187	0.023	0.203	8.272①			
3	（常量）	0.698	0.078		8.911①	228.973①	0.214	0.008
	科学教师获得进修培训机会	0.278	0.025	0.276	11.246①			
	科学教师获得外界专业指导	0.142	0.024	0.154	5.883①			
	科学课获得外界支助的教学经费	0.102	0.020	0.109	5.202①			

注：因变量：教学具具备情况。

模型1：预测变量：（常量），科学教师获得进修培训机会。

模型2：预测变量：（常量），科学教师获得进修培训机会，科学教师获得外界专业指导。

模型3：预测变量：（常量），科学教师获得进修培训机会，科学教师获得外界专业指导，科学课获得外界支助的教学经费。

① $p<0.001$。

模型1：进入自变量——科学教师获得进修培训机会，此变量对教学具具备情况解释度为18.4%，在0.001显著性水平上，模型1回归效果显著（$F=$

569.457，$p<0.001$）。在0.001显著性水平上，不同科学教师获得进修培训机会间有显著差异（$\beta=0.429$，$p<0.001$）。

模型2：进入自变量——科学教师获得进修培训机会、科学教师获得外界专业指导。所有变量对教学具具备情况解释度为20.6%，其中科学教师获得外界专业指导的解释度为2.2%。在0.001显著性水平上，模型2回归效果显著（$F=326.555$，$p<0.001$）。在0.001显著性水平上，不同科学教师获得进修培训机会间有显著差异（$\beta=0.289$，$p<0.001$）；不同科学教师获得外界专业指导间有显著差异（$\beta=0.203$，$p<0.001$）。

模型3：进入自变量——科学教师获得进修培训机会、科学教师获得外界专业指导、科学课获得外界支助的教学经费。所有变量对教学具具备情况解释度为21.4%，其中科学课获得外界支助的教学经费的解释度为0.8%。在0.001显著性水平上，模型3回归效果显著（$F=228.973$，$p<0.001$）。在0.001显著性水平上，不同科学教师获得进修培训机会间有显著差异（$\beta=0.276$，$p<0.001$）；不同科学教师获得外界专业指导间有显著差异（$\beta=0.154$，$p<0.001$）；不同科学课获得外界支助的教学经费间有显著差异（$\beta=0.109$，$p<0.001$）。

三、教学具具备情况与课程实施质量监控回归分析

结合前面所做的相关性分析结果，采用逐步回归法对教学具具备情况与课程实施质量监控进行回归分析来确定其相关显著性。以教学具具备情况作为因变量，将课程实施质量监控作为自变量进行多元回归分析，统计结果见表6-11。

表6-11　教学具具备情况与课程实施质量监控回归分析

模型		非标准化系数		标准系数	t	F	R^2	R^2 更改
		B	标准误差	试用版				
1	（常量）	1.758	0.045		39.320①	400.466①	0.137	0.137
	学校对科学教学质量评价	0.285	0.014	0.370	20.012①			
2	（常量）	1.650	0.046		35.538①	234.331①	0.157	0.020
	学校对科学教学质量评价	0.179	0.020	0.232	9.072①			
	地区相关部分检查科学教学质量	0.155	0.020	0.197	7.680①			

注：因变量：教学具具备情况。

模型1：预测变量：（常量），学校对科学教学质量评价。

模型2：预测变量：（常量），学校对科学教学质量评价，地区相关部分检查科学教学质量。

① $p<0.001$。

模型1：进入自变量——学校对科学教学质量评价，此变量对教学具具备情况解释度为13.7%，在0.001显著性水平上，模型1回归效果显著（$F=400.466$，$p<0.001$）。在0.001显著性水平上，不同学校对科学教学质量评价间有显著差异（$\beta=0.370$，$p<0.001$）。

模型2：进入自变量——学校对科学教学质量评价、地区相关部分检查科学教学质量。所有变量对教学具具备情况解释度为15.7%，其中地区相关部分检查科学教学质量的解释度为2.0%。在0.001显著性水平上，模型2回归效果显著（$F=234.331$，$p<0.001$）。在0.001显著性水平上，不同学校对科学教学质量评价间有显著差异（$\beta=0.232$，$p<0.001$）；不同学校地区相关部分检查科学教学质量间有显著差异（$\beta=0.197$，$p<0.001$）。

四、教学具具备情况与科学教育实施效果回归分析

结合前面所做的相关性分析结果，采用逐步回归法对教学具具备情况与科学教育实施效果进行回归分析来确定其相关显著性。以教学具具备情况作为因变量，将科学教育实施效果作为自变量进行多元回归分析，统计结果见表6-12。

表6-12　教学具具备情况与科学教育实施效果回归分析

模型		非标准化系数		标准系数	t	F	R^2	R^2 更改
		B	标误差	试用版				
1	（常量）	1.473	0.049		30.095②	583.745②	0.188	0.188
	学校科学课程开设效果	0.467	0.019	0.434	24.161②			
2	（常量）	0.768	0.063		12.126②	456.850②	0.266	0.078
	学校科学课程开设效果	0.334	0.020	0.310	16.635②			
	校园内开设科技角科技园	0.273	0.017	0.305	16.374②			
3	（常量）	0.694	0.064		10.903②	327.759②	0.281	0.015
	学校科学课程开设效果	0.287	0.021	0.267	13.738②			
	校园内开设科技角科技园	0.261	0.017	0.292	15.720②			
	学校1～2年级每周不少于1学时	0.102	0.014	0.131	7.165②			

续表 6-12

模型		非标准化系数		标准系数	t	F	R^2	R^2 更改
		B	标误差	试用版				
4	(常量)	0.552	0.067		8.214②	258.741②	0.291	0.011
	学校科学课程开设效果	0.261	0.021	0.243	12.326②			
	校园内开设科技角科技园	0.182	0.021	0.204	8.693②			
	学校1~2年级每周不少于1学时	0.096	0.014	0.124	6.793②			
	开展科学相关交流活动	0.143	0.023	0.145	6.120②			
5	(常量)	0.530	0.068		7.848②	209.385②	0.294	0.002
	学校科学课程开设效果	0.242	0.022	0.224	10.882②			
	校园内开设科技角科技园	0.184	0.021	0.206	8.800②			
	学校1~2年级每周不少于1学时	0.074	0.016	0.095	4.602②			
	开展科学相关交流活动	0.145	0.023	0.147	6.206②			
	学校3~6年级每周不少于2学时	0.057	0.019	0.063	2.961①			

注:因变量:教学具具备情况。

模型1:预测变量:(常量),学校科学课程开设效果。

模型2:预测变量:(常量),学校科学课程开设效果,校园内开设科技角科技园。

模型3:预测变量:(常量),学校科学课程开设效果,校园内开设科技角科技园,学校1~2年级每周不少于1学时。

模型4:预测变量:(常量),学校科学课程开设效果,校园内开设科技角科技园,学校1~2年级每周不少于1学时,开展科学相关交流活动。

模型5:预测变量:(常量),学校科学课程开设效果,校园内开设科技角科技园,学校1~2年级每周不少于1学时,开展科学相关交流活动,学校3~6年级每周不少于2学时。

① $p<0.01$;

② $p<0.001$。

模型1：进入自变量——学校科学课程开设效果，此变量对教学具具备情况解释度为18.8%，在0.001显著性水平上，模型1回归效果显著（$F=583.745$，$p<0.001$）。在0.001显著性水平上，不同学校科学课程开设效果间有显著差异（$\beta=0.434$，$p<0.001$）。

模型2：进入自变量——学校科学课程开设效果、校园内开设科技角科技园，所有变量对教学具具备情况解释度为26.6%，其中校园内开设科技角科技园的解释度为7.8%。在0.001显著性水平上，模型2回归效果显著（$F=456.850$，$p<0.001$）。在0.001显著性水平上，不同学校科学课程开设效果间有显著差异（$\beta=0.310$，$p<0.001$）；不同校园内开设科技角科技园间有显著差异（$\beta=0.305$，$p<0.001$）。

模型3：进入自变量——学校科学课程开设效果、校园内开设科技角科技园、学校1~2年级每周不少于1学时，所有变量对教学具具备情况解释度为28.1%，其中学校1~2年级每周不少于1学时的解释度为1.5%。在0.001显著性水平上，模型3回归效果显著（$F=327.759$，$p<0.001$）。在0.001显著性水平上，不同学校科学课程开设效果间有显著差异（$\beta=0.267$，$p<0.001$）；不同校园内开设科技角科技园间有显著差异（$\beta=0.292$，$p<0.001$）；不同学校1~2年级每周不少于1学时间有显著差异（$\beta=0.131$，$p<0.001$）。

模型4：进入自变量——学校科学课程开设效果、校园内开设科技角科技园、学校1~2年级每周不少于1学时、开展科学相关交流活动，所有变量对教学具具备情况解释度为29.1%，其中开展科学相关交流活动的解释度为1.1%。在0.001显著性水平上，模型4回归效果显著（$F=258.741$，$p<0.001$）。在0.001显著性水平上，不同学校科学课程开设效果间有显著差异（$\beta=0.243$，$p<0.001$）；不同校园内开设科技角科技园间有显著差异（$\beta=0.204$，$p<0.001$）；不同学校1~2年级每周不少于1学时间有显著差异（$\beta=0.124$，$p<0.001$）；不同开展科学相关交流活动间有显著差异（$\beta=0.145$，$p<0.001$）。

模型5：进入自变量——学校科学课程开设效果、校园内开设科技角科技园、学校1~2年级每周不少于1学时、开展科学相关交流活动、学校3~6年级每周不少于2学时，所有变量对教学具具备情况解释度为29.4%，其中学校3~6年级每周不少于2学时的解释度为0.2%。在0.001显著性水平上，模型5回归效果显著（$F=209.385$，$p<0.001$）。在0.001显著性水平上，不同学校科学课程开设效果间有显著差异（$\beta=0.224$，$p<0.001$）；不同校园内开设科技角科技园间有显著差异（$\beta=0.206$，$p<0.001$）；不同学校1~2年级每周不少于1学时间有显著差异（$\beta=0.095$，$p<0.001$）；不同开展科学相关交流活动间有显著差异（$\beta=0.147$，$p<0.001$）；在0.01显著性水平上，不同学校3~6年级每周不少于2学时间有显著差异（$\beta=0.063$，$p<0.01$）。

五、本节小结

教学具具备情况主要受本校办学条件、年龄、科学教师获得进修培训机会、科学教师获得外界专业指导、科学课获得外界支助的教学经费、学校对科学教学质量评价、地区相关部分检查科学教学质量、学校科学课程开设效果、校园内开设科技角科技园、学校1~2年级每周不少于1学时、开展科学相关交流活动、学校3~6年级每周不少于2学时的影响。这些因素对教学具具备情况的解释力不同，其中解释力最大的是学校办学条件。

就与基本条件而言，本校办学条件解释度为22.5%，年龄的解释度为1.2%。就社会参与而言，科学教师获得进修培训机会解释度为18.4%，科学教师获得外界专业指导的解释度为2.2%。科学课获得外界支助的教学经费的解释度为0.8%。就课程实施质量监控而言，学校对科学教学质量评价解释度为13.7%，地区相关部分检查科学教学质量的解释度为2.0%。就科学教育实施效果而言，学校科学课程开设效果解释度为18.8%，校园内开设科技角科技园的解释度为7.8%，学校1~2年级每周不少于1学时的解释度为1.5%，开展科学相关交流活动的解释度为1.1%，学校3~6年级每周不少于2学时的解释度为0.2%。

第四节　教师教学用书具备影响因素

一、教师教学用书具备情况与基本条件回归分析

结合前面所做的相关性分析结果，采用逐步回归法对教师教学用书具备情况与基本条件进行回归分析来确定其相关显著性。以教师教学用书具备情况作为因变量，将基本条件作为自变量进行多元回归分析，统计结果见表6-13。

表6-13　教师教学用书具备情况与基本条件回归分析

模型		非标准化系数		标准系数	t	F	R^2	R^2 更改
		B	标准误差	试用版				
1	（常量）	1.199	0.052		23.226②	421.200②	0.143	0.143
	本校办学条件	0.391	0.019	0.378	20.523②			
2	（常量）	0.940	0.078		12.049②	221.915②	0.150	0.007
	本校办学条件	0.398	0.019	0.386	20.912②			
	年龄	0.085	0.019	0.082	4.420②			

续表 6-13

模　型		非标准化系数		标准系数	t	F	R^2	R^2 更改
		B	标准误差	试用版				
3	（常量）	1.094	0.091		11.963②	151.927②	0.153	0.003
	本校办学条件	0.385	0.019	0.373	19.800②			
	年龄	0.082	0.019	0.078	4.221②			
	小学班级数	−0.068	0.021	−0.060	−3.211①			

注：因变量：教师教学用书具备情况。

模型 1：预测变量：（常量），本校办学条件。

模型 2：预测变量：（常量），本校办学条件，年龄。

模型 3：预测变量：（常量），本校办学条件，年龄，小学班级数。

① $p<0.01$；

② $p<0.001$。

模型 1：进入自变量——本校办学条件，此变量对教师教学用书具备情况解释度为 14.3%，在 0.001 显著性水平上，模型 1 回归效果显著（$F=421.200$，$p<0.001$）。在 0.001 显著性水平上，不同本校办学条件间有显著差异（$\beta=0.378$，$p<0.001$）。

模型 2：进入自变量——本校办学条件、年龄，所有变量对教师教学用书具备情况解释度为 15.0%，其中年龄的解释度为 0.7%。在 0.001 显著性水平上，模型 2 回归效果显著（$F=221.915$，$p<0.001$）。在 0.001 显著性水平上，不同本校办学条件间有显著差异（$\beta=0.386$，$p<0.001$）；不同年龄间有显著差异（$\beta=0.082$，$p<0.001$）。

模型 3：进入自变量——本校办学条件、年龄、小学班级数，所有变量对教师教学用书具备情况解释度为 15.3%，其中小学班级数的解释度为 0.3%。在 0.001 显著性水平上，模型 3 回归效果显著（$F=151.927$，$p<0.001$）。在 0.001 显著性水平上，不同本校办学条件间有显著差异（$\beta=0.373$，$p<0.001$）；不同年龄间有显著差异（$\beta=0.078$，$p<0.001$）；不同小学班级数间有显著差异（$\beta=-0.060$，$p<0.001$）。

二、教师教学用书具备情况与社会参与回归分析

结合前面所做的相关性分析结果，采用逐步回归法对教师教学用书具备情况与社会参与进行回归分析来确定其相关显著性。以教师教学用书具备情况作为因变量，将社会参与作为自变量进行多元回归分析，统计结果见表 6-14。

表 6-14　教师教学用书具备情况与社会参与回归分析

模型		非标准化系数		标准系数	t	F	R^2	R^2 更改
		B	标准误差	试用版				
1	（常量）	1.006	0.063		16.074①	393.188①	0.135	0.135
	科学教师获得进修培训机会	0.354	0.018	0.367	19.829①			
2	（常量）	0.865	0.067		12.813①	213.264①	0.145	0.010
	科学教师获得进修培训机会	0.263	0.025	0.273	10.726①			
	科学教师获得外界专业指导	0.121	0.022	0.137	5.383①			
3	（常量）	1.113	0.081		13.720①	153.683①	0.155	0.010
	科学教师获得进修培训机会	0.287	0.025	0.297	11.570①			
	科学教师获得外界专业指导	0.165	0.024	0.187	6.942①			
	志愿者作为科学教学辅导员	-0.113	0.021	-0.121	-5.447①			

注：因变量：教师教学用书具备情况。

模型 1：预测变量：（常量），科学教师获得进修培训机会。

模型 2：预测变量：（常量），科学教师获得进修培训机会，科学教师获得外界专业指导。

模型 3：预测变量：（常量），科学教师获得进修培训机会，科学教师获得外界专业指导，志愿者作为科学教学辅导员。

① $p<0.001$。

模型 1：进入自变量——科学教师获得进修培训机会，此变量对教师教学用书具备情况解释度为 13.5%，在 0.001 显著性水平上，模型 1 回归效果显著（$F=393.188$，$p<0.001$）。在 0.001 显著性水平上，不同科学教师获得进修培训机会间有显著差异（$\beta=0.367$，$p<0.001$）。

模型 2：进入自变量——科学教师获得进修培训机会、科学教师获得外界专业指导，所有变量对教师教学用书具备情况解释度为 14.5%，其中科学教师获得外界专业指导的解释度为 1.0%。在 0.001 显著性水平上，模型 2 回归效果显著（$F=213.264$，$p<0.001$）。在 0.001 显著性水平上，不同科学教师获得进修培训

机会间有显著差异（$\beta=0.273$，$p<0.001$）；不同科学教师获得外界专业指导间有显著差异（$\beta=0.137$，$p<0.001$）。

模型3：进入自变量——科学教师获得进修培训机会、科学教师获得外界专业指导、志愿者作为科学教学辅导员，所有变量对教师教学用书具备情况解释度为15.5%，其中志愿者作为科学教学辅导员的解释度为1.0%。在0.001显著性水平上，模型3回归效果显著（$F=153.683$，$p<0.001$）。在0.001显著性水平上，不同科学教师获得进修培训机会间有显著差异（$\beta=0.297$，$p<0.001$）；不同科学教师获得外界专业指导间有显著差异（$\beta=0.187$，$p<0.001$）；不同志愿者作为科学教学辅导员间有显著差异（$\beta=-0.121$，$p<0.001$）。

三、教师教学用书具备情况与课程实施质量监控回归分析

结合前面所做的相关性分析结果，采用逐步回归法对教师教学用书具备情况与课程实施质量监控进行回归分析来确定其相关显著性。以教师教学用书具备情况作为因变量，将课程实施质量监控作为自变量进行多元回归分析，统计结果见表6-15。

表6-15　教师教学用书具备情况与课程实施质量监控回归分析

模型		非标准化系数		标准系数	t	F	R^2	R^2更改
		B	标准误差	试用版				
1	（常量）	1.447	0.041		35.279①	406.960①	0.139	0.139
	地区相关部分检查科学教学质量	0.281	0.014	0.373	20.173①			
2	（常量）	1.299	0.044		29.277①	242.540①	0.161	0.022
	地区相关部分检查科学教学质量	0.170	0.019	0.226	8.842①			
	学校对科学教学质量评价	0.155	0.019	0.210	8.210①			

注：因变量：教师教学用书具备情况。

模型1：预测变量：（常量），地区相关部分检查科学教学质量。

模型2：预测变量：（常量），地区相关部分检查科学教学质量，学校对科学教学质量评价。

① $p<0.001$。

模型1：进入自变量——地区相关部分检查科学教学质量，此变量对教师教学用书具备情况解释度为13.9%，在0.001显著性水平上，模型1回归效果显著

（$F=406.960$，$p<0.001$）。在0.001显著性水平上，不同地区相关部分检查科学教学质量间有显著差异（$\beta=0.373$，$p<0.001$）。

模型2：进入自变量——地区相关部分检查科学教学质量、学校对科学教学质量评价，所有变量对教师教学用书具备情况解释度为16.1%，其中学校对科学教学质量评价的解释度为2.2%。在0.001显著性水平上，模型2回归效果显著（$F=242.540$，$p<0.001$）。在0.001显著性水平上，不同地区相关部分检查科学教学质量间有显著差异（$\beta=0.226$，$p<0.001$）；不同学校对科学教学质量评价间有显著差异（$\beta=0.210$，$p<0.001$）。

四、教师教学用书具备情况与科学教育实施效果回归分析

结合前面所做的相关性分析结果，采用逐步回归法对教师教学用书具备情况与科学教育实施效果进行回归分析来确定其相关显著性。以教师教学用书具备情况作为因变量，将科学教育实施效果作为自变量进行多元回归分析，统计结果见表6-16。

表6-16　教师教学用书具备情况与科学教育实施效果回归分析

模型		非标准化系数		标准系数	t	F	R^2	R^2 更改
		B	标准误差	试用版				
1	（常量）	1.223	0.048		25.632①	479.009①	0.160	0.160
	学校科学课程开设效果	0.412	0.019	0.400	21.886①			
2	（常量）	1.086	0.047		22.872①	335.172①	0.210	0.050
	学校科学课程开设效果	0.299	0.020	0.290	14.749①			
	学校3～6年级每周不少于2学时	0.219	0.017	0.250	12.686①			
3	（常量）	0.604	0.064		9.407①	273.396①	0.246	0.036
	学校科学课程开设效果	0.207	0.022	0.201	9.583①			
	学校3～6年级每周不少于2学时	0.219	0.017	0.249	12.962①			
	开展科学相关交流活动	0.196	0.018	0.209	10.889①			

续表 6-16

模型		非标准化系数		标准系数	t	F	R^2	R^2 更改
		B	标准误差	试用版				
4	（常量）	0.584	0.064		9.095①	209.996①	0.250	0.005
	学校科学课程开设效果	0.197	0.022	0.191	9.116①			
	学校 3～6 年级每周不少于 2 学时	0.184	0.019	0.210	9.631①			
	开展科学相关交流活动	0.187	0.018	0.199	10.323①			
	学校 1～2 年级每周不少于 1 学时	0.061	0.016	0.083	3.896①			
5	（常量）	0.520	0.067		7.815①	171.302①	0.254	0.004
	学校科学课程开设效果	0.186	0.022	0.180	8.504①			
	学校 3～6 年级每周不少于 2 学时	0.186	0.019	0.212	9.767①			
	开展科学相关交流活动	0.137	0.023	0.146	5.971①			
	学校 1～2 年级每周不少于 1 学时	0.059	0.016	0.079	3.722①			
	校园内开设科技角科技园	0.073	0.021	0.085	3.556①			

注：因变量：教师教学用书具备情况。

模型 1：预测变量：（常量），学校科学课程开设效果。

模型 2：预测变量：（常量），学校科学课程开设效果，学校 3～6 年级每周不少于 2 学时。

模型 3：预测变量：（常量），学校科学课程开设效果，学校 3～6 年级每周不少于 2 学时，开展科学相关交流活动。

模型 4：预测变量：（常量），学校科学课程开设效果，学校 3～6 年级每周不少于 2 学时，开展科学相关交流活动，学校 1～2 年级每周不少于 1 学时。

模型 5：预测变量：（常量），学校科学课程开设效果，学校 3～6 年级每周不少于 2 学时，开展科学相关交流活动，学校 1～2 年级每周不少于 1 学时，校园内开设科技角科技园。

① $p < 0.001$。

模型 1：进入自变量——学校科学课程开设效果，此变量对教师教学用书具备情况解释度为 16.0%，在 0.001 显著性水平上，模型 1 回归效果显著（$F = 479.009$，$p < 0.001$）。在 0.001 显著性水平上，不同学校科学课程开设效果间有显著差异（$\beta = 0.400$，$p < 0.001$）。

模型 2：进入自变量——学校科学课程开设效果、学校 3～6 年级每周不少于 2 学时，所有变量对教师教学用书具备情况解释度为 21.0%，其中学校 3～6 年级每周不少于 2 学时的解释度为 5.0%。在 0.001 显著性水平上，模型 2 回归效果显著（$F = 335.172$，$p < 0.001$）。在 0.001 显著性水平上，不同学校科学课程开设效果间有显著差异（$\beta = 0.290$，$p < 0.001$）；不同学校 3～6 年级每周不少于 2 学时间有显著差异（$\beta = 0.250$，$p < 0.001$）。

模型 3：进入自变量——学校科学课程开设效果、学校 3～6 年级每周不少于 2 学时、开展科学相关交流活动，所有变量对教师教学用书具备情况解释度为 24.6%，其中开展科学相关交流活动的解释度为 3.6%。在 0.001 显著性水平上，模型 3 回归效果显著（$F = 273.396$，$p < 0.001$）。在 0.001 显著性水平上，不同学校科学课程开设效果间有显著差异（$\beta = 0.201$，$p < 0.001$）；不同学校 3～6 年级每周不少于 2 学时间有显著差异（$\beta = 0.249$，$p < 0.001$）；不同开展科学相关交流活动间有显著差异（$\beta = 0.209$，$p < 0.001$）。

模型 4：进入自变量——学校科学课程开设效果、学校 3～6 年级每周不少于 2 学时、开展科学相关交流活动、学校 1～2 年级每周不少于 1 学时，所有变量对教师教学用书具备情况解释度为 25.0%，其中学校 1～2 年级每周不少于 1 学时的解释度为 0.5%。在 0.001 显著性水平上，模型 4 回归效果显著（$F = 209.996$，$p < 0.001$）。在 0.001 显著性水平上，不同学校科学课程开设效果间有显著差异（$\beta = 0.191$，$p < 0.001$）；不同学校 3～6 年级每周不少于 2 学时间有显著差异（$\beta = 0.210$，$p < 0.001$）；不同开展科学相关交流活动间有显著差异（$\beta = 0.199$，$p < 0.001$）；不同学校 1～2 年级每周不少于 1 学时间有显著差异（$\beta = 0.083$，$p < 0.001$）。

模型 5：进入自变量——学校科学课程开设效果、学校 3～6 年级每周不少于 2 学时、开展科学相关交流活动、学校 1～2 年级每周不少于 1 学时、校园内开设科技角科技园，所有变量对教师教学用书具备情况解释度为 25.4%，其中校园内开设科技角科技园的解释度为 0.4%。在 0.001 显著性水平上，模型 5 回归效果显著（$F = 171.302$，$p < 0.001$）。在 0.001 显著性水平上，不同学校科学课程开设效果间有显著差异（$\beta = 0.180$，$p < 0.001$）；不同学校 3～6 年级每周不少于 2 学时间有显著差异（$\beta = 0.212$，$p < 0.001$）；不同开展科学相关交流活动间有显著差异（$\beta = 0.146$，$p < 0.001$）；不同学校 1～2 年级每周不少于 1 学时间有显著差异（$\beta = 0.079$，$p < 0.001$）；不同校园内开设科技角科技园间有显著差异（$\beta = 0.085$，$p < 0.001$）。

五、本节小结

教师教学用书具备情况主要受本校办学条件、年龄、小学班级数、科学教师获得进修培训机会、科学教师获得外界专业指导、志愿者作为科学教学辅导员、地区相关部分检查科学教学质量、学校对科学教学质量评价、学校科学课程开设效果、学校 3 ~6 年级每周不少于 2 学时、开展科学相关交流活动、学校 1 ~2 年级每周不少于 1 学时、校园内开设科技角科技园的影响。这些因素对教师教学用书具备情况的解释力不同，其中解释力最大的是学校科学课程开设效果。

就基本条件而言，本校办学条件解释度为 14.3%，年龄的解释度为 0.7%，小学班级数的解释度为 0.3%。就社会参与而言，科学教师获得进修培训机会解释度为 13.5%，科学教师获得外界专业指导的解释度为 1.0%，志愿者作为科学教学辅导员的解释度为 1.0%。就课程实施质量监控而言，地区相关部分检查科学教学质量解释度为 13.9%，学校对科学教学质量评价的解释度为 2.2%。就科学教育实施效果而言，学校科学课程开设效果解释度为 16.0%，学校 3 ~6 年级每周不少于 2 学时的解释度为 5.0%，开展科学相关交流活动的解释度为 3.6%，学校 1 ~2 年级每周不少于 1 学时的解释度为 0.5%，校园内开设科技角科技园的解释度为 0.4%。

第五节　科学校本课程影响因素

一、科学校本课程情况与基本条件回归分析

结合前面所做的相关性分析结果，采用逐步回归法对科学校本课程情况与基本条件进行回归分析来确定其相关显著性。以科学校本课程情况作为因变量，将基本条件作为自变量进行多元回归分析，统计结果见表 6-17。

表 6-17　科学校本课程情况与基本条件回归分析

模型		非标准化系数		标准系数	t	F	R^2	R^2 更改
		B	标准误差	试用版				
1	（常量）	1.545	0.059		26.024②	367.770②	0.127	0.127
	本校办学条件	0.420	0.022	0.357	19.177②			
2	（常量）	2.318	0.129		17.969②	209.812②	0.143	0.015
	本校办学条件	0.426	0.022	0.362	19.618②			
	身份	−0.419	0.062	−0.124	−6.736②			

续表 6-17

模　型		非标准化系数		标准系数	t	F	R^2	R^2 更改
		B	标准误差	试用版				
3	（常量）	1.898	0.148		12.805②	152.231②	0.153	0.011
	本校办学条件	0.437	0.022	0.371	20.155②			
	身份	−0.396	0.062	−0.118	−6.390②			
	年龄	0.125	0.022	0.104	5.650②			
4	（常量）	2.018	0.157		12.875②	115.752②	0.155	0.002
	本校办学条件	0.426	0.022	0.362	19.217②			
	身份	−0.392	0.062	−0.116	−6.334②			
	年龄	0.121	0.022	0.102	5.504②			
	小学班级数	−0.057	0.024	−0.044	−2.345①			

注：因变量：科学校本课程情况。

模型 1：预测变量：（常量），本校办学条件。

模型 2：预测变量：（常量），本校办学条件，身份。

模型 3：预测变量：（常量），本校办学条件，身份，年龄。

模型 4：预测变量：（常量），本校办学条件，身份，年龄，小学班级数。

① $p<0.05$；

② $p<0.001$。

模型 1：进入自变量——本校办学条件，此变量对科学校本课程情况解释度为 12.7%，在 0.001 显著性水平上，模型 1 回归效果显著（$F=367.770$，$p<0.001$）。在 0.001 显著性水平上，不同本校办学条件间有显著差异（$\beta=0.357$，$p<0.001$）。

模型 2：进入自变量——本校办学条件、身份，所有变量对科学校本课程情况解释度为 14.3%，其中身份的解释度为 1.5%。在 0.001 显著性水平上，模型 2 回归效果显著（$F=209.812$，$p<0.001$）。在 0.001 显著性水平上，不同本校办学条件间有显著差异（$\beta=0.362$，$p<0.001$）；不同身份间有显著差异（$\beta=-0.124$，$p<0.001$）。

模型 3：进入自变量——本校办学条件、身份、年龄，所有变量对科学校本课程情况解释度为 15.3%，其中年龄的解释度为 1.1%。在 0.001 显著性水平上，模型 3 回归效果显著（$F=152.231$，$p<0.001$）。在 0.001 显著性水平上，不同本校办学条件间有显著差异（$\beta=0.371$，$p<0.001$）；不同身份间有显著差异（$\beta=-0.118$，$p<0.001$）；不同年龄间有显著差异（$\beta=0.104$，$p<0.001$）。

模型 4：进入自变量——本校办学条件、身份、年龄、小学班级数，所有变量对科学校本课程情况解释度为15.5%，其中小学班级数的解释度为0.2%。在0.001显著性水平上，模型4回归效果显著（$F=115.752$，$p<0.001$）。在0.001显著性水平上，不同本校办学条件间有显著差异（$\beta=0.362$，$p<0.001$）；不同身份间有显著差异（$\beta=-0.116$，$p<0.001$）；不同年龄间有显著差异（$\beta=0.102$，$p<0.001$）；在0.05显著性水平上，不同小学班级数间有显著差异（$\beta=-0.044$，$p<0.05$）。

二、科学校本课程情况与社会参与回归分析

结合前面所做的相关性分析结果，采用逐步回归法对科学校本课程情况与社会参与进行回归分析来确定其相关显著性。以科学校本课程情况作为因变量，将社会参与作为自变量进行多元回归分析，统计结果见表6-18。

表6-18 科学校本课程情况与社会参与回归分析

模型		非标准化系数		标准系数	t	F	R^2	R^2 更改
		B	标准误差	试用版				
1	（常量）	1.315	0.072		18.339①	357.057①	0.124	0.124
	科学教师获得进修培训机会	0.387	0.020	0.352	18.896①			
2	（常量）	0.713	0.087		8.164①	254.287①	0.168	0.044
	科学教师获得进修培训机会	0.276	0.022	0.252	12.476①			
	科学课获得外界支助的教学经费	0.236	0.021	0.232	11.526①			
3	（常量）	0.532	0.092		5.768①	182.909①	0.179	0.011
	科学教师获得进修培训机会	0.247	0.023	0.225	10.943①			
	科学课获得外界支助的教学经费	0.154	0.025	0.151	6.165①			
	科学教学场所设在校外	0.148	0.026	0.142	5.795①			

注：因变量：科学校本课程情况。

模型1：预测变量：（常量），科学教师获得进修培训机会。

模型2：预测变量：（常量），科学教师获得进修培训机会，科学课获得外界支助的教学经费。

模型3：预测变量：（常量），科学教师获得进修培训机会，科学课获得外界支助的教学经费科学教学场所设在校外。

① $p<0.001$。

模型1：进入自变量——科学教师获得进修培训机会，此变量对科学校本课程情况解释度为12.4%，在0.001显著性水平上，模型1回归效果显著（$F=$

357.057，$p<0.001$）。在0.001显著性水平上，不同科学教师获得进修培训机会间有显著差异（$\beta=0.352$，$p<0.001$）。

模型2：进入自变量——科学教师获得进修培训机会、科学课获得外界支助的教学经费，所有变量对科学校本课程情况解释度为16.8%，其中科学课获得外界支助的教学经费的解释度为4.4%。在0.001显著性水平上，模型2回归效果显著（$F=254.287$，$p<0.001$）。在0.001显著性水平上，不同科学教师获得进修培训机会间有显著差异（$\beta=0.252$，$p<0.001$）；不同科学课获得外界支助的教学经费间有显著差异（$\beta=0.232$，$p<0.001$）。

模型3：进入自变量——科学教师获得进修培训机会、科学课获得外界支助的教学经费、科学教学场所设在校外，所有变量对科学校本课程情况解释度为17.9%，其中科学教学场所设在校外的解释度为1.1%。在0.001显著性水平上，模型3回归效果显著（$F=182.909$，$p<0.001$）。在0.001显著性水平上，不同科学教师获得进修培训机会间有显著差异（$\beta=0.225$，$p<0.001$）；不同科学课获得外界支助的教学经费间有显著差异（$\beta=0.151$，$p<0.001$）；不同科学教学场所设在校外间有显著差异（$\beta=0.142$，$p<0.001$）。

三、科学校本课程情况与课程实施质量监控回归分析

结合前面所做的相关性分析结果，采用逐步回归法对科学校本课程情况与课程实施质量监控进行回归分析来确定其相关显著性。以科学校本课程情况作为因变量，将课程实施质量监控作为自变量进行多元回归分析，统计结果见表6-19。

表6-19　科学校本课程情况与课程实施质量监控回归分析

模型		非标准化系数		标准系数	t	F	R^2	R^2 更改
		B	标准误差	试用版				
1	（常量）	1.697	0.049		34.940①	428.893①	0.145	0.145
	学校对科学教学质量评价	0.320	0.015	0.381	20.710①			
2	（常量）	1.601	0.051		31.627①	237.135①	0.158	0.013
	学校对科学教学质量评价	0.226	0.021	0.269	10.527①			
	地区相关部分检查科学教学质量	0.137	0.022	0.160	6.239①			

注：因变量：科学校本课程情况。

模型1：预测变量：（常量），学校对科学教学质量评价。

模型2：预测变量：（常量），学校对科学教学质量评价，地区相关部分检查科学教学质量。

① $p<0.001$。

模型1：进入自变量——学校对科学教学质量评价，此变量对科学校本课程情况解释度为14.5%，在0.001显著性水平上，模型1回归效果显著（$F=428.893$，$p<0.001$）。在0.001显著性水平上，不同学校对科学教学质量评价间有显著差异（$\beta=0.381$，$p<0.001$）。

模型2：进入自变量——学校对科学教学质量评价、地区相关部分检查科学教学质量，所有变量对科学校本课程情况解释度为15.8%，其中地区相关部分检查科学教学质量的解释度为1.3%。在0.001显著性水平上，模型2回归效果显著（$F=237.135$，$p<0.001$）。在0.001显著性水平上，不同学校对科学教学质量评价间有显著差异（$\beta=0.269$，$p<0.001$）；不同地区相关部分检查科学教学质量间有显著差异（$\beta=0.160$，$p<0.001$）。

四、科学校本课程情况与科学教育实施效果回归分析

结合前面所做的相关性分析结果，采用逐步回归法对科学校本课程情况与科学教育实施效果进行回归分析来确定其相关显著性。以科学校本课程情况作为因变量，将科学教育实施效果作为自变量进行多元回归分析，统计结果见表6-20。

表6-20 科学校本课程情况与科学教育实施效果回归分析

模型		非标准化系数		标准系数	t	F	R^2	R^2 更改
		B	标准误差	试用版				
1	（常量）	1.346	0.053		25.539①	666.787①	0.209	0.209
	学校科学课程开设效果	0.537	0.021	0.457	25.822①			
2	（常量）	0.645	0.069		9.374①	475.953①	0.274	0.065
	学校科学课程开设效果	0.405	0.022	0.345	18.589①			
	校园内开设科技角科技园	0.272	0.018	0.279	15.023①			
3	（常量）	0.499	0.073		6.819①	331.602①	0.283	0.009
	学校科学课程开设效果	0.376	0.022	0.320	16.905①			
	校园内开设科技角科技园	0.192	0.023	0.197	8.366①			
	开展科学相关交流活动	0.143	0.026	0.134	5.605①			

续表 6-20

模型		非标准化系数		标准系数	t	F	R^2	R^2 更改
		B	标准误差	试用版				
4	（常量）	0.453	0.073		6.160①	256.641①	0.290	0.007
	学校科学课程开设效果	0.344	0.023	0.293	14.849①			
	校园内开设科技角科技园	0.188	0.023	0.192	8.209①			
	开展科学相关交流活动	0.135	0.025	0.126	5.297①			
	学校 1～2 年级每周不少于 1 学时	0.074	0.015	0.088	4.801①			

注：因变量：科学校本课程情况。

模型 1：预测变量：（常量），学校科学课程开设效果。

模型 2：预测变量：（常量），学校科学课程开设效果，校园内开设科技角科技园。

模型 3：预测变量：（常量），学校科学课程开设效果，校园内开设科技角科技园，开展科学相关交流活动。

模型 4：预测变量：（常量），学校科学课程开设效果，校园内开设科技角科技园，开展科学相关交流活动，学校 1～2 年级每周不少于 1 学时。

① $p<0.001$。

模型 1：进入自变量——学校科学课程开设效果，此变量对科学校本课程情况解释度为 20.9%，在 0.001 显著性水平上，模型 1 回归效果显著（$F=666.787$，$p<0.001$）。在 0.001 显著性水平上，不同学校科学课程开设效果间有显著差异（$\beta=0.457$，$p<0.001$）。

模型 2：进入自变量——学校科学课程开设效果、校园内开设科技角科技园，所有变量对科学校本课程情况解释度为 27.4%，其中校园内开设科技角科技园的解释度为 6.5%。在 0.001 显著性水平上，模型 2 回归效果显著（$F=475.953$，$p<0.001$）。在 0.001 显著性水平上，不同学校科学课程开设效果间有显著差异（$\beta=0.345$，$p<0.001$）；不同校园内开设科技角科技园间有显著差异（$\beta=0.279$，$p<0.001$）。

模型 3：进入自变量——学校科学课程开设效果、校园内开设科技角科技园、开展科学相关交流活动，所有变量对科学校本课程情况解释度为 28.3%，其中开展科学相关交流活动的解释度为 0.9%。在 0.001 显著性水平上，模型 3 回归效果显著（$F=331.602$，$p<0.001$）。在 0.001 显著性水平上，不同学校科学

课程开设效果间有显著差异（$\beta=0.320$，$p<0.001$）；不同校园内开设科技角科技园间有显著差异（$\beta=0.197$，$p<0.001$）；不同开展科学相关交流活动间有显著差异（$\beta=0.134$，$p<0.001$）。

模型4：进入自变量——学校科学课程开设效果、校园内开设科技角科技园、开展科学相关交流活动、学校1～2年级每周不少于1学时，所有变量对科学校本课程情况解释度为29.0%，其中学校1～2年级每周不少于1学时的解释度为0.7%。在0.001显著性水平上，模型4回归效果显著（$F=256.641$，$p<0.001$）。在0.001显著性水平上，不同学校科学课程开设效果间有显著差异（$\beta=0.293$，$p<0.001$）；不同校园内开设科技角科技园间有显著差异（$\beta=0.192$，$p<0.001$）；不同开展科学相关交流活动间有显著差异（$\beta=0.126$，$p<0.001$）；不同学校1～2年级每周不少于1学时间有显著差异（$\beta=0.088$，$p<0.001$）。

五、本节小结

科学校本课程情况主要受本校办学条件、身份、年龄、小学班级数、科学教师获得进修培训机会、科学课获得外界支助的教学经费、科学教学场所设在校外、学校对科学教学质量评价、地区相关部分检查科学教学质量、学校科学课程开设效果、校园内开设科技角科技园、开展科学相关交流活动、学校1～2年级每周不少于1学时影响。这些因素对科学校本课程情况的解释力不同，其中解释力最大的是学校科学课程开设效果。

就基本条件而言，本校办学条件解释度为12.7%，身份的解释度为1.5%，年龄的解释度为1.1%，小学班级数的解释度为0.2%。就社会参与而言，科学教师获得进修培训机会解释度为12.4%，科学课获得外界支助的教学经费的解释度为4.4%，科学教学场所设在校外的解释度为1.1%。就课程实施质量监控而言，学校对科学教学质量评价解释度为14.5%，地区相关部分检查科学教学质量的解释度为1.3%。就科学教育实施效果而言，学校科学课程开设效果解释度为20.9%，校园内开设科技角科技园的解释度为6.5%，开展科学相关交流活动的解释度为0.9%，学校1～2年级每周不少于1学时的解释度为0.7%。

第七章　农村学校科学教育环境资源受哪些因素影响？

农村学校科学教育环境资源主要是科学课程实施过程中的实验环境。从前面的统计数据可以看出，多数的农村学校环境资源整体情况并不是太理想。实验室及实验室中的器材与设备是科学教育实施质量的重要影响因素之一。农村学校科学教育环境资源到底受哪些因素影响，这些因素影响程度各是多少？本章通过回归分析试图探寻这些问题，以便为解决农村学校科学教育环境资源不理想问题作为参考依据。

第一节　科学实验室影响因素

一、科学实验室情况与基本条件影响因素

结合前面所做的相关性分析结果，采用逐步回归法对科学实验室情况与基本条件进行回归分析来确定其相关显著性。以科学实验室情况作为因变量，将基本条件作为自变量进行多元回归分析，统计结果见表 7-1。

表 7-1　科学实验室情况与基本条件回归分析

模型		非标准化系数		标准系数	t	F	R^2	R^2 更改
		B	标准误差	试用版				
1	（常量）	1.443	0.049		29.718②	846.704②	0.251	0.251
	本校办学条件	0.521	0.018	0.501	29.098②			
2	（常量）	1.151	0.073		15.719②	441.916②	0.260	0.008
	本校办学条件	0.530	0.018	0.510	29.611②			
	年龄	0.096	0.018	0.091	5.296②			
3	（常量）	1.249	0.086		14.541②	296.637②	0.261	0.001
	本校办学条件	0.521	0.018	0.501	28.504②			
	年龄	0.094	0.018	0.089	5.155②			
	小学班级数	−0.043	0.020	−0.038	−2.182①			

续表 7-1

模型		非标准化系数		标准系数	t	F	R^2	R^2 更改
		B	标准误差	试用版				
4	（常量）	1.084	0.110		9.821②	224.309	0.263	0.002
	本校办学条件	0.519	0.018	0.500	28.396②			
	年龄	0.096	0.018	0.091	5.259②			
	小学班级数	−0.048	0.020	−0.042	−2.408①			
	学校类型	0.096	0.040	0.041	2.382①			

注：因变量：科学实验室情况。

模型 1：预测变量：（常量），本校办学条件。

模型 2：预测变量：（常量），本校办学条件，年龄。

模型 3：预测变量：（常量），本校办学条件，年龄，小学班级数。

模型 4：预测变量：（常量），本校办学条件，年龄，小学班级数，学校类型。

① $p<0.05$；

② $p<0.001$。

模型 1：进入自变量——本校办学条件，此变量对科学实验室情况解释度为 25.1%，在 0.001 显著性水平上，模型 1 回归效果显著（$F=846.704$，$p<0.001$）。在 0.001 显著性水平上，不同办学条件的学校间有显著差异（$\beta=0.501$，$p<0.001$）。

模型 2：进一步进入自变量——本校办学条件、年龄，所有变量对科学实验室情况解释度 26%，其中年龄的解释度为 0.8%。在 0.001 显著性水平上，模型 2 回归效果显著（$F=441.916$，$p<0.001$）。在 0.001 显著性水平上，不同办学条件的学校间有显著差异（$\beta=0.510$，$p<0.001$）；不同年龄被试的学校间有显著差异（$\beta=0.091$，$p<0.001$）。

模型 3：进一步进入自变量——本校办学条件、年龄、小学班级数，所有变量对科学实验室情况解释度 26.1%，其中小学班级数的解释度为 0.1%。在 0.001 显著性水平上，模型 3 回归效果显著（$F=296.637$，$p<0.001$）。在 0.001 显著性水平上，不同办学条件的学校间有显著差异（$\beta=0.501$，$p<0.001$）；不同年龄被试的学校间有显著差异（$\beta=0.089$，$p<0.001$）；在 0.05 显著性水平上，不同小学班级数间有显著差异（$\beta=-0.038$，$p<0.05$）。

模型 4：进一步进入自变量——本校办学条件、年龄、小学班级数、学校类型，所有变量对科学实验室情况解释度 26.3%，其中学校类型的解释度为 0.2%。在 0.001 显著性水平上，模型 4 回归效果显著（$F=224.309$，$p<0.001$）。在 0.001 显著性水平上，不同办学条件的学校间有显著差异（$\beta=$

0.500，$p<0.001$)；不同年龄被试的学校间有显著差异（$\beta=0.091$，$p<0.001$)；在0.05显著性水平上，不同小学班级数间有显著差异（$\beta=-0.042$，$p<0.05$)；不同学校类型间有显著差异（$\beta=0.041$，$p<0.05$)。

二、科学实验室情况与社会参与回归分析

结合前面所做的相关性分析结果，采用逐步回归法对科学实验室情况与社会参与进行回归分析来确定其相关显著性。以科学实验室情况作为因变量，将社会参与作为自变量进行多元回归分析，统计结果见表7-2。

表7-2　科学实验室情况与社会参与回归分析

模型		非标准化系数		标准系数	t	F	R^2	R^2更改
		B	标准误差	试用版				
1	（常量）	1.511	0.062		24.217②	443.359②	0.150	0.150
	科学教师获得进修培训机会	0.375	0.018	0.387	21.056②			
2	（常量）	1.096	0.077		14.291②	269.568②	0.176	0.027
	科学教师获得进修培训机会	0.299	0.019	0.308	15.365②			
	科学课获得外界支助的教学经费	0.163	0.018	0.181	9.033②			
3	（常量）	1.038	0.077		13.507②	193.803②	0.188	0.011
	科学教师获得进修培训机会	0.213	0.024	0.219	8.799②			
	科学课获得外界支助的教学经费	0.122	0.019	0.136	6.352②			
	科学教师获得外界专业指导	0.140	0.024	0.157	5.916②			
4	（常量）	0.972	0.081		12.010②	147.354②	0.190	0.002
	科学教师获得进修培训机会	0.214	0.024	0.220	8.830②			
	科学课获得外界支助的教学经费	0.094	0.022	0.104	4.244②			

续表 7-2

模型		非标准化系数		标准系数	t	F	R^2	R^2 更改
		B	标准误差	试用版				
4	科学教师获得外界专业指导	0.119	0.025	0.134	4.794②	147.354②	0.190	0.002
	科学教学场所设在校外	0.061	0.024	0.066	2.588①			

注：因变量：科学实验室情况。

模型1：预测变量：（常量），科学教师获得进修培训机会。

模型2：预测变量：（常量），科学教师获得进修培训机会，科学课获得外界支助的教学经费。

模型3：预测变量：（常量），科学教师获得进修培训机会，科学课获得外界支助的教学经费，科学教师获得外界专业指导。

模型4：预测变量：（常量），科学教师获得进修培训机会，科学课获得外界支助的教学经费，科学教师获得外界专业指导，科学教学场所设在校外。

① $p<0.05$；

② $p<0.001$。

模型1：进入自变量——科学教师获得进修培训机会，此变量对科学实验室情况解释度为15.0%，在0.001显著性水平上，模型1回归效果显著（$F=443.359$，$p<0.001$）。在0.001显著性水平上，不同科学教师获得进修培训机会间有显著差异（$\beta=0.387$，$p<0.001$）。

模型2：进一步进入自变量——科学教师获得进修培训机会、科学课获得外界支助的教学经费，所有变量对科学实验室情况解释度17.6%，其中科学课获得外界支助的教学经费的解释度为2.7%。在0.001显著性水平上，模型2回归效果显著（$F=269.568$，$p<0.001$）。在0.001显著性水平上，不同科学教师获得进修培训机会间有显著差异（$\beta=0.308$，$p<0.001$）；不同科学课获得外界支助的教学经费间有显著差异（$\beta=0.181$，$p<0.001$）。

模型3：进一步进入自变量——科学教师获得进修培训机会、科学课获得外界支助的教学经费、科学教师获得外界专业指导，所有变量对科学实验室情况解释度18.8%，其中科学教师获得外界专业指导的解释度为1.1%。在0.001显著性水平上，模型3回归效果显著（$F=193.803$，$p<0.001$）。在0.001显著性水平上，不同科学教师获得进修培训机会间有显著差异（$\beta=0.219$，$p<0.001$）；不同科学课获得外界支助的教学经费间有显著差异（$\beta=0.136$，$p<0.001$）；不同科学教师获得外界专业指导间有显著差异（$\beta=0.157$，$p<0.001$）。

模型4：进一步进入自变量——科学教师获得进修培训机会、科学课获得外界支助的教学经费、科学教师获得外界专业指导、科学教学场所设在校外，所有变量对科学实验室情况解释度 19.0%，其中科学教学场所设在校外的解释度为 0.2%。在 0.001 显著性水平上，模型 4 回归效果显著（$F = 147.354$，$p < 0.001$）。在 0.001 显著性水平上，不同科学教师获得进修培训机会间有显著差异（$\beta = 0.220$，$p < 0.001$）；不同科学课获得外界支助的教学经费间有显著差异（$\beta = 0.104$，$p < 0.001$）；不同科学教师获得外界专业指导间有显著差异（$\beta = 0.134$，$p < 0.001$）；在 0.05 显著性水平上，不同科学教学场所设在校外间有显著差异（$\beta = 0.066$，$p < 0.001$）。

三、科学实验室情况与课程实施质量监控回归分析

结合前面所做的相关性分析结果，采用逐步回归法对科学实验室情况与课程实施质量监控进行回归分析来确定其相关显著性。以科学实验室情况作为因变量，将课程实施质量监控作为自变量进行多元回归分析，统计结果见表 7-3。

表 7-3 科学实验室情况与课程实施质量监控回归分析

模型		非标准化系数		标准系数	t	F	R^2	R^2 更改
		B	标准误差	试用版				
1	（常量）	1.939	0.043		45.415①	456.960①	0.153	0.153
	学校对科学教学质量评价	0.290	0.014	0.392	21.377①			
2	（常量）	1.825	0.044		41.274①	270.977①	0.177	0.024
	学校对科学教学质量评价	0.179	0.019	0.241	9.529①			
	地区相关部分检查科学教学质量	0.163	0.019	0.215	8.491①			

注：因变量：科学实验室情况。

模型 1：预测变量：（常量），学校对科学教学质量评价。

模型 2：预测变量：（常量），学校对科学教学质量评价，地区相关部分检查科学教学质量。

① $p < 0.001$。

模型 1：进入自变量——学校对科学教学质量评价，此变量对科学实验室情况解释度为 15.3%，在 0.001 显著性水平上，模型 1 回归效果显著（$F = 456.960$，$p < 0.001$）。在 0.001 显著性水平上，不同学校对科学教学质量评价间

有显著差异（$\beta=0.392$，$p<0.001$）。

模型 2：进一步进入自变量——学校对科学教学质量评价，地区相关部分检查科学教学质量，所有变量对科学实验室情况解释度 17.7%，其中地区相关部分检查科学教学质量的解释度为 2.4%。在 0.001 显著性水平上，模型 2 回归效果显著（$F=270.977$，$p<0.001$）。在 0.001 显著性水平上，不同学校对科学教学质量评价间有显著差异（$\beta=0.241$，$p<0.001$）；不同地区相关部分检查科学教学质量间有显著差异（$\beta=0.215$，$p<0.001$）。

四、科学实验室情况与科学教育实施效果回归分析

结合前面所做的相关性分析结果，采用逐步回归法对科学实验室情况与科学教育实施效果进行回归分析来确定其相关显著性。以科学实验室情况作为因变量，将科学教育实施效果作为自变量进行多元回归分析，统计结果见表 7-4。

表 7-4　科学实验室情况与科学教育实施效果回归分析

模型		非标准化系数		标准系数	t	F	R^2	R^2 更改
		B	标准误差	试用版				
1	（常量）	1.624	0.046		35.106①	709.640①	0.220	0.220
	学校科学课程开设效果	0.486	0.018	0.469	26.639①			
2	（常量）	0.976	0.060		16.246①	516.531①	0.291	0.071
	学校科学课程开设效果	0.364	0.019	0.351	19.142①			
	校园内开设科技角科技园	0.251	0.016	0.291	15.893①			
3	（常量）	0.906	0.060		15.022①	367.520①	0.304	0.014
	学校科学课程开设效果	0.321	0.020	0.309	16.176①			
	校园内开设科技角科技园	0.240	0.016	0.278	15.245①			
	学校 1～2 年级每周不少于 1 学时	0.095	0.013	0.127	7.041①			

续表 7-4

模型		非标准化系数		标准系数	t	F	R^2	R^2 更改
		B	标准误差	试用版				
4	（常量）	0.785	0.064		12.296①	286.508①	0.313	0.008
	学校科学课程开设效果	0.298	0.020	0.288	14.830①			
	校园内开设科技角科技园	0.172	0.020	0.200	8.666①			
	学校 1～2 年级每周不少于 1 学时	0.090	0.013	0.120	6.700①			
	开展科学相关交流活动	0.122	0.022	0.129	5.526①			
5	（常量）	0.755	0.064		11.790①	234.366①	0.318	0.005
	学校科学课程开设效果	0.272	0.021	0.262	12.912①			
	校园内开设科技角科技园	0.175	0.020	0.203	8.832①			
	学校 1～2 年级每周不少于 1 学时	0.059	0.015	0.080	3.923①			
	开展科学相关交流活动	0.125	0.022	0.132	5.656①			
	学校 3～6 年级每周不少于 2 学时	0.078	0.018	0.088	4.247①			

注：因变量：科学实验室情况。

模型 1：预测变量：（常量），学校科学课程开设效果。

模型 2：预测变量：（常量），学校科学课程开设效果，校园内开设科技角科技园。

模型 3：预测变量：（常量），学校科学课程开设效果，校园内开设科技角科技园，学校 1～2 年级每周不少于 1 学时。

模型 4：预测变量：（常量），学校科学课程开设效果，校园内开设科技角科技园，学校 1～2 年级每周不少于 1 学时，开展科学相关交流活动。

模型 5：预测变量：（常量），学校科学课程开设效果，校园内开设科技角科技园，学校 1～2 年级每周不少于 1 学时，开展科学相关交流活动，学校 3～6 年级每周不少于 2 学时。

① $p<0.001$。

模型1：进入自变量——学校科学课程开设效果，此变量对科学实验室情况解释度为22.0%，在0.001显著性水平上，模型1回归效果显著（$F=709.640$，$p<0.001$）。在0.001显著性水平上，不同学校科学课程开设效果间有显著差异（$\beta=0.469$，$p<0.001$）。

模型2：进一步进入自变量——学校科学课程开设效果，校园内开设科技角科技园，所有变量对科学实验室情况解释度29.1%，其中校园内开设科技角科技园的解释度为7.1%。在0.001显著性水平上，模型2回归效果显著（$F=516.531$，$p<0.001$）。在0.001显著性水平上，不同学校科学课程开设效果间有显著差异（$\beta=0.351$，$p<0.001$）；不同校园内开设科技角科技园间有显著差异（$\beta=0.291$，$p<0.001$）。

模型3：进一步进入自变量——学校科学课程开设效果，校园内开设科技角科技园、学校1~2年级每周不少于1学时，所有变量对科学实验室情况解释度30.4%，其中学校1~2年级每周不少于1学时的解释度为1.4%。在0.001显著性水平上，模型3回归效果显著（$F=367.520$，$p<0.001$）。在0.001显著性水平上，不同学校科学课程开设效果间有显著差异（$\beta=0.309$，$p<0.001$）；不同校园内开设科技角科技园间有显著差异（$\beta=0.278$，$p<0.001$）；不同学校1~2年级每周不少于1学时间有显著差异（$\beta=0.127$，$p<0.001$）。

模型4：进一步进入自变量——学校科学课程开设效果，校园内开设科技角科技园、学校1~2年级每周不少于1学时、开展科学相关交流活动，所有变量对科学实验室情况解释度31.3%，其中开展科学相关交流活动的解释度为0.8%。在0.001显著性水平上，模型4回归效果显著（$F=286.508$，$p<0.001$）。在0.001显著性水平上，不同学校科学课程开设效果间有显著差异（$\beta=0.288$，$p<0.001$）；不同校园内开设科技角科技园间有显著差异（$\beta=0.200$，$p<0.001$）；不同学校1~2年级每周不少于1学时间有显著差异（$\beta=0.120$，$p<0.001$）；不同开展科学相关交流活动间有显著差异（$\beta=0.129$，$p<0.001$）。

模型5：进一步进入自变量——学校科学课程开设效果，校园内开设科技角科技园、学校1~2年级每周不少于1学时、开展科学相关交流活动、学校3~6年级每周不少于2学时，所有变量对科学实验室情况解释度31.8%，其中学校3~6年级每周不少于2学时的解释度为0.5%。在0.001显著性水平上，模型5回归效果显著（$F=234.366$，$p<0.001$）。在0.001显著性水平上，不同学校科学课程开设效果间有显著差异（$\beta=0.262$，$p<0.001$）；不同校园内开设科技角科技园间有显著差异（$\beta=0.203$，$p<0.001$）；不同学校1~2年级每周不少于1学时间有显著差异（$\beta=0.080$，$p<0.001$）；不同开展科学相关交流活动间有显

著差异（$\beta = 0.132$，$p < 0.001$）；不同学校 3 ~ 6 年级每周不少于 2 学时间有显著差异（$\beta = 0.088$，$p < 0.001$）。

五、本节小结

科学实验室情况主要受本校办学条件、年龄、小学班级数、学校类型、科学教师获得进修培训机会、科学课获得外界支助的教学经费、科学教师获得外界专业指导、科学教学场所设在校外、学校对科学教学质量评价、地区相关部分检查科学教学质量、学校科学课程开设效果、校园内开设科技角科技园、学校 1 ~ 2 年级每周不少于 1 学时、开展科学相关交流活动、学校 3 ~ 6 年级每周不少于 2 学时的影响。这些因素对科学实验室情况的解释力不同，其中解释力最大的是学校办学条件。

就基本条件而言，本校办学条件解释度为 25.1%，年龄的解释度为 0.8%，小学班级数的解释度为 0.1%，学校类型的解释度为 0.2%。就社会参与而言，科学教师获得进修培训机会解释度为 15.0%，科学课获得外界支助的教学经费的解释度为 2.7%，科学教师获得外界专业指导的解释度为 1.1%，科学教学场所设在校外的解释度为 0.2%。就课程实施质量监控而言，学校对科学教学质量评价解释度为 15.3%，地区相关部分检查科学教学质量的解释度为 2.4%。就科学教育实施效果而言，学校科学课程开设效果解释度为 22.0%，校园内开设科技角科技园的解释度为 7.1%，学校 1 ~ 2 年级每周不少于 1 学时的解释度为 1.4%，开展科学相关交流活动的解释度为 0.8%，学校 3 ~ 6 年级每周不少于 2 学时的解释度为 0.5%。

第二节　实验室中材料与设备影响因素

一、实验室中材料与设备情况及基本条件回归分析

结合前面所做的相关性分析结果，采用逐步回归法对实验室中材料与设备情况与基本条件进行回归分析来确定其相关显著性。以实验室中材料与设备情况作为因变量，将基本条件作为自变量进行多元回归分析，统计结果见表 7-5。

表 7-5　实验室中材料与设备情况及基本条件回归分析

模型		非标准化系数		标准系数	t	F	R^2	R^2 更改
		B	标准误差	试用版				
1	（常量）	1.369	0.051		26.708②	795.537②	0.240	0.240
	本校办学条件	0.533	0.019	0.490	28.205②			

续表 7-5

模型		非标准化系数		标准系数	t	F	R^2	R^2 更改
		B	标准误差	试用版				
2	（常量）	0.974	0.077		12.640②	428.230②	0.254	0.014
	本校办学条件	0.545	0.019	0.500	28.957②			
	年龄	0.130	0.019	0.118	6.823②			
3	（常量）	1.068	0.090		11.815②	287.141②	0.255	0.001
	本校办学条件	0.537	0.019	0.493	27.899②			
	年龄	0.128	0.019	0.116	6.691②			
	小学班级数	−0.042	0.021	−0.035	−1.990①			

注：因变量：实验室中材料与设备。

模型 1：预测变量：（常量），本校办学条件。

模型 2：预测变量：（常量），本校办学条件，年龄。

模型 3：预测变量：（常量），本校办学条件，年龄，小学班级数。

① $p<0.05$；

② $p<0.001$

模型 1：进入自变量——本校办学条件，此变量对实验室中材料与设备情况解释度为 24.0%，在 0.001 显著性水平上，模型 1 回归效果显著（$F=795.537$，$p<0.001$）。在 0.001 显著性水平上，不同办学条件间有显著差异（$\beta=0.490$，$p<0.001$）。

模型 2：进入自变量——本校办学条件、年龄，所有变量对实验室中材料与设备情况解释度为 25.4%，其中年龄的解释度为 1.4%。在 0.001 显著性水平上，模型 2 回归效果显著（$F=428.230$，$p<0.001$）。在 0.001 显著性水平上，不同办学条件间有显著差异（$\beta=0.500$，$p<0.001$）；不同年龄间有显著差异（$\beta=0.118$，$p<0.001$）。

模型 3：进入自变量——本校办学条件、年龄、小学班级数，所有变量对实验室中材料与设备情况解释度为 25.5%，其中小学班级数的解释度为 0.1%。在 0.001 显著性水平上，模型 3 回归效果显著（$F=287.141$，$p<0.001$）。在 0.001 显著性水平上，不同办学条件间有显著差异（$\beta=0.493$，$p<0.001$）。不同年龄间有显著差异（$\beta=0.116$，$p<0.001$）；在 0.05 显著性水平上，不同小学班级数间有显著差异（$\beta=-0.035$，$p<0.05$）。

二、实验室中材料与设备情况及社会参与回归分析

结合前面所做的相关性分析结果，采用逐步回归法对实验室中材料与设备情

况与社会参与进行回归分析来确定其相关显著性。以实验室中材料与设备情况作为因变量，将社会参与作为自变量进行多元回归分析，统计结果见表 7-6。

表 7-6　实验室中材料与设备情况及社会参与回归分析

模型		非标准化系数		标准系数	t	F	R^2	R^2 更改
		B	标准误差	试用版				
1	（常量）	1.157	0.063		18.374①	678.120①	0.212	0.212
	科学教师获得进修培训机会	0.468	0.018	0.460	26.041①			
2	（常量）	0.916	0.067		13.635①	393.217①	0.238	0.026
	科学教师获得进修培训机会	0.312	0.024	0.307	12.791①			
	科学教师获得外界专业指导	0.207	0.022	0.222	9.250①			
3	（常量）	0.686	0.077		8.862①	276.924①	0.248	0.010
	科学教师获得进修培训机会	0.297	0.024	0.292	12.182①			
	科学教师获得外界专业指导	0.157	0.024	0.168	6.584①			
	科学课获得外界支助的教学经费	0.113	0.019	0.120	5.834①			

注：因变量：实验室中材料与设备。

模型 1：预测变量：（常量），科学教师获得进修培训机会。

模型 2：预测变量：（常量），科学教师获得进修培训机会，科学教师获得外界专业指导。

模型 3：预测变量：（常量），科学教师获得进修培训机会，科学教师获得外界专业指导，科学课获得外界支助的教学经费。

① $p<0.001$。

模型 1：进入自变量——科学教师获得进修培训机会，此变量对实验室中材料与设备情况解释度为 21.2%，在 0.001 显著性水平上，模型 1 回归效果显著（$F=678.120$，$p<0.001$）。在 0.001 显著性水平上，不同科学教师获得进修培训机会间有显著差异（$\beta=0.460$，$p<0.001$）。

模型 2：进入自变量——科学教师获得进修培训机会、科学教师获得外界专业指导，所有变量对实验室中材料与设备情况解释度为23.8%，其中科学教师获得外界专业指导的解释度为2.6%。在0.001显著性水平上，模型2回归效果显著（$F=393.217$，$p<0.001$）。在0.001显著性水平上，不同科学教师获得进修培训机会间有显著差异（$\beta=0.307$，$p<0.001$）；不同科学教师获得的外界专业指导有显著差异（$\beta=0.222$，$p<0.001$）。

模型3：进入自变量——科学教师获得进修培训机会、科学教师获得外界专业指导、科学课获得外界支助的教学经费，所有变量对实验室中材料与设备情况解释度为24.8%，其中科学课获得外界支助的教学经费的解释度为1.0%。在0.001显著性水平上，模型3回归效果显著（$F=276.924$，$p<0.001$）。在0.001显著性水平上，不同科学教师获得的进修培训机会有显著差异（$\beta=0.292$，$p<0.001$）；不同科学教师获得的外界专业指导有显著差异（$\beta=0.168$，$p<0.001$）；不同科学课获得外界支助的教学经费有显著差异（$\beta=0.120$，$p<0.001$）。

三、实验室中材料与设备情况及课程实施质量监控回归分析

结合前面所做的相关性分析结果，采用逐步回归法对实验室中材料与设备情况与课程实施质量监控进行回归分析来确定其相关显著性。以实验室中材料与设备情况作为因变量，将课程实施质量监控作为自变量进行多元回归分析，统计结果见表7-7。

表7-7 实验室中材料与设备情况及课程实施质量监控回归分析

模型		非标准化系数		标准系数	t	F	R^2	R^2 更改
		B	标准误差	试用版				
1	（常量）	1.784	0.044		40.514①	554.054①	0.180	0.180
	学校对科学教学质量评价	0.330	0.014	0.424	23.538①			
2	（常量）	1.665	0.046		36.522①	321.987①	0.204	0.023
	学校对科学教学质量评价	0.213	0.019	0.275	11.026①			
	地区相关部分检查科学教学质量	0.170	0.020	0.214	8.596①			

注：因变量：实验室中材料与设备。

模型1：预测变量：（常量），学校对科学教学质量评价。

模型2：预测变量：（常量），学校对科学教学质量评价，地区相关部分检查科学教学质量。

① $p<0.001$。

模型1：进入自变量——学校对科学教学质量评价，此变量对实验室中材料与设备情况解释度为18.0%，在0.001显著性水平上，模型1回归效果显著（$F=554.054$，$p<0.001$）。在0.001显著性水平上，不同学校对科学教学质量评价间有显著差异（$\beta=0.424$，$p<0.001$）。

模型2：进入自变量——学校对科学教学质量评价、地区相关部分检查科学教学质量，所有变量对实验室中材料与设备情况解释度为20.4%，其中地区相关部分检查科学教学质量的解释度为2.3%。在0.001显著性水平上，模型2回归效果显著（$F=321.987$，$p<0.001$）。在0.001显著性水平上，不同学校对科学教学质量评价间有显著差异（$\beta=0.275$，$p<0.001$）；不同地区相关部分检查科学教学质量间有显著差异（$\beta=0.214$，$p<0.001$）。

四、实验室中材料与设备情况与科学教育实施效果回归分析

结合前面所做的相关性分析结果，采用逐步回归法对实验室中材料与设备情况与科学教育实施效果进行回归分析来确定其相关显著性。以实验室中材料与设备情况作为因变量，将科学教育实施效果作为自变量进行多元回归分析，统计结果见表7-8。

表7-8 实验室中材料与设备情况与科学教育实施效果回归分析

模型		非标准化系数		标准系数	t	F	R^2	R^2 更改
		B	标准误差	试用版				
1	（常量）	1.520	0.048		31.408①	719.507①	0.222	0.222
	学校科学课程开设效果	0.512	0.019	0.471	26.824①			
2	（常量）	0.746	0.062		12.050①	578.064①	0.314	0.092
	学校科学课程开设效果	0.366	0.020	0.337	18.694①			
	校园内开设科技角科技园	0.300	0.016	0.332	18.436①			
3	（常量）	0.655	0.062		10.568①	419.965①	0.333	0.019
	学校科学课程开设效果	0.293	0.021	0.270	13.842①			
	校园内开设科技角科技园	0.301	0.016	0.334	18.756①			
	学校3~6年级每周不少于2学时	0.142	0.017	0.153	8.453①			

续表 7-8

模型		非标准化系数 B	非标准化系数 标准误差	标准系数 试用版	t	F	R^2	R^2 更改
4	（常量）	0.471	0.065		7.208①	339.128①	0.350	0.017
	学校科学课程开设效果	0.257	0.021	0.237	12.032①			
	校园内开设科技角科技园	0.200	0.020	0.222	9.889①			
	学校 3 ~6 年级每周不少于 2 学时	0.141	0.017	0.152	8.494①			
	开展科学相关交流活动	0.181	0.023	0.183	8.046①			
5	（常量）	0.459	0.065		7.023①	273.773①	0.352	0.002
	学校科学课程开设效果	0.251	0.021	0.231	11.689①			
	校园内开设科技角科技园	0.197	0.020	0.218	9.746①			
	学校 3 ~6 年级每周不少于 2 学时	0.115	0.019	0.124	6.134①			
	开展科学相关交流活动	0.177	0.023	0.178	7.832①			
	学校 1 ~2 年级每周不少于 1 学时	0.045	0.015	0.057	2.895②			

注：因变量：实验室中材料与设备。

模型 1：预测变量：（常量），学校科学课程开设效果。

模型 2：预测变量：（常量），学校科学课程开设效果，校园内开设科技角科技园。

模型 3：预测变量：（常量），学校科学课程开设效果，校园内开设科技角科技园，学校 3 ~6 年级每周不少于 2 学时。

模型 4：预测变量：（常量），学校科学课程开设效果，校园内开设科技角科技园，学校 3 ~6 年级每周不少于 2 学时，开展科学相关交流活动。

模型 5：预测变量：（常量），学校科学课程开设效果，校园内开设科技角科技园，学校 3 ~6 年级每周不少于 2 学时，开展科学相关交流活动，学校 1 ~2 年级每周不少于 1 学时。

① $p<0.001$；

② $p<0.01$。

模型1：进入自变量——学校科学课程开设效果，此变量对实验室中材料与设备情况解释度为22.2%，在0.001显著性水平上，模型1回归效果显著（$F=719.507$，$p<0.001$）。在0.001显著性水平上，不同学校科学课程开设效果间有显著差异（$\beta=0.471$，$p<0.001$）。

模型2：进入自变量——学校科学课程开设效果、校园内开设科技角科技园，所有变量对实验室中材料与设备情况解释度为31.4%，其中校园内开设科技角科技园的解释度为9.2%。在0.001显著性水平上，模型2回归效果显著（$F=578.064$，$p<0.001$）。在0.001显著性水平上，不同学校科学课程开设效果间有显著差异（$\beta=0.337$，$p<0.001$）；不同校园内开设科技角科技园间有显著差异（$\beta=0.332$，$p<0.001$）。

模型3：进入自变量——学校科学课程开设效果、校园内开设科技角科技园、学校3~6年级每周不少于2学时，所有变量对实验室中材料与设备情况解释度为33.3%，其中学校3~6年级每周不少于2学时的解释度为1.9%。在0.001显著性水平上，模型3回归效果显著（$F=419.965$，$p<0.001$）。在0.001显著性水平上，不同学校科学课程开设效果间有显著差异（$\beta=0.270$，$p<0.001$）；不同校园内开设科技角科技园间有显著差异（$\beta=0.334$，$p<0.001$）；不同学校3~6年级每周不少于2学时间有显著差异（$\beta=0.153$，$p<0.001$）。

模型4：进入自变量——学校科学课程开设效果，校园内开设科技角科技园，学校3~6年级每周不少于2学时，开展科学相关交流活动，所有变量对实验室中材料与设备情况解释度为35.0%，其中开展科学相关交流活动的解释度为1.7%。在0.001显著性水平上，模型4回归效果显著（$F=339.128$，$p<0.001$）。在0.001显著性水平上，不同学校科学课程开设效果间有显著差异（$\beta=0.237$，$p<0.001$）；不同校园内开设科技角科技园间有显著差异（$\beta=0.222$，$p<0.001$）；不同学校3~6年级每周不少于2学时间有显著差异（$\beta=0.152$，$p<0.001$）。在0.01显著性水平上，不同开展科学相关交流活动间有显著差异（$\beta=0.183$，$p<0.01$）。

模型5：进入自变量——学校科学课程开设效果、校园内开设科技角科技园、学校3~6年级每周不少于2学时、开展科学相关交流活动、学校1~2年级每周不少于1学时，所有变量对实验室中材料与设备情况解释度为35.2%，其中学校1~2年级每周不少于1学时的解释度为0.2%。在0.001显著性水平上，模型5回归效果显著（$F=273.773$，$p<0.001$）。在0.001显著性水平上，不同学校科学课程开设效果间有显著差异（$\beta=0.231$，$p<0.001$）；不同校园内开设科技角科技园间有显著差异（$\beta=0.218$，$p<0.001$）；不同学校3~6年级每周不少于2学时间有显著差异（$\beta=0.124$，$p<0.001$）；不同开展科学相关交流活动间有显著差异（$\beta=0.178$，$p<0.01$）；在0.01显著性水平上，不同学校1~2年级每周不少于1学时间有显著差异（$\beta=0.057$，$p<0.01$）。

五、本节小结

实验室中材料与设备情况主要受本校办学条件、年龄、小学班级数、科学教师获得进修培训机会、科学教师获得外界专业指导、科学课获得外界支助的教学经费、学校对科学教学质量评价、地区相关部分检查科学教学质量、学校科学课程开设效果、校园内开设科技角科技园、学校 3 ~ 6 年级每周不少于 2 学时、开展科学相关交流活动、学校 1 ~ 2 年级每周不少于 1 学时的影响。这些因素对实验室中材料与设备情况的解释力不同，其中学校办学条件解释力最大。

就基本条件而言，本校办学条件解释度为 24. 0%，年龄的解释度为 1. 4%，小学班级数的解释度为 0. 1%。就社会参与而言，科学教师获得进修培训机会解释度为 21. 2%，科学教师获得外界专业指导的解释度为 2. 6%，科学课获得外界支助的教学经费的解释度为 1. 0%。就课程实施质量监控而言，学校对科学教学质量评价解释度为 18. 0%，地区相关部分检查科学教学质量的解释度为 2. 3%。就科学教育实施效果而言，学校科学课程开设效果解释度为 22. 2%，校园内开设科技角科技园的解释度为 9. 2%，学校 3 ~ 6 年级每周不少于 2 学时的解释度为 1. 9%，开展科学相关交流活动的解释度为 1. 7%，学校 1 ~ 2 年级每周不少于 1 学时的解释度为 0. 2%。

第三节　科学课网络资源影响因素

一、科学课网络资源情况与基本条件回归分析

结合前面所做的相关性分析结果，采用逐步回归法对科学课网络资源情况与基本条件进行回归分析来确定其相关显著性。以科学课网络资源情况作为因变量，将基本条件作为自变量进行多元回归分析，统计结果见表 7-9。

表 7-9　科学课网络资源情况与基本条件回归分析

模型		非标准化系数		标准系数	t	F	R^2	R^2 更改
		B	标准误差	试用版				
1	（常量）	1. 527	0. 052		29. 167②	726. 616②	0. 224	0. 224
	本校办学条件	0. 521	0. 019	0. 473	26. 956②			
2	（常量）	1. 718	0. 069		24. 940②	374. 710②	0. 229	0. 005
	本校办学条件	0. 503	0. 020	0. 457	25. 589②			
	小学班级数	−0. 091	0. 022	−0. 076	−4. 234②			

续表 7-9

模型		非标准化系数		标准系数	t	F	R^2	R^2 更改
		B	标准误差	试用版				
3	(常量)	1.857	0.091		20.521②	252.157②	0.231	0.002
	本校办学条件	0.504	0.020	0.458	25.627②			
	小学班级数	-0.086	0.022	-0.071	-3.965②			
	性别	-0.089	0.038	-0.042	-2.380①			

注：因变量：科学课网络资源情况。

模型 1：预测变量：（常量），本校办学条件。

模型 2：预测变量：（常量），本校办学条件，小学班级数。

模型 3：预测变量：（常量），本校办学条件，小学班级数，性别。

① $p<0.05$；

② $p<0.001$。

模型 1：进入自变量——本校办学条件，此变量对科学课网络资源情况解释度为 22.4%，在 0.001 显著性水平上，模型 1 回归效果显著（$F=726.616$，$p<0.001$）。在 0.001 显著性水平上，不同学校办学条件间有显著差异（$\beta=0.473$，$p<0.001$）。

模型 2：进入自变量——本校办学条件、小学班级数，所有变量对科学课网络资源情况解释度为 22.9%，其中小学班级数的解释度为 0.5%。在 0.001 显著性水平上，模型 2 回归效果显著（$F=374.710$，$p<0.001$）。在 0.001 显著性水平上，不同学校办学条件间有显著差异（$\beta=0.457$，$p<0.001$）；不同小学班级数间有显著差异（$\beta=-0.076$，$p<0.001$）。

模型 3：进入自变量——本校办学条件、小学班级数、性别，所有变量对科学课网络资源情况解释度为 23.1%，其中性别的解释度为 0.2%。在 0.001 显著性水平上，模型 3 回归效果显著（$F=252.157$，$p<0.001$）。在 0.001 显著性水平上，不同学校办学条件间有显著差异（$\beta=0.458$，$p<0.001$）；不同小学班级数间有显著差异（$\beta=-0.071$，$p<0.001$）；在 0.05 显著性水平上，不同性别间有显著差异（$\beta=-0.042$，$p<0.05$）。

二、科学课网络资源情况与社会参与回归分析

结合前面所做的相关性分析结果，采用逐步回归法对科学课网络资源情况与社会参与进行回归分析来确定其相关显著性。以科学课网络资源情况作为因变量，将社会参与作为自变量进行多元回归分析，统计结果见表 7-10。

表 7-10 科学课网络资源情况与社会参与回归分析

模型		非标准化系数		标准系数	t	F	R^2	R^2 更改
		B	标准误差	试用版				
1	（常量）	1.393	0.065		21.454②	550.829②	0.179	0.179
	科学教师获得进修培训机会	0.435	0.019	0.423	23.470②			
2	（常量）	0.799	0.079		10.162②	372.120②	0.228	0.049
	科学教师获得进修培训机会	0.326	0.020	0.317	16.343②			
	科学课获得外界支助的教学经费	0.233	0.018	0.245	12.606②			
3	（常量）	0.750	0.079		9.499②	258.131②	0.235	0.007
	科学教师获得进修培训机会	0.254	0.025	0.247	10.199②			
	科学课获得外界支助的教学经费	0.199	0.020	0.209	10.066②			
	科学教师获得外界专业指导	0.118	0.024	0.125	4.848②			
4	（常量）	0.663	0.083		7.982②	197.105②	0.238	0.003
	科学教师获得进修培训机会	0.254	0.025	0.247	10.246②			
	科学课获得外界支助的教学经费	0.161	0.023	0.170	7.123②			
	科学教师获得外界专业指导	0.091	0.026	0.097	3.554②			
	科学教学场所设在校外	0.081	0.024	0.082	3.311①			

注：因变量：科学课网络资源情况。

模型 1：预测变量：（常量），科学教师获得进修培训机会。

模型 2：预测变量：（常量），科学教师获得进修培训机会，科学课获得外界支助的教学经费。

模型 3：预测变量：（常量），科学教师获得进修培训机会，科学课获得外界支助的教学经费，科学教师获得外界专业指导。

模型 4：预测变量：（常量），科学教师获得进修培训机会，科学课获得外界支助的教学经费，科学教师获得外界专业指导，科学教学场所设在校外。

① $p<0.01$；

② $p<0.001$。

模型 1：进入自变量——科学教师获得进修培训机会，此变量对科学课网络资源情况解释度为 17.9%，在 0.001 显著性水平上，模型 1 回归效果显著（$F=550.829$，$p<0.001$）。在 0.001 显著性水平上，不同科学教师获得进修培训机会间有显著差异（$\beta=0.423$，$p<0.001$）。

模型 2：进入自变量——科学教师获得进修培训机会、科学课获得外界支助的教学经费。所有变量对科学课网络资源情况解释度为 22.8%，其中科学课获得外界支助的教学经费的解释度为 4.9%。在 0.001 显著性水平上，模型 2 回归效果显著（$F=372.120$，$p<0.001$）。在 0.001 显著性水平上，不同科学教师获得进修培训机会间有显著差异（$\beta=0.317$，$p<0.001$）；不同科学课获得外界支助的教学经费间有显著差异（$\beta=0.245$，$p<0.001$）。

模型 3：进入自变量——科学教师获得进修培训机会、科学课获得外界支助的教学经费、科学教师获得外界专业指导。所有变量对科学课网络资源情况解释度为 23.5%，其中科学教师获得外界专业指导的解释度为 0.7%。在 0.001 显著性水平上，模型 3 回归效果显著（$F=258.131$，$p<0.001$）。在 0.001 显著性水平上，不同科学教师获得进修培训机会间有显著差异（$\beta=0.247$，$p<0.001$）；不同科学课获得外界支助的教学经费间有显著差异（$\beta=0.209$，$p<0.001$）；不同科学教师获得外界专业指导间有显著差异（$\beta=0.125$，$p<0.001$）。

模型 4：进入自变量——科学教师获得进修培训机会、科学课获得外界支助的教学经费、科学教师获得外界专业指导、科学教学场所设在校外。所有变量对科学课网络资源情况解释度为 23.8%，其中科学教学场所设在校外的解释度为 0.3%。在 0.001 显著性水平上，模型 4 回归效果显著（$F=197.105$，$p<0.001$）。在 0.001 显著性水平上，不同科学教师获得进修培训机会间有显著差异（$\beta=0.247$，$p<0.001$）；不同科学课获得外界支助的教学经费间有显著差异（$\beta=0.170$，$p<0.001$）；不同科学教师获得外界专业指导间有显著差异（$\beta=0.097$，$p<0.001$）；在 0.01 显著性水平上，不同科学教学场所设在校外间有显著差异（$\beta=0.082$，$p<0.01$）。

三、科学课网络资源情况与课程实施质量监控回归分析

结合前面所做的相关性分析结果，采用逐步回归法对科学课网络资源情况与课程实施质量监控进行回归分析来确定其相关显著性。以科学课网络资源情况作为因变量，将课程实施质量监控作为自变量进行多元回归分析，统计结果见表 7-11。

模型 1：进入自变量——学校对科学教学质量评价，此变量对科学课网络资源情况解释度为 21.3%，在 0.001 显著性水平上，模型 1 回归效果显著（$F=682.828$，$p<0.001$）。在 0.001 显著性水平上，不同学校对科学教学质量评价间有显著差异（$\beta=0.462$，$p<0.001$）。

表 7-11 科学课网络资源情况与课程实施质量监控回归分析

模型		非标准化系数		标准系数	t	F	R^2	R^2 更改
		B	标准误差	试用版				
1	（常量）	1.816	0.044		41.638①	682.828①	0.213	0.213
	学校对科学教学质量评价	0.363	0.014	0.462	26.131①			
2	（常量）	1.709	0.045		37.767①	378.964①	0.231	0.018
	学校对科学教学质量评价	0.259	0.019	0.330	13.477①			
	地区相关部分检查科学教学质量	0.151	0.020	0.188	7.701①			

注：因变量：科学课网络资源情况。

模型 1：预测变量：（常量），学校对科学教学质量评价。

模型 2：预测变量：（常量），学校对科学教学质量评价，地区相关部分检查科学教学质量。

① $p<0.001$。

模型 2：进入自变量——学校对科学教学质量评价、地区相关部分检查科学教学质量。所有变量对科学课网络资源情况解释度为 23.1%，其中地区相关部分检查科学教学质量的解释度为 1.8%。在 0.001 显著性水平上，模型 2 回归效果显著（$F=378.964$，$p<0.001$）。在 0.001 显著性水平上，不同学校对科学教学质量评价间有显著差异（$\beta=0.330$，$p<0.001$）；不同学校地区相关部分检查科学教学质量间有显著差异（$\beta=0.188$，$p<0.001$）。

四、科学课网络资源情况与科学教育实施效果回归分析

结合前面所做的相关性分析结果，采用逐步回归法对科学课网络资源情况与科学教育实施效果进行回归分析来确定其相关显著性。以科学课网络资源情况作为因变量，将科学教育实施效果作为自变量进行多元回归分析，统计结果见表 7-12。

表 7-12 科学课网络资源情况与科学教育实施效果回归分析

模型		非标准化系数		标准系数	t	F	R^2	R^2 更改
		B	标准误差	试用版				
1	（常量）	1.560	0.048		32.467①	835.909①	0.249	0.249
	学校科学课程开设效果	0.548	0.019	0.499	28.912①			

续表 7-12

模型		非标准化系数 B	非标准化系数 标准误差	标准系数 试用版	t	F	R^2	R^2 更改
2	（常量）	0.808	0.062		13.113①	633.100①	0.334	0.085
	学校科学课程开设效果	0.407	0.020	0.370	20.831①			
	校园内开设科技角科技园	0.292	0.016	0.319	17.983①			
3	（常量）	0.630	0.065		9.657①	451.575①	0.350	0.015
	学校科学课程开设效果	0.371	0.020	0.338	18.728①			
	校园内开设科技角科技园	0.194	0.020	0.212	9.478①			
	开展科学相关交流活动	0.175	0.023	0.175	7.698①			
4	（常量）	0.583	0.065		8.914①	349.933①	0.357	0.008
	学校科学课程开设效果	0.339	0.021	0.308	16.438①			
	校园内开设科技角科技园	0.190	0.020	0.208	9.311①			
	开展科学相关交流活动	0.167	0.023	0.167	7.362①			
	学校 1～2 年级每周不少于 1 学时	0.075	0.014	0.094	5.442①			

注：因变量：科学课网络资源情况。

模型 1：预测变量：（常量），学校科学课程开设效果。

模型 2：预测变量：（常量），学校科学课程开设效果，校园内开设科技角科技园。

模型 3：预测变量：（常量），学校科学课程开设效果，校园内开设科技角科技园，开展科学相关交流活动。

模型 4：预测变量：（常量），学校科学课程开设效果，校园内开设科技角科技园，开展科学相关交流活动，学校 1～2 年级每周不少于 1 学时。

① $p<0.001$。

模型1：进入自变量——学校科学课程开设效果，此变量对科学课网络资源情况解释度为24.9%，在0.001显著性水平上，模型1回归效果显著（$F=835.909$，$p<0.001$）。在0.001显著性水平上，不同学校科学课程开设效果间有显著差异（$\beta=0.499$，$p<0.001$）。

模型2：进入自变量——学校科学课程开设效果、校园内开设科技角科技园，所有变量对科学课网络资源情况解释度为33.4%，其中校园内开设科技角科技园的解释度为8.5%。在0.001显著性水平上，模型2回归效果显著（$F=633.100$，$p<0.001$）。在0.001显著性水平上，不同学校科学课程开设效果间有显著差异（$\beta=0.370$，$p<0.001$）；不同校园内开设科技角科技园间有显著差异（$\beta=0.319$，$p<0.001$）。

模型3：进入自变量——学校科学课程开设效果、校园内开设科技角科技园、开展科学相关交流活动，所有变量对科学课网络资源情况解释度为35.0%，其中开展科学相关交流活动的解释度为1.5%。在0.001显著性水平上，模型3回归效果显著（$F=451.575$，$p<0.001$）。在0.001显著性水平上，不同学校科学课程开设效果间有显著差异（$\beta=0.338$，$p<0.001$）；不同校园内开设科技角科技园间有显著差异（$\beta=0.212$，$p<0.001$）；不同开展科学相关交流活动间有显著差异（$\beta=0.175$，$p<0.001$）。

模型4：进入自变量——学校科学课程开设效果、校园内开设科技角科技园、开展科学相关交流活动、学校1~2年级每周不少于1学时，所有变量对科学课网络资源情况解释度为35.7%，其中学校1~2年级每周不少于1学时的解释度为0.8%。在0.001显著性水平上，模型4回归效果显著（$F=349.933$，$p<0.001$）。在0.001显著性水平上，不同学校科学课程开设效果间有显著差异（$\beta=0.308$，$p<0.001$）；不同校园内开设科技角科技园间有显著差异（$\beta=0.208$，$p<0.001$）；不同开展科学相关交流活动间有显著差异（$\beta=0.167$，$p<0.001$）；不同学校1~2年级每周不少于1学时间有显著差异（$\beta=0.094$，$p<0.001$）。

五、本节小结

科学课网络资源情况主要受本校办学条件、小学班级数、性别、科学教师获得进修培训机会、科学课获得外界支助的教学经费、科学教师获得外界专业指导、科学教学场所设在校外、学校对科学教学质量评价、地区相关部分检查科学教学质量、学校科学课程开设效果、校园内开设科技角科技园、开展科学相关交流活动、学校1~2年级每周不少于1学时影响。这些因素对科学课网络资源情况解释力不同，其中解释力最大的是学校科学课程开设效果。

就基本条件而言，本校办学条件解释度为22.4%，小学班级数的解释度为

0.5%，性别的解释度为0.2%。就社会参与而言，科学教师获得进修培训机会解释度为17.9%，科学课获得外界支助的教学经费的解释度为4.9%，科学教师获得外界专业指导的解释度为0.7%，科学教学场所设在校外的解释度为0.3%。就课程实施质量监控而言，学校对科学教学质量评价解释度为21.3%，地区相关部分检查科学教学质量的解释度为1.8%。就科学教育实施效果而言，学校科学课程开设效果解释度为24.9%，校园内开设科技角科技园的解释度为8.5%，开展科学相关交流活动的解释度为1.5%，学校1~2年级每周不少于1学时的解释度为0.8%。

第八章　农村学校科学教育人力资源受哪些因素影响？

学校中的人力资源是学校运行的核心和重要因素，直接关系到教育教学质量。人力资源在农村学校的问题不外乎两个方面，一是师资数量，即在农村学校中是否有充足教师从事科学教育教学，具备足够师资才能够把课标的开设要求实现，开满开足不同学段的科学课程。二是教师质量，即在农村学校中是否有专业、专职科学师资，农村学校专业专职科学师资是保证教育教学质量的最重要的条件。但是从人力资源的现实情况来看，农村学校在这方面的情况非常不理想。这种情况到底是受什么因素影响导致，这些因素中哪些因素影响程度较大，哪些影响程度影响较小？可以通过回归分析进行探讨。

第一节　科学课教师数量影响因素

一、科学课教师数量情况与基本条件回归分析

结合前面所做的相关性分析结果，采用逐步回归法对科学课教师数量情况与基本条件进行回归分析来确定其相关显著性。以科学课教师数量情况作为因变量，将基本条件作为自变量进行多元回归分析，统计结果见表8-1。

表8-1　科学课教师数量情况与基本条件回归分析

模型		非标准化系数		标准系数	t	F	R^2	R^2 更改
		B	标准误差	试用版				
1	（常量）	3.711	0.042		87.749②	702.686②	0.218	0.218
	小学班级数	−0.620	0.023	−0.467	−26.508②			
2	（常量）	3.302	0.076		43.513②	378.033②	0.231	0.013
	小学班级数	−0.588	0.024	−0.443	−24.809②			
	本校办学条件	0.140	0.022	0.116	6.478②			

续表 8-1

模型		非标准化系数		标准系数	t	F	R^2	R^2 更改
		B	标准误差	试用版				
3	（常量）	3.136	0.096		32.808②	255.453②	0.233	0.002
	小学班级数	-0.587	0.024	-0.442	-24.794②			
	本校办学条件	0.146	0.022	0.120	6.708②			
	教龄	0.056	0.020	0.050	2.85①			

注：因变量：科学课教师数量。

模型 1：预测变量：（常量），小学班级数。

模型 2：预测变量：（常量），小学班级数，本校办学条件。

模型 3：预测变量：（常量），小学班级数，本校办学条件，教龄。

① $p<0.01$；

② $p<0.001$。

模型 1：进入自变量——小学班级数，此变量对科学课教师数量情况解释度为 21.8%，在 0.001 显著性水平上，模型 1 回归效果显著（$F=702.686$，$p<0.001$）。在 0.001 显著性水平上，不同小学班级数的学校间有显著差异（$\beta=-0.467$，$p<0.001$）。

模型 2：进一步进入自变量——小学班级数、本校办学条件，所有变量对科学课教师数量情况解释度 23.1%，其中本校办学条件的解释度为 1.3%。在 0.001 显著性水平上，模型 2 回归效果显著（$F=378.033$，$p<0.001$）。在 0.001 显著性水平上，不同小学班级数的学校间有显著差异（$\beta=-0.443$，$p<0.001$）；不同本校办学条件间有显著差异（$\beta=0.116$，$p<0.001$）。

模型 3：进一步进入自变量——小学班级数、本校办学条件、教龄，所有变量对科学课教师数量情况解释度 23.3%，其中教龄的解释度为 0.2%。在 0.001 显著性水平上，模型 3 回归效果显著（$F=255.453$，$p<0.001$）。在 0.001 显著性水平上，不同小学班级数的学校间有显著差异（$\beta=-0.442$，$p<0.001$）；不同本校办学条件间有显著差异（$\beta=0.120$，$p<0.001$）；不同教龄间有显著差异（$\beta=0.050$，$p<0.01$）。

二、科学课教师数量情况与社会参与回归分析

结合前面所做的相关性分析结果，采用逐步回归法对科学课教师数量情况与社会参与进行回归分析来确定其相关显著性。以科学课教师数量情况作为因变量，将社会参与作为自变量进行多元回归分析，统计结果见表 8-2。

表 8-2　科学课教师数量情况与社会参与回归分析

模型		非标准化系数		标准系数	t	F	R^2	R^2 更改
		B	标准误差	试用版				
1	（常量）	1.748	0.087		20.167①	132.625①	0.050	0.050
	科学课获得外界支助的教学经费	0.235	0.020	0.224	11.516①			
2	（常量）	1.470	0.095		15.408①	90.150①	0.067	0.017
	科学课获得外界支助的教学经费	0.169	0.022	0.161	7.553①			
	科学教师获得进修培训机会	0.163	0.024	0.144	6.734①			

注：因变量：科学课教师数量。

模型 1：预测变量：（常量），科学课获得外界支助的教学经费。

模型 2：预测变量：（常量），科学课获得外界支助的教学经费，科学教师获得进修培训机会。

① $p<0.001$。

模型 1：进入自变量——科学课获得外界支助的教学经费，此变量对科学课教师数量情况解释度为 5.0%，在 0.001 显著性水平上，模型 1 回归效果显著（$F=132.625$，$p<0.001$）。在 0.001 显著性水平上，不同科学课获得外界支助的教学经费间有显著差异（$\beta=0.224$，$p<0.001$）。

模型 2：进一步进入自变量——科学课获得外界支助的教学经费、科学教师获得进修培训机会，所有变量对科学课教师数量情况解释度 6.7%，其中科学教师获得进修培训机会的解释度为 1.7%。在 0.001 显著性水平上，模型 2 回归效果显著（$F=90.150$，$p<0.001$）。在 0.001 显著性水平上，不同科学课获得外界支助的教学经费间有显著差异（$\beta=0.161$，$p<0.001$）；不同科学教师获得进修培训机会间有显著差异（$\beta=0.144$，$p<0.001$）。

三、科学课教师数量情况与课程实施质量监控回归分析

结合前面所做的相关性分析结果，采用逐步回归法对科学课教师数量情况与课程实施质量监控进行回归分析来确定其相关显著性。以科学课教师数量情况作为因变量，将课程实施质量监控作为自变量进行多元回归分析，统计结果见表 8-3。

表 8-3　科学课教师数量情况与课程实施质量监控回归分析

模型		非标准化系数		标准系数	t	F	R^2	R^2 更改
		B	标准误差	试用版				
1	（常量）	1.888	0.051		36.929①	313.610①	0.111	0.111
	学校对科学教学质量评价	0.288	0.016	0.333	17.709①			
2	（常量）	1.809	0.053		33.852①	169.970①	0.119	0.008
	学校对科学教学质量评价	0.211	0.023	0.244	9.303①			
	地区相关部分检查科学教学质量	0.113	0.023	0.127	4.851①			

注：因变量：科学课教师数量

模型 1：预测变量：（常量），学校对科学教学质量评价。

模型 2：预测变量：（常量），学校对科学教学质量评价，地区相关部分检查科学教学质量。

① $p<0.001$。

模型 1：进入自变量——学校对科学教学质量评价，此变量对科学课教师数量情况解释度为 11.1%，在 0.001 显著性水平上，模型 1 回归效果显著（$F=313.610$，$p<0.001$）。在 0.001 显著性水平上，不同学校对科学教学质量评价间有显著差异（$\beta=0.333$，$p<0.001$）。

模型 2：进一步进入自变量——学校对科学教学质量评价，地区相关部分检查科学教学质量，所有变量对科学课教师数量情况解释度 11.9%，其中地区相关部分检查科学教学质量的解释度为 0.8%。在 0.001 显著性水平上，模型 2 回归效果显著（$F=169.970$，$p<0.001$）。在 0.001 显著性水平上，不同学校对科学教学质量评价间有显著差异（$\beta=0.244$，$p<0.001$）；不同地区相关部分检查科学教学质量间有显著差异（$\beta=0.127$，$p<0.001$）。

四、科学课教师数量情况与科学教育实施效果回归分析

结合前面所做的相关性分析结果，采用逐步回归法对科学课教师数量情况与科学教育实施效果进行回归分析来确定其相关显著性。以科学课教师数量情况作为因变量，将科学教育实施效果作为自变量进行多元回归分析，统计结果见表 8-4。

表 8-4 科学课教师数量情况与科学教育实施效果回归分析

模型		非标准化系数		标准系数	t	F	R^2	R^2 更改
		B	标准误差	试用版				
1	（常量）	1.857	0.058		31.814③	249.031③	0.090	0.090
	学校科学课程开设效果	0.363	0.023	0.300	15.781③			
2	（常量）	1.370	0.081		17.001③	165.426③	0.116	0.026
	学校科学课程开设效果	0.270	0.025	0.223	10.731③			
	开展科学相关交流活动	0.198	0.023	0.179	8.634③			
3	（常量）	1.303	0.081		16.040③	119.686③	0.125	0.009
	学校科学课程开设效果	0.215	0.027	0.177	7.867③			
	开展科学相关交流活动	0.198	0.023	0.179	8.668③			
	学校 3~6 年级每周不少于 2 学时	0.107	0.021	0.104	5.005③			
4	（常量）	1.284	0.081		15.781③	92.197③	0.128	0.003
	学校科学课程开设效果	0.206	0.027	0.170	7.502③			
	开展科学相关交流活动	0.189	0.023	0.171	8.227③			
	学校 3~6 年级每周不少于 2 学时	0.074	0.024	0.071	3.037②			
	学校 1~2 年级每周不少于 1 学时	0.059	0.020	0.067	2.939②			
5	（常量）	1.230	0.084		14.559③	75.043③	0.130	0.002
	学校科学课程开设效果	0.196	0.028	0.162	7.068③			
	开展科学相关交流活动	0.146	0.029	0.132	5.020③			

续表 8-4

模型		非标准化系数		标准系数	t	F	R^2	R^2 更改
		B	标准误差	试用版				
5	学校 3～6 年级每周不少于 2 学时	0.075	0.024	0.073	3.118②	75.043③	0.130	0.002
	学校 1～2 年级每周不少于 1 学时	0.056	0.020	0.065	2.818②			
	校园内开设科技角科技园	0.063	0.026	0.062	2.395①			

注：因变量：科学课教师数量。

模型 1：预测变量：(常量)，学校科学课程开设效果。

模型 2：预测变量：(常量)，学校科学课程开设效果，开展科学相关交流活动。

模型 3：预测变量：(常量)，学校科学课程开设效果，开展科学相关交流活动，学校 3～6 年级每周不少于 2 学时。

模型 4：预测变量：(常量)，学校科学课程开设效果，开展科学相关交流活动，学校 3～6 年级每周不少于 2 学时，学校 1～2 年级每周不少于 1 学时。

模型 5：预测变量：(常量)，学校科学课程开设效果，开展科学相关交流活动，学校 3～6 年级每周不少于 2 学时，学校 1～2 年级每周不少于 1 学时，校园内开设科技角科技园。

① $p<0.05$；

② $p<0.01$；

③ $p<0.001$。

模型 1：进入自变量——学校科学课程开设效果，此变量对科学课教师数量情况解释度为 9.0%，在 0.001 显著性水平上，模型 1 回归效果显著（$F=249.031$，$p<0.001$）。在 0.001 显著性水平上，不同学校科学课程开设效果间有显著差异（$\beta=0.300$，$p<0.001$）。

模型 2：进一步进入自变量——学校科学课程开设效果，开展科学相关交流活动，所有变量对科学课教师数量情况解释度为 11.6%，其中开展科学相关交流活动的解释度为 2.6%。在 0.001 显著性水平上，模型 2 回归效果显著（$F=165.426$，$p<0.001$）。在 0.001 显著性水平上，不同学校科学课程开设效果间有显著差异（$\beta=0.223$，$p<0.001$）；不同开展科学相关交流活动间有显著差异（$\beta=0.179$，$p<0.001$）。

模型 3：进一步进入自变量——学校科学课程开设效果，开展科学相关交流活动、学校 3～6 年级每周不少于 2 学时，所有变量对科学课教师数量情况解释度为 12.5%，其中学校 3～6 年级每周不少于 2 学时的解释度为 0.9%。在 0.001 显著性水平上，模型 3 回归效果显著（$F=119.686$，$p<0.001$）。在 0.001 显著

性水平上，不同学校科学课程开设效果间有显著差异（$\beta=0.177$，$p<0.001$）；不同开展科学相关交流活动间有显著差异（$\beta=0.179$，$p<0.001$）；不同学校3~6年级每周不少于2学时间有显著差异（$\beta=0.104$，$p<0.001$）。

模型4：进一步进入自变量——学校科学课程开设效果，开展科学相关交流活动、学校3~6年级每周不少于2学时、学校1~2年级每周不少于1学时，所有变量对科学课教师数量情况解释度为12.8%，其中学校1~2年级每周不少于1学时的解释度为0.3%。在0.001显著性水平上，模型4回归效果显著（$F=92.197$，$p<0.001$）。在0.001显著性水平上，不同学校科学课程开设效果间有显著差异（$\beta=0.170$，$p<0.001$）；不同开展科学相关交流活动间有显著差异（$\beta=0.171$，$p<0.001$）；在0.01显著性水平上，不同学校3~6年级每周不少于2学时间有显著差异（$\beta=0.071$，$p<0.001$）；不同学校1~2年级每周不少于1学时间有显著差异（$\beta=0.067$，$p<0.001$）。

模型5：进一步进入自变量——学校科学课程开设效果，开展科学相关交流活动、学校3~6年级每周不少于2学时、学校1~2年级每周不少于1学时、校园内开设科技角科技园，所有变量对科学课教师数量情况解释度为13.0%，其中校园内开设科技角科技园的解释度为0.2%。在0.001显著性水平上，模型5回归效果显著（$F=75.043$，$p<0.001$）。在0.001显著性水平上，不同学校科学课程开设效果间有显著差异（$\beta=0.162$，$p<0.001$）；不同开展科学相关交流活动间有显著差异（$\beta=0.132$，$p<0.001$）；在0.01显著性水平上，不同学校3~6年级每周不少于2学时间有显著差异（$\beta=0.073$，$p<0.001$）；不同学校1~2年级每周不少于1学时间有显著差异（$\beta=0.065$，$p<0.001$）；在0.05显著性水平上，不同校园内开设科技角科技园间有显著差异（$\beta=0.062$，$p<0.001$）。

五、本节小结

科学课教师数量情况主要受小学班级数、本校办学条件、科学课获得外界支助的教学经费、科学教师获得进修培训机会、学校对科学教学质量评价、地区相关部分检查科学教学质量、学校科学课程开设效果、开展科学相关交流活动、学校3~6年级每周不少于2学时、学校1~2年级每周不少于1学时、校园内开设科技角科技园影响。这些因素对科学课教师数量情况的解释力不同，其中解释力最大的是小学班级数。

就基本条件而言，小学班级数解释度为21.8%，本校办学条件的解释度为1.3%，教龄的解释度为0.2%。就社会参与而言，科学课获得外界支助的教学经费解释度为5.0%，科学教师获得进修培训机会的解释度为1.7%。就课程实施质量监控而言，学校对科学教学质量评价解释度为11.1%，地区相关部分检查科学教学质量的解释度为0.8%。就科学教育实施效果而言，学校科学课程开设效果解释度为9.0%，开展科学相关交流活动的解释度为2.6%，学校3～6年级每周不少于2学时的解释度为0.9%，学校1～2年级每周不少于1学时的解释度为0.3%，校园内开设科技角科技园的解释度为0.2%。

第二节　教师属于科班出身影响因素

一、教师属于科班出身情况与基本条件回归分析

结合前面所做的相关性分析结果，采用逐步回归法对教师属于科班出身情况与基本条件进行回归分析来确定其相关显著性。以教师属于科班出身情况作为因变量，将基本条件作为自变量进行多元回归分析，统计结果见表8-5。

表8-5　教师属于科班出身情况与基本条件回归分析

模型		非标准化系数		标准系数	t	F	R^2	R^2 更改
		B	标准误差	试用版				
1	（常量）	3.274	0.074		44.226③	144.944③	0.054	0.054
	本校办学条件	0.329	0.027	0.233	12.039③			
2	（常量）	3.572	0.097		36.728③	84.167③	0.063	0.008
	本校办学条件	0.302	0.028	0.214	10.857③			
	小学班级数	-0.143	0.030	-0.093	-4.709③			
3	（常量）	4.003	0.172		23.294③	59.365③	0.066	0.003
	本校办学条件	0.306	0.028	0.217	11.008③			
	小学班级数	-0.140	0.030	-0.091	-4.624③			
	身份	-0.236	0.078	-0.059	-3.035②			
4	（常量）	3.779	0.201		18.789③	45.724③	0.068	0.002
	本校办学条件	0.303	0.028	0.215	10.896③			
	小学班级数	-0.147	0.030	-0.095	-4.821③			
	身份	-0.233	0.078	-0.058	-2.994②			
	学校类型	0.131	0.061	0.041	2.133①			

注：因变量：教师属于科班出身。

模型1：预测变量：（常量），本校办学条件。

模型2：预测变量：（常量），本校办学条件，小学班级数。

模型3：预测变量：（常量），本校办学条件，小学班级数，身份。

模型4：预测变量：（常量），本校办学条件，小学班级数，身份，学校类型。

① $p<0.05$；

② $p<0.01$；

③ $p<0.001$。

模型1：进入自变量——本校办学条件，此变量对教师属于科班出身情况解释度为5.4%，在0.001显著性水平上，模型1回归效果显著（$F=144.944$，$p<0.001$）。在0.001显著性水平上，不同办学条件间有显著差异（$\beta=0.233$，$p<0.001$）。

模型2：进入自变量——本校办学条件、小学班级数，所有变量对教师属于科班出身情况解释度为6.3%，其中小学班级数的解释度为0.8%。在0.001显著性水平上，模型2回归效果显著（$F=84.167$，$p<0.001$）。在0.001显著性水平上，不同办学条件间有显著差异（$\beta=0.214$，$p<0.001$）；不同小学班级数间有显著差异（$\beta=-0.093$，$p<0.001$）。

模型3：进入自变量——本校办学条件、小学班级数、身份，所有变量对教师属于科班出身情况解释度为6.6%，其中身份的解释度为0.3%。在0.001显著性水平上，模型3回归效果显著（$F=59.365$，$p<0.001$）。在0.001显著性水平上，不同办学条件间有显著差异（$\beta=0.217$，$p<0.001$）；不同小学班级数间有显著差异（$\beta=-0.091$，$p<0.001$）；不同身份间有显著差异（$\beta=-0.059$，$p<0.01$）。

模型4：进入自变量——本校办学条件、小学班级数、身份、学校类型，所有变量对教师属于科班出身情况解释度为6.8%，其中学校类型的解释度为0.2%。在0.001显著性水平上，模型4回归效果显著（$F=45.724$，$p<0.001$）。在0.001显著性水平上，不同办学条件间有显著差异（$\beta=0.215$，$p<0.001$）；不同小学班级数间有显著差异（$\beta=-0.095$，$p<0.001$）；在0.01显著性水平上，不同身份间有显著差异（$\beta=-0.058$，$p<0.01$）；在0.05显著性水平上，不同学校类型间有显著差异（$\beta=0.041$，$p<0.05$）。

二、教师属于科班出身情况与社会参与回归分析

结合前面所做的相关性分析结果，采用逐步回归法对教师属于科班出身情况与社会参与进行回归分析来确定其相关显著性。以教师属于科班出身情况作为因变量，将社会参与作为自变量进行多元回归分析，统计结果见表8-6。

表8-6 教师属于科班出身情况与社会参与回归分析

模型		非标准化系数		标准系数	t	F	R^2	R^2 更改
		B	标准误差	试用版				
1	（常量）	1.954	0.104		18.829①	456.575①	0.153	0.153
	志愿者作为科学教学辅导员	0.498	0.023	0.392	21.368①			

续表 8-6

模型		非标准化系数		标准系数	t	F	R^2	R^2 更改
		B	标准误差	试用版				
2	（常量）	1.614	0.106		15.247①			
	志愿者作为科学教学辅导员	0.332	0.027	0.261	12.186①	301.076①	0.193	0.040
	科学教师获得外界专业指导	0.286	0.026	0.238	11.109①			
3	（常量）	1.493	0.108		13.876①			
	志愿者作为科学教学辅导员	0.306	0.028	0.240	11.120①			
	科学教师获得外界专业指导	0.187	0.031	0.155	5.947①	212.895①	0.202	0.009
	科学教师获得进修培训机会	0.179	0.033	0.136	5.448①			
4	（常量）	1.326	0.111		11.950①			
	志愿者作为科学教学辅导员	0.219	0.031	0.172	6.958①			
	科学教师获得外界专业指导	0.126	0.033	0.104	3.790①	169.417①	0.212	0.010
	科学教师获得进修培训机会	0.188	0.033	0.143	5.738①			
	科学教学场所设在校外	0.177	0.032	0.142	5.595①			

注：因变量：教师属于科班出身。

模型 1：预测变量：（常量），志愿者作为科学教学辅导员。

模型 2：预测变量：（常量），志愿者作为科学教学辅导员，科学教师获得外界专业指导。

模型 3：预测变量：（常量），志愿者作为科学教学辅导员，科学教师获得外界专业指导，科学教师获得进修培训机会。

模型 4：预测变量：（常量），志愿者作为科学教学辅导员，科学教师获得外界专业指导，科学教师获得进修培训机会，科学教学场所设在校外。

① $p < 0.001$。

模型1：进入自变量——志愿者作为科学教学辅导员，此变量对教师属于科班出身情况解释度为15.3%，在0.001显著性水平上，模型1回归效果显著（$F=456.575$，$p<0.001$）。在0.001显著性水平上，不同志愿者作为科学教学辅导员间有显著差异（$\beta=0.392$，$p<0.001$）。

模型2：进入自变量——志愿者作为科学教学辅导员、科学教师获得外界专业指导，所有变量对教师属于科班出身情况解释度为19.3%，其中科学教师获得外界专业指导的解释度为4.0%。在0.001显著性水平上，模型2回归效果显著（$F=301.076$，$p<0.001$）。在0.001显著性水平上，不同志愿者作为科学教学辅导员间有显著差异（$\beta=0.261$，$p<0.001$）。不同科学教师获得外界专业指导间有显著差异（$\beta=0.238$，$p<0.001$）。

模型3：进入自变量——志愿者作为科学教学辅导员、科学教师获得外界专业指导、科学教师获得进修培训机会，所有变量对教师属于科班出身情况解释度为20.2%，其中科学教师获得进修培训机会的解释度为0.9%。在0.001显著性水平上，模型3回归效果显著（$F=212.895$，$p<0.001$）。在0.001显著性水平上，不同志愿者作为科学教学辅导员间有显著差异（$\beta=0.240$，$p<0.001$）。不同科学教师获得外界专业指导间有显著差异（$\beta=0.155$，$p<0.001$）；不同科学教师获得进修培训机会间有显著差异（$\beta=0.136$，$p<0.001$）。

模型4：进入自变量——志愿者作为科学教学辅导员、科学教师获得外界专业指导、科学教师获得进修培训机会、科学教学场所设在校外，所有变量对教师属于科班出身情况解释度为21.2%，其中科学教学场所设在校外的解释度为1.0%。在0.001显著性水平上，模型4回归效果显著（$F=169.417$，$p<0.001$）。在0.001显著性水平上，不同志愿者作为科学教学辅导员间有显著差异（$\beta=0.172$，$p<0.001$）。不同科学教师获得外界专业指导间有显著差异（$\beta=0.104$，$p<0.001$）；不同科学教师获得进修培训机会间有显著差异（$\beta=0.143$，$p<0.001$）；不同科学教学场所设在校外间有显著差异（$\beta=0.142$，$p<0.001$）

三、教师属于科班出身情况与课程实施质量监控回归分析

结合前面所做的相关性分析结果，采用逐步回归法对教师属于科班出身情况与课程实施质量监控进行回归分析来确定其相关显著性。以教师属于科班出身情况作为因变量，将课程实施质量监控作为自变量进行多元回归分析，统计结果见表8-7。

模型1：进入自变量——学校对科学教学质量评价，此变量对教师属于科班出身情况解释度为10.1%，在0.001显著性水平上，模型1回归效果显著（$F=283.315$，$p<0.001$）。在0.001显著性水平上，不同学校对科学教学质量评价间有显著差异（$\beta=0.318$，$p<0.001$）。

表 8-7 教师属于科班出身情况与课程实施质量监控回归分析

模型		非标准化系数		标准系数	t	F	R^2	R^2 更改
		B	标准误差	试用版				
1	(常量)	3.195	0.060		53.522②	283.315②	0.101	0.101
	学校对科学教学质量评价	0.320	0.019	0.318	16.832②			
2	(常量)	3.137	0.063		50.141②	146.646②	0.104	0.003
	学校对科学教学质量评价	0.264	0.027	0.262	9.927②			
	地区相关部分检查科学教学质量	0.082	0.027	0.080	3.012①			

注:因变量:教师属于科班出身。

模型 1:预测变量:(常量),学校对科学教学质量评价。

模型 2:预测变量:(常量),学校对科学教学质量评价,地区相关部分检查科学教学质量。

① $p<0.01$;

② $p<0.001$。

模型 2:进入自变量——学校对科学教学质量评价、地区相关部分检查科学教学质量,所有变量对教师属于科班出身情况解释度为 10.4%,其中地区相关部分检查科学教学质量的解释度为 0.3%。在 0.001 显著性水平上,模型 2 回归效果显著($F=146.646$,$p<0.001$)。在 0.001 显著性水平上,不同学校对科学教学质量评价间有显著差异($\beta=0.262$,$p<0.001$);不同地区相关部分检查科学教学质量间有显著差异($\beta=0.080$,$p<0.001$)。

四、教师属于科班出身情况与科学教育实施效果回归分析

结合前面所做的相关性分析结果,采用逐步回归法对教师属于科班出身情况与科学教育实施效果进行回归分析来确定其相关显著性。以教师属于科班出身情况作为因变量,将科学教育实施效果作为自变量进行多元回归分析,统计结果见表 8-8。

模型 1:进入自变量——开展科学相关交流活动,此变量对教师属于科班出身情况解释度为 15.8%,在 0.001 显著性水平上,模型 1 回归效果显著($F=474.769$,$p<0.001$)。在 0.001 显著性水平上,不同开展科学相关交流活动间有显著差异($\beta=0.398$,$p<0.001$)。

表 8-8 教师属于科班出身情况与科学教育实施效果回归分析

模型		非标准化系数		标准系数	t	F	R^2	R^2 更改
		B	标准误差	试用版				
1	（常量）	2. 286	0. 087		26. 266②	474. 769②	0. 158	0. 158
	开展科学相关交流活动	0. 511	0. 023	0. 398	21. 789②			
2	（常量）	2. 004	0. 091		22. 112②	290. 490②	0. 187	0. 029
	开展科学相关交流活动	0. 305	0. 032	0. 238	9. 621②			
	校园内开设科技角科技园	0. 273	0. 029	0. 234	9. 462②			
3	（常量）	1. 842	0. 092		19. 947②	215. 570②	0. 204	0. 017
	开展科学相关交流活动	0. 251	0. 032	0. 195	7. 770②			
	校园内开设科技角科技园	0. 238	0. 029	0. 204	8. 224②			
	学校科学课程开设效果	0. 206	0. 028	0. 146	7. 321②			
4	（常量）	1. 801	0. 093		19. 372②	165. 193②	0. 208	0. 004
	开展科学相关交流活动	0. 243	0. 032	0. 190	7. 545②			
	校园内开设科技角科技园	0. 235	0. 029	0. 201	8. 103②			
	学校科学课程开设效果	0. 177	0. 029	0. 126	6. 038②			
	学校 12 年级每周不少于 1 学时	0. 066	0. 020	0. 065	3. 375①			

注：因变量：教师属于科班出身。

模型 1：预测变量：（常量），开展科学相关交流活动。

模型 2：预测变量：（常量），开展科学相关交流活动，校园内开设科技角科技园。

模型 3：预测变量：（常量），开展科学相关交流活动，校园内开设科技角科技园，学校科学课程开设效果。

模型 4：预测变量：（常量），开展科学相关交流活动，校园内开设科技角科技园，学校科学课程开设效果，学校 12 年级每周不少于 1 学时。

① $p<0.01$；

② $p<0.001$。

模型2：进入自变量——开展科学相关交流活动、校园内开设科技角科技园，所有变量对教师属于科班出身情况解释度为18.7%，其中校园内开设科技角科技园的解释度为2.9%。在0.001显著性水平上，模型2回归效果显著（$F=290.490$，$p<0.001$）。在0.001显著性水平上，不同开展科学相关交流活动间有显著差异（$\beta=0.238$，$p<0.001$）；不同校园内开设科技角科技园间有显著差异（$\beta=0.234$，$p<0.001$）。

模型3：进入自变量——开展科学相关交流活动、校园内开设科技角科技园、学校科学课程开设效果，所有变量对教师属于科班出身情况解释度为20.4%，其中学校科学课程开设效果的解释度为1.7%。在0.001显著性水平上，模型3回归效果显著（$F=215.570$，$p<0.001$）。在0.001显著性水平上，不同开展科学相关交流活动间有显著差异（$\beta=0.195$，$p<0.001$）；不同校园内开设科技角科技园间有显著差异（$\beta=0.204$，$p<0.001$）；不同学校科学课程开设效果间有显著差异（$\beta=0.146$，$p<0.001$）。

模型4：进入自变量——开展科学相关交流活动、校园内开设科技角科技园、学校科学课程开设效果、学校12年级每周不少于1学时，所有变量对教师属于科班出身情况解释度为20.8%，其中学校12年级每周不少于1学时的解释度为0.4%。在0.001显著性水平上，模型4回归效果显著（$F=165.193$，$p<0.001$）。在0.001显著性水平上，不同开展科学相关交流活动间有显著差异（$\beta=0.190$，$p<0.001$）；不同校园内开设科技角科技园间有显著差异（$\beta=0.201$，$p<0.001$）；不同学校科学课程开设效果间有显著差异（$\beta=0.126$，$p<0.001$）；在0.01显著性水平上，不同学校12年级每周不少于1学时间有显著差异（$\beta=0.065$，$p<0.01$）。

五、本节小结

教师属于科班出身情况主要受本校办学条件、小学班级数、身份、学校类型、志愿者作为科学教学辅导员、科学教师获得外界专业指导、科学教师获得进修培训机会、科学教学场所设在校外、学校对科学教学质量评价、地区相关部分检查科学教学质量、开展科学相关交流活动、校园内开设科技角科技园、学校科学课程开设效果、学校12年级每周不少于1学时的影响。这些因素对教师属于科班出身情况解释力不同，其中，开展科学相关交流活动的解释力最大。

就基本条件而言，本校办学条件解释度为5.4%，小学班级数的解释度为0.8%，身份的解释度为0.3%，学校类型的解释度为0.2%。就社会参与而言，志愿者作为科学教学辅导员解释度为15.3%，科学教师获得外界专业指导的解释度为4.0%，科学教师获得进修培训机会的解释度为0.9%，科学教学场所设在校外的解释度为1.0%。就课程实施质量监控而言，学校对科学教学质量评价解释度为10.1%，地区相关部分检查科学教学质量的解释度为0.3%。就科学教育实施效果而言，开展科学相关交流活动解释度为15.8%，校园内开设科技角科技园的解释度为2.9%，学校科学课程开设效果的解释度为1.7%，学校12年级每周不少于1学时的解释度为0.4%。

第九章　农村学校科学教育实施效果受哪些因素影响？

农村学校科学教育实施效果是许多教育管理部门、社会、相关专家学者们比较关注的问题。本章从科学课标中对不同学段课程开设学时情况，科学相关活动，校园科技相关设置以及课程教学效果等方面进行分析农村学校科学教育实施效果如何。

第一节　学校 1～2 年级每周不少于 1 学时影响因素

一、学校 1～2 年级每周不少于 1 学时与基本条件回归分析

结合前面所做的相关性分析结果，采用逐步回归法对学校 1～2 年级每周不少于 1 学时与基本条件进行回归分析来确定其相关显著性。以学校 1～2 年级每周不少于 1 学时作为因变量，将基本条件作为自变量进行多元回归分析，统计结果见表 9-1。

表 9-1　学校 1～2 年级每周不少于 1 学时与基本条件回归分析

模型		非标准化系数		标准系数	t	F	R^2	R^2 更改
		B	标准误差	试用版				
1	（常量）	1.381	0.073		18.985③	167.076③	0.062	0.062
	本校办学条件	0.347	0.027	0.249	12.926③			
2	（常量）	0.744	0.159		4.683③	94.327③	0.070	0.007
	本校办学条件	0.342	0.027	0.246	12.769③			
	身份	0.345	0.077	0.087	4.505③			
3	（常量）	0.400	0.183		2.184①	67.877③	0.075	0.005
	本校办学条件	0.350	0.027	0.252	13.079③			
	身份	0.364	0.076	0.091	4.754③			
	年龄	0.102	0.027	0.072	3.742③			

续表 9-1

模型		非标准化系数		标准系数	t	F	R^2	R^2 更改
		B	标准误差	试用版				
4	(常量)	0.584	0.194		3.018②	53.160③	0.078	0.003
	本校办学条件	0.333	0.027	0.240	12.185③			
	身份	0.369	0.076	0.093	4.834③			
	年龄	0.097	0.027	0.069	3.567③			
	小学班级数	−0.087	0.030	−0.057	−2.900②			
5	(常量)	0.820	0.221		3.706③	43.558③	0.080	0.002
	本校办学条件	0.336	0.027	0.242	12.281③			
	身份	0.366	0.076	0.092	4.786③			
	年龄	0.094	0.027	0.067	3.467②			
	小学班级数	−0.080	0.030	−0.053	−2.670②			
	学校类型	−0.133	0.060	−0.042	−2.196①			

注：因变量：学校 1 ~ 2 年级每周不少于 1 学时。

模型 1：预测变量：（常量），本校办学条件。

模型 2：预测变量：（常量），本校办学条件，身份。

模型 3：预测变量：（常量），本校办学条件，身份，年龄。

模型 4：预测变量：（常量），本校办学条件，身份，年龄，小学班级数。

模型 5：预测变量：（常量），本校办学条件，身份，年龄，小学班级数，学校类型。

① $p<0.05$；

② $p<0.01$；

③ $p<0.001$。

模型 1：进入自变量——本校办学条件，此变量对学校 1 ~ 2 年级每周不少于 1 学时情况解释度为 6.2%，在 0.001 显著性水平上，模型 1 回归效果显著（$F=167.076$，$p<0.001$）。在 0.001 显著性水平上，不同办学条件的学校间有显著差异（$\beta=0.249$，$p<0.001$）。

模型 2：进一步进入自变量——本校办学条件、身份，所有变量对学校 1 ~ 2 年级每周不少于 1 学时情况解释度 7.0%，其中身份的解释度为 0.7%。在 0.001 显著性水平上，模型 2 回归效果显著（$F=94.327$，$p<0.001$）。在 0.001 显著性水平上，不同办学条件的学校间有显著差异（$\beta=0.246$，$p<0.001$）；不同身份被试的学校间有显著差异（$\beta=0.087$，$p<0.001$）。

模型 3：进一步进入自变量——本校办学条件、身份、年龄，所有变量对学校1～2年级每周不少于1学时情况解释度7.5%，其中年龄的解释度为0.5%。在0.001显著性水平上，模型3回归效果显著（$F=67.877$，$p<0.001$）。在0.001显著性水平上，不同办学条件的学校间有显著差异（$\beta=0.252$，$p<0.001$）；不同身份被试的学校间有显著差异（$\beta=0.091$，$p<0.001$）；不同年龄被试的学校间有显著差异（$\beta=0.072$，$p<0.001$）。

模型4：进一步进入自变量——本校办学条件、身份、年龄、小学班级数，所有变量对学校1～2年级每周不少于1学时情况解释度7.8%，其中小学班级数的解释度为0.3%。在0.001显著性水平上，模型4回归效果显著（$F=53.160$，$p<0.001$）。在0.001显著性水平上，不同办学条件的学校间有显著差异（$\beta=0.240$，$p<0.001$）；不同身份被试的学校间有显著差异（$\beta=0.093$，$p<0.001$）；不同年龄被试的学校间有显著差异（$\beta=0.069$，$p<0.001$）；在0.01显著性水平上，不同小学班级数被试的学校间有显著差异（$\beta=-0.057$，$p<0.01$）。

模型5：进一步进入自变量——本校办学条件、身份、年龄、小学班级数、学校类型，所有变量对学校1～2年级每周不少于1学时情况解释度8.0%，其中学校类型的解释度为0.2%。在0.001显著性水平上，模型5回归效果显著（$F=43.558$，$p<0.001$）。在0.001显著性水平上，不同办学条件的学校间有显著差异（$\beta=0.242$，$p<0.001$）；不同身份被试的学校间有显著差异（$\beta=0.092$，$p<0.001$）；在0.01显著性水平上，不同年龄被试的学校间有显著差异（$\beta=0.067$，$p<0.01$）；不同小学班级数被试的学校间有显著差异（$\beta=-0.053$，$p<0.01$）；在0.05显著性水平上，不同学校类型被试的学校间有显著差异（$\beta=-0.042$，$p<0.05$）。

二、学校1～2年级每周不少于1学时与文本资源回归分析

结合前面所做的相关性分析结果，采用逐步回归法对学校1～2年级每周不少于1学时与文本资源进行回归分析来确定其相关显著性。以学校1～2年级每周不少于1学时作为因变量，将文本资源作为自变量进行多元回归分析，统计结果见表9-2。

表9-2　学校1～2年级每周不少于1学时与文本资源回归分析

模型		非标准化系数		标准系数	t	F	R^2	R^2 更改
		B	标准误差	试用版				
1	（常量）	1.317	0.061		21.693②	289.525②	0.103	0.103
	教师教学用书具备情况	0.432	0.025	0.321	17.015②			

续表 9-2

模型		非标准化系数		标准系数	t	F	R^2	R^2 更改
		B	标准误差	试用版				
2	（常量）	1.042	0.068		15.352②	185.909②	0.129	0.026
	教师教学用书具备情况	0.309	0.029	0.229	10.687②			
	学生活动手册具备情况	0.209	0.024	0.184	8.598②			
3	（常量）	0.940	0.072		13.089②	130.619②	0.135	0.006
	教师教学用书具备情况	0.277	0.030	0.206	9.317②			
	学生活动手册具备情况	0.158	0.027	0.139	5.829②			
	科学校本课程情况	0.116	0.028	0.098	4.194②			
4	（常量）	0.893	0.074		12.080②	99.946②	0.137	0.002
	教师教学用书具备情况	0.245	0.032	0.182	7.611②			
	学生活动手册具备情况	0.135	0.028	0.119	4.764②			
	科学校本课程情况	0.093	0.029	0.079	3.216①			
	教学具具备情况	0.092	0.035	0.072	2.644①			

注：因变量：学校 1 ~2 年级每周不少于 1 学时。

模型 1：预测变量：（常量），教师教学用书具备情况。

模型 2：预测变量：（常量），教师教学用书具备情况，学生活动手册具备情况。

模型 3：预测变量：（常量），教师教学用书具备情况，学生活动手册具备情况，科学校本课程情况。

模型 4：预测变量：（常量），教师教学用书具备情况，学生活动手册具备情况，科学校本课程情况，教学具具备情况。

① $p<0.01$；

② $p<0.001$。

模型 1：进入自变量——教师教学用书具备情况，此变量对学校 1 ~2 年级每周不少于 1 学时情况解释度为 10.3%，在 0.001 显著性水平上，模型 1 回归效果显著（$F=289.525$，$p<0.001$）。在 0.001 显著性水平上，不同教师教学用书具备情况的学校间有显著差异（$\beta=0.321$，$p<0.001$）。

模型 2：进一步进入自变量——教师教学用书具备情况、学生活动手册具备情况，所有变量对学校 1～2 年级每周不少于 1 学时情况解释度 12.9%，其中学生活动手册具备情况的解释度为 2.6%。在 0.001 显著性水平上，模型 2 回归效果显著（$F=185.909$，$p<0.001$）。在 0.001 显著性水平上，不同教师教学用书具备情况的学校间有显著差异（$\beta=0.229$，$p<0.001$）；不同学生活动手册具备情况的学校间有显著差异（$\beta=0.184$，$p<0.001$）。

模型 3：进一步进入自变量——教师教学用书具备情况、学生活动手册具备情况、科学校本课程情况，所有变量对学校 1～2 年级每周不少于 1 学时情况解释度 13.5%，其中科学校本课程情况的解释度为 0.6%。在 0.001 显著性水平上，模型 3 回归效果显著（$F=130.619$，$p<0.001$）。在 0.001 显著性水平上，不同教师教学用书具备情况的学校间有显著差异（$\beta=0.206$，$p<0.001$）；不同学生活动手册具备情况的学校间有显著差异（$\beta=0.139$，$p<0.001$）；不同科学校本课程情况的学校间有显著差异（$\beta=0.098$，$p<0.001$）。

模型 4：进一步进入自变量——教师教学用书具备情况、学生活动手册具备情况、科学校本课程情况、教学具具备情况，所有变量对学校 1～2 年级每周不少于 1 学时情况解释度 13.7%，其中科学校本课程情况的解释度为 0.2%。在 0.001 显著性水平上，模型 4 回归效果显著（$F=99.946$，$p<0.001$）。在 0.001 显著性水平上，不同教师教学用书具备情况的学校间有显著差异（$\beta=0.182$，$p<0.001$）；不同学生活动手册具备情况的学校间有显著差异（$\beta=0.119$，$p<0.001$）；在 0.01 显著性水平上，不同科学校本课程情况的学校间有显著差异（$\beta=0.079$，$p<0.01$）；不同教学具具备情况的学校间有显著差异（$\beta=0.072$，$p<0.01$）；

三、学校 1～2 年级每周不少于 1 学时与环境资源回归分析

结合前面所做的相关性分析结果，采用逐步回归法对学校 1～2 年级每周不少于 1 学时与环境资源进行回归分析来确定其相关显著性。以学校 1～2 年级每周不少于 1 学时作为因变量，将环境资源作为自变量进行多元回归分析，统计结果见表 9-3。

模型 1：进入自变量——实验室中材料与设备，此变量对学校 1～2 年级每周不少于 1 学时情况解释度为 9.6%，在 0.001 显著性水平上，模型 1 回归效果显著（$F=266.388$，$p<0.001$）。在 0.001 显著性水平上，不同实验室中材料与设备的学校间有显著差异（$\beta=0.309$，$p<0.001$）。

表 9-3　学校 1～2 年级每周不少于 1 学时与环境资源回归分析

模型		非标准化系数		标准系数	t	F	R^2	R^2 更改
		B	标准误差	试用版				
1	（常量）	1.188	0.070		16.900①	266.388①	0.096	0.096
	实验室中材料与设备	0.395	0.024	0.309	16.321①			
2	（常量）	0.969	0.077		12.611①	158.554①	0.112	0.016
	实验室中材料与设备	0.249	0.032	0.195	7.747①			
	科学课网络资源情况	0.216	0.032	0.171	6.780①			
3	（常量）	0.877	0.080		11.013①	112.081①	0.118	0.006
	实验室中材料与设备	0.153	0.040	0.120	3.865①			
	科学课网络资源情况	0.177	0.033	0.140	5.339①			
	科学实验室情况	0.168	0.041	0.125	4.136①			

注：因变量：学校 1～2 年级每周不少于 1 学时。

模型 1：预测变量：（常量），实验室中材料与设备。

模型 2：预测变量：（常量），实验室中材料与设备，科学课网络资源情况。

模型 3：预测变量：（常量），实验室中材料与设备，科学课网络资源情况，科学实验室情况。

① $p<0.001$。

模型 2：进入自变量——实验室中材料与设备、科学课网络资源情况，所有变量对学校 1～2 年级每周不少于 1 学时情况解释度 11.2%，其中科学课网络资源情况的解释度为 1.6%。在 0.001 显著性水平上，模型 2 回归效果显著（$F=158.554$，$p<0.001$）。在 0.001 显著性水平上，不同实验室中材料与设备的学校间有显著差异（$\beta=0.195$，$p<0.001$）；不同科学课网络资源情况的学校间有显著差异（$\beta=0.171$，$p<0.001$）。

模型 3：进入自变量——实验室中材料与设备、科学课网络资源情况、科学实验室情况，所有变量对学校 1～2 年级每周不少于 1 学时情况解释度 11.8%，其中科学实验室情况的解释度为 0.6%。在 0.001 显著性水平上，模型 3 回归效果显著（$F=112.081$，$p<0.001$）。在 0.001 显著性水平上，不同实验室中材料

与设备的学校间有显著差异（$\beta=0.120$，$p<0.001$）；不同科学课网络资源情况的学校间有显著差异（$\beta=0.140$，$p<0.001$）；不同科学实验室情况的学校间有显著差异（$\beta=0.125$，$p<0.001$）。

四、学校 1～2 年级每周不少于 1 学时与人力资源回归分析

结合前面所做的相关性分析结果，采用逐步回归法对学校 1～2 年级每周不少于 1 学时与人力资源进行回归分析来确定其相关显著性。以学校 1～2 年级每周不少于 1 学时作为因变量，将人力资源作为自变量进行多元回归分析，统计结果见表 9-4。

表 9-4　学校 1～2 年级每周不少于 1 学时与人力资源回归分析

模型		非标准化系数		标准系数	t	F	R^2	R^2 更改
		B	标准误差	试用版				
1	（常量）	1.601	0.065		24.498①	120.831①	0.046	0.046
	科学课教师数量	0.245	0.022	0.214	10.992①			
2	（常量）	1.071	0.091		11.737①	95.646①	0.071	0.025
	科学课教师数量	0.196	0.023	0.171	8.608①			
	教师属于科班出身	0.161	0.020	0.163	8.203①			

注：因变量：学校 12 年级每周不少于 1 学时。

模型 1：预测变量：（常量），科学课教师数量。

模型 2：预测变量：（常量），科学课教师数量，教师属于科班出身的人。

① $p<0.001$。

模型 1：进入自变量——科学课教师数量，此变量对学校 1～2 年级每周不少于 1 学时情况解释度为 4.6%，在 0.001 显著性水平上，模型 1 回归效果显著（$F=120.831$，$p<0.001$）。在 0.001 显著性水平上，不同科学课教师数量的学校间有显著差异（$\beta=0.214$，$p<0.001$）。

模型 2：进入自变量——科学课教师数量、教师属于科班出身，所有变量对学校 1～2 年级每周不少于 1 学时情况解释度 7.1%，其中教师属于科班出身的解释度为 2.5%，在 0.001 显著性水平上，模型 2 回归效果显著（$F=95.646$，$p<0.001$）。在 0.001 显著性水平上，不同科学课教师数量的学校间有显著差异（$\beta=0.171$，$p<0.001$）；不同教师属于科班出身的学校间有显著差异（$\beta=0.163$，$p<0.001$）。

五、学校1~2年级每周不少于1学时与社会参与回归分析

结合前面所做的相关性分析结果，采用逐步回归法对学校1~2年级每周不少于1学时与社会参与进行回归分析来确定其相关显著性。以学校1~2年级每周不少于1学时作为因变量，将社会参与作为自变量进行多元回归分析，统计结果见表9-5。

表9-5 学校1~2年级每周不少于1学时与社会参与回归分析

模型		非标准化系数		标准系数	t	F	R^2	R^2 更改
		B	标准误差	试用版				
1	（常量）	1.141	0.088		13.042②	179.043②	0.066	0.066
	科学教师获得进修培训机会	0.335	0.025	0.258	13.381②			
2	（常量）	1.064	0.095		11.218②	91.846②	0.068	0.002
	科学教师获得进修培训机会	0.285	0.035	0.219	8.248②			
	科学教师获得外界专业指导	0.066	0.032	0.056	2.099①			

注：因变量：学校1~2年级每周不少于1学时。

模型1：预测变量：（常量），科学教师获得进修培训机会。

模型2：预测变量：（常量），科学教师获得进修培训机会，科学教师获得外界专业指导。

① $p<0.05$；

② $p<0.001$。

模型1：进入自变量——科学教师获得进修培训机会，此变量对学校1~2年级每周不少于1学时情况解释度为6.6%，在0.001显著性水平上，模型1回归效果显著（$F=179.043$，$p<0.001$）。在0.001显著性水平上，不同科学教师获得进修培训机会的学校间有显著差异（$\beta=0.258$，$p<0.001$）。

模型2：进入自变量——科学教师获得进修培训机会、科学教师获得外界专业指导，所有变量对学校1~2年级每周不少于1学时情况解释度6.8%，其中科学教师获得外界专业指导的解释度为0.2%，在0.001显著性水平上，模型2回归效果显著（$F=91.846$，$p<0.001$）。在0.001显著性水平上，不同科学教师获得进修培训机会的学校间有显著差异（$\beta=0.219$，$p<0.001$）；在0.05显著性水平上，不同科学教师获得外界专业指导的学校间有显著差异（$\beta=0.056$，$p<0.001$）。

六、学校1~2年级每周不少于1学时与课程实施质量监控回归分析

结合前面所做的相关性分析结果，采用逐步回归法对学校1~2年级每周不少于1学时与课程实施质量监控进行回归分析来确定其相关显著性。以学校1~2年级每周不少于1学时作为因变量，将课程实施质量监控作为自变量进行多元回归分析，统计结果见表9-6。

表9-6 学校1~2年级每周不少于1学时与课程实施质量监控回归分析

模型		非标准化系数		标准系数	t	F	R^2	R^2 更改
		B	标准误差	试用版				
1	（常量）	1.283	0.058		22.013①	340.155①	0.119	0.119
	学校对科学教学质量评价	0.342	0.019	0.345	18.443①			
2	（常量）	1.143	0.061		18.876①	203.117①	0.139	0.020
	学校对科学教学质量评价	0.205	0.026	0.206	7.967①			
	地区相关部分检查科学教学质量	0.201	0.026	0.198	7.638①			

注：因变量：学校1~2年级每周不少于1学时。

模型1：预测变量：（常量），学校对科学教学质量评价。

模型2：预测变量：（常量），学校对科学教学质量评价，地区相关部分检查科学教学质量。

① $p<0.001$。

模型1：进入自变量——学校对科学教学质量评价，此变量对学校1~2年级每周不少于1学时情况解释度为11.9%，在0.001显著性水平上，模型1回归效果显著（$F=340.155$，$p<0.001$）。在0.001显著性水平上，不同学校对科学教学质量评价的学校间有显著差异（$\beta=0.345$，$p<0.001$）。

模型2：进入自变量——学校对科学教学质量评价、地区相关部分检查科学教学质量，所有变量对学校1~2年级每周不少于1学时情况解释度13.9%，其中地区相关部分检查科学教学质量的解释度为2.0%，在0.001显著性水平上，模型2回归效果显著（$F=203.117$，$p<0.001$）。在0.001显著性水平上，不同学校对科学教学质量评价的学校间有显著差异（$\beta=0.206$，$p<0.001$）；不同地区相关部分检查科学教学质量的学校间有显著差异（$\beta=0.198$，$p<0.001$）。

七、本节小结

学校1~2年级每周不少于1学时主要受本校办学条件、身份、年龄、小学

班级数、学校类型、教师教学用书具备情况、学生活动手册具备情况、科学校本课程情况、科学校本课程情况、实验室中材料与设备、科学课网络资源情况、科学实验室情况、科学课教师数量、教师属于科班出身、科学教师获得进修培训机会、科学教师获得外界专业指导、学校对科学教学质量评价、地区相关部分检查科学教学质量影响。这些因素对学校 1 ~ 2 年级每周不少于 1 学时解释力不同，其中学校对科学教学质量评价的解释力最大。

就基本条件而言，本校办学条解释度为 6.2%，身份的解释度为 0.7%，年龄的解释度为 0.5%，小学班级数的解释度为 0.3%，学校类型的解释度为 0.2%。就文本资源而言，教师教学用书具备情况解释度为 10.3%，学生活动手册具备情况的解释度为 2.6%，科学校本课程情况的解释度为 0.6%，科学校本课程情况的解释度为 0.2%。就环境资源而言，实验室中材料与设备解释度为 9.6%，科学课网络资源情况的解释度为 1.6%，科学实验室情况的解释度为 0.6%。就人力资源而言，科学课教师数量解释度为 4.6%，教师属于科班出身的解释度为 2.5%，就社会参与而言，科学教师获得进修培训机会解释度为 6.6%，科学教师获得外界专业指导的解释度为 0.2%，就课程实施质量监控而言，学校对科学教学质量评价解释度为 11.9%，地区相关部分检查科学教学质量的解释度为 2.0%。

第二节　学校 3 ~ 6 年级每周不少于 2 学时影响因素

一、学校 3 ~ 6 年级每周不少于 2 学时与基本条件回归分析

结合前面所做的相关性分析结果，采用逐步回归法对学校 3 ~ 6 年级每周不少于 2 学时与基本条件进行回归分析来确定其相关显著性。以学校 3 ~ 6 年级每周不少于 2 学时作为因变量，将基本条件作为自变量进行多元回归分析，统计结果见表 9-7。

表 9-7　学校 3 ~ 6 年级每周不少于 2 学时与基本条件回归分析

模型		非标准化系数		标准系数	t	F	R^2	R^2 更改
		B	标准误差	试用版				
1	（常量）	1.048	0.061		17.099③	186.708③	0.069	0.069
	本校办学条件	0.309	0.023	0.263	13.664③			
2	（常量）	1.463	0.108		13.508③	104.886③	0.077	0.008
	本校办学条件	0.312	0.023	0.265	13.846③			
	学校类型	−0.236	0.051	−0.089	−4.641③			

续表 9-7

模型		非标准化系数		标准系数	t	F	R^2	R^2 更改
		B	标准误差	试用版				
3	（常量）	1.794	0.154		11.673③	73.209③	0.080	0.003
	本校办学条件	0.316	0.023	0.269	14.041③			
	学校类型	-0.247	0.051	-0.093	-4.855③			
	学校所在地	-0.174	0.058	-0.058	-3.029②			
4	（常量）	2.139	0.178		12.005③	58.811③	0.085	0.005
	本校办学条件	0.299	0.023	0.254	13.033③			
	学校类型	-0.231	0.051	-0.087	-4.547③			
	学校所在地	-0.262	0.062	-0.088	-4.239③			
	小学班级数	-0.103	0.027	-0.080	-3.801③			
5	（常量）	1.952	0.195		10.031③	48.265③	0.087	0.002
	本校办学条件	0.304	0.023	0.259	13.216③			
	学校类型	-0.226	0.051	-0.085	-4.441③			
	学校所在地	-0.260	0.062	-0.087	-4.202③			
	小学班级数	-0.099	0.027	-0.077	-3.657③			
	年龄	0.054	0.023	0.046	2.377①			
6	（常量）	1.626	0.233		6.967③	41.370③	0.090	0.002
	本校办学条件	0.302	0.023	0.257	13.112③			
	学校类型	-0.223	0.051	-0.084	-4.384③			
	学校所在地	-0.254	0.062	-0.085	-4.105③			
	小学班级数	-0.100	0.027	-0.078	-3.689③			
	年龄	0.058	0.023	0.049	2.540①			
	身份	0.162	0.064	0.048	2.525①			

注：因变量：学校 3～6 年级每周不少于 2 学时。

模型 1：预测变量：（常量），本校办学条件。

模型 2：预测变量：（常量），本校办学条件，学校类型。

模型 3：预测变量：（常量），本校办学条件，学校类型，学校所在地。

模型 4：预测变量：（常量），本校办学条件，学校类型，学校所在地，小学班级数。

模型 5：预测变量：（常量），本校办学条件，学校类型，学校所在地，小学班级数，年龄。

模型 6：预测变量：（常量），本校办学条件，学校类型，学校所在地，小学班级数，年龄，身份。

① $p<0.05$；

② $p<0.01$；

③ $p<0.001$。

模型1：进入自变量——本校办学条件，此变量对学校3～6年级每周不少于2学时情况解释度为6.9%，在0.001显著性水平上，模型1回归效果显著（$F=186.708$，$p<0.001$）。在0.001显著性水平上，不同本校办学条件的学校间有显著差异（$\beta=0.263$，$p<0.001$）。

模型2：进入自变量——本校办学条件、学校类型，所有变量对学校3～6年级每周不少于2学时情况解释度7.7%，其中学校类型的解释度为0.8%，在0.001显著性水平上，模型2回归效果显著（$F=104.886$，$p<0.001$）。在0.001显著性水平上，不同本校办学条件的学校间有显著差异（$\beta=0.265$，$p<0.001$）；不同学校类型的学校间有显著差异（$\beta=-0.089$，$p<0.001$）。

模型3：进入自变量——本校办学条件、学校类型、学校所在地，所有变量对学校3～6年级每周不少于2学时情况解释度8.0%，其中学校所在地的解释度为0.3%，在0.001显著性水平上，模型3回归效果显著（$F=73.209$，$p<0.001$）。在0.001显著性水平上，不同本校办学条件的学校间有显著差异（$\beta=0.269$，$p<0.001$）；不同学校类型的学校间有显著差异（$\beta=-0.093$，$p<0.001$）；在0.01显著性水平上，不同学校所在地的学校间有显著差异（$\beta=-0.058$，$p<0.01$）。

模型4：进入自变量——本校办学条件、学校类型、学校所在地、小学班级数，所有变量对学校3～6年级每周不少于2学时情况解释度8.5%，其中小学班级数的解释度为0.5%，在0.001显著性水平上，模型4回归效果显著（$F=58.811$，$p<0.001$）。在0.001显著性水平上，不同本校办学条件的学校间有显著差异（$\beta=0.254$，$p<0.001$）；不同学校类型的学校间有显著差异（$\beta=-0.087$，$p<0.001$）；不同学校所在地的学校间有显著差异（$\beta=-0.088$，$p<0.001$）；不同小学班级数的学校间有显著差异（$\beta=-0.080$，$p<0.001$）。

模型5：进入自变量——本校办学条件、学校类型、学校所在地、小学班级数、年龄，所有变量对学校3～6年级每周不少于2学时情况解释度8.7%，其中年龄的解释度为0.2%，在0.001显著性水平上，模型5回归效果显著（$F=48.265$，$p<0.001$）。在0.001显著性水平上，不同本校办学条件的学校间有显著差异（$\beta=0.259$，$p<0.001$）；不同学校类型的学校间有显著差异（$\beta=-0.085$，$p<0.001$）；不同学校所在地的学校间有显著差异（$\beta=-0.087$，$p<0.001$）；不同小学班级数的学校间有显著差异（$\beta=-0.077$，$p<0.001$）；在0.05显著性水平上，不同年龄被试的学校间有显著差异（$\beta=0.046$，$p<0.05$）。

模型6：进入自变量——本校办学条件、学校类型、学校所在地、小学班级数、年龄、身份，所有变量对学校3～6年级每周不少于2学时情况解释度9.0%，其中身份的解释度为0.2%，在0.001显著性水平上，模型6回归效果显著（$F=41.370$，$p<0.001$）。在0.001显著性水平上，不同本校办学条件的学校间有显著差异（$\beta=0.257$，$p<0.001$）；不同学校类型的学校间有显著差异（$\beta=$

-0.084，$p<0.001$）；不同学校所在地的学校间有显著差异（$\beta=-0.085$，$p<0.001$）；不同小学班级数的学校间有显著差异（$\beta=-0.078$，$p<0.001$）；在0.05显著性水平上，不同年龄被试的学校间有显著差异（$\beta=0.049$，$p<0.05$）；不同身份被试的学校间有显著差异（$\beta=0.048$，$p<0.05$）。

二、学校3～6年级每周不少于2学时与文本资源回归分析

结合前面所做的相关性分析结果，采用逐步回归法对学校3～6年级每周不少于2学时与文本资源进行回归分析来确定其相关显著性。以学校3～6年级每周不少于2学时作为因变量，将文本资源作为自变量进行多元回归分析，统计结果见表9-8。

表9-8 学校3～6年级每周不少于2学时与文本资源回归分析

模型		非标准化系数		标准系数	t	F	R^2	R^2更改
		B	标准误差	试用版				
1	（常量）	0.894	0.050		17.808③	417.001③	0.142	0.142
	教师教学用书具备情况	0.429	0.021	0.377	20.421③			
2	（常量）	0.801	0.056		14.385③	216.850③	0.147	0.005
	教师教学用书具备情况	0.371	0.026	0.326	14.322③			
	科学教科书具备情况	0.100	0.026	0.087	3.804③			
3	（常量）	0.741	0.061		12.201③	146.827③	0.149	0.002
	教师教学用书具备情况	0.341	0.029	0.300	11.923③			
	科学教科书具备情况	0.082	0.027	0.071	3.031②			
	教学具具备情况	0.063	0.026	0.058	2.435①			

注：因变量：学校3～6年级每周不少于2学时。

模型1：预测变量：（常量），教师教学用书具备情况。

模型2：预测变量：（常量），教师教学用书具备情况，科学教科书具备情况。

模型3：预测变量：（常量），教师教学用书具备情况，科学教科书具备情况，教学具具备情况。

① $p<0.05$；

② $p<0.01$；

③ $p<0.001$。

模型1：进入自变量——教师教学用书具备情况，此变量对学校3～6年级每

周不少于 2 学时情况解释度为 14.2%，在 0.001 显著性水平上，模型 1 回归效果显著（$F=417.001$，$p<0.001$）。在 0.001 显著性水平上，不同教师教学用书具备情况的学校间有显著差异（$\beta=0.377$，$p<0.001$）。

模型 2：进入自变量——教师教学用书具备情况、科学教科书具备情况，所有变量对学校 3～6 年级每周不少于 2 学时情况解释度 14.7%，其中科学教科书具备情况的解释度为 0.5%，在 0.001 显著性水平上，模型 2 回归效果显著（$F=216.850$，$p<0.001$）。在 0.001 显著性水平上，不同教师教学用书具备情况的学校间有显著差异（$\beta=0.326$，$p<0.001$）；不同科学教科书具备情况的学校间有显著差异（$\beta=0.087$，$p<0.001$）。

模型 3：进入自变量——教师教学用书具备情况、科学教科书具备情况、教学具具备情况，所有变量对学校 3～6 年级每周不少于 2 学时情况解释度 14.9%，其中教学具具备情况的解释度为 0.2%，在 0.001 显著性水平上，模型 3 回归效果显著（$F=146.827$，$p<0.001$）。在 0.001 显著性水平上，不同教师教学用书具备情况的学校间有显著差异（$\beta=0.300$，$p<0.001$）；在 0.01 显著性水平上，不同科学教科书具备情况的学校间有显著差异（$\beta=0.071$，$p<0.01$）；在 0.05 显著性水平上，不同教学具具备情况的学校间有显著差异（$\beta=0.058$，$p<0.001$）。

三、学校 3～6 年级每周不少于 2 学时与环境资源回归分析

结合前面所做的相关性分析结果，采用逐步回归法对学校 3～6 年级每周不少于 2 学时与环境资源进行回归分析来确定其相关显著性。以学校 3～6 年级每周不少于 2 学时作为因变量，将环境资源作为自变量进行多元回归分析，统计结果见表 9-9。

表 9-9 学校 3～6 年级每周不少于 2 学时与环境资源回归分析

模型		非标准化系数		标准系数	t	F	R^2	R^2 更改
		B	标准误差	试用版				
1	（常量）	0.870	0.059		14.734①	303.175①	0.107	0.107
	实验室中材料与设备	0.354	0.020	0.328	17.412①			
2	（常量）	0.752	0.064		11.714①	163.419①	0.115	0.007
	实验室中材料与设备	0.243	0.031	0.225	7.734①			
	科学实验室情况	0.152	0.033	0.134	4.608①			

注：因变量：学校 3～6 年级每周不少于 2 学时。

模型 1：预测变量：（常量），实验室中材料与设备。

模型 2：预测变量：（常量），实验室中材料与设备，科学实验室情况。

① $p<0.001$。

模型1：进入自变量——实验室中材料与设备，此变量对学校3～6年级每周不少于2学时情况解释度为10.7%，在0.001显著性水平上，模型1回归效果显著（$F=303.175$，$p<0.001$）。在0.001显著性水平上，不同实验室中材料与设备的学校间有显著差异（$\beta=0.328$，$p<0.001$）。

模型2：进入自变量——实验室中材料与设备、科学实验室情况，所有变量对学校3～6年级每周不少于2学时情况解释度11.5%，其中科学实验室情况的解释度为0.7%，在0.001显著性水平上，模型2回归效果显著（$F=163.419$，$p<0.001$）。在0.001显著性水平上，不同实验室中材料与设备的学校间有显著差异（$\beta=0.225$，$p<0.001$）；不同科学实验室情况的学校间有显著差异（$\beta=0.134$，$p<0.001$）。

四、学校3～6年级每周不少于2学时与人力资源回归分析

结合前面所做的相关性分析结果，采用逐步回归法对学校3～6年级每周不少于2学时与人力资源进行回归分析来确定其相关显著性。以学校3～6年级每周不少于2学时作为因变量，将人力资源作为自变量进行多元回归分析，统计结果见表9-10。

表9-10　学校3～6年级每周不少于2学时与人力资源回归分析

模型		非标准化系数		标准系数	t	F	R^2	R^2 更改
		B	标准误差	试用版				
1	（常量）	1.270	0.055		22.993①	122.484①	0.046	0.046
	科学课教师数量	0.209	0.019	0.215	11.067①			
2	（常量）	1.039	0.078		13.342①	70.404①	0.053	0.007
	科学课教师数量	0.187	0.019	0.193	9.625①			
	教师属于科班出身	0.070	0.017	0.084	4.186①			

注：因变量：学校3～6年级每周不少于2学时。

模型1：预测变量：（常量），科学课教师数量。

模型1：预测变量：（常量），科学课教师数量，教师属于科班出身。

① $p<0.001$。

模型1：进入自变量——科学课教师数量，此变量对学校3～6年级每周不少于2学时情况解释度为4.6%，在0.001显著性水平上，模型1回归效果显著（$F=122.484$，$p<0.001$）。在0.001显著性水平上，不同科学课教师数量的学校

间有显著差异（$\beta=0.215$，$p<0.001$）。

模型2：进入自变量——科学课教师数量、教师属于科班出身，所有变量对学校3~6年级每周不少于2学时情况解释度5.3%，其中教师属于科班出身的解释度为0.7%，在0.001显著性水平上，模型2回归效果显著（$F=70.404$，$p<0.001$）。在0.001显著性水平上，不同科学课教师数量的学校间有显著差异（$\beta=0.193$，$p<0.001$）；不同教师属于科班出身的学校间有显著差异（$\beta=0.084$，$p<0.001$）。

五、学校3~6年级每周不少于2学时与社会参与回归分析

结合前面所做的相关性分析结果，采用逐步回归法对学校3~6年级每周不少于2学时与社会参与进行回归分析来确定其相关显著性。以学校3~6年级每周不少于2学时作为因变量，将社会参与作为自变量进行多元回归分析，统计结果见表9-11。

表9-11 学校3~6年级每周不少于2学时与社会参与回归分析

模型		非标准化系数		标准系数	t	F	R^2	R^2 更改
		B	标准误差	试用版				
1	（常量）	0.897	0.074		12.109②	174.401②	0.065	0.065
	科学教师获得进修培训机会	0.279	0.021	0.254	13.206②			
2	（常量）	1.443	0.095		15.179②	130.036②	0.094	0.029
	科学教师获得进修培训机会	0.383	0.024	0.348	16.071②			
	志愿者作为科学教学辅导员	-0.206	0.023	-0.194	-8.955②			
3	（常量）	1.402	0.095		14.704②	92.012②	0.099	0.005
	科学教师获得进修培训机会	0.318	0.029	0.290	10.920②			
	志愿者作为科学教学辅导员	-0.238	0.024	-0.224	-9.742②			
	科学教师获得外界专业指导	0.106	0.028	0.106	3.816②			

续表 9-11

模型		非标准化系数		标准系数	t	F	R^2	R^2 更改
		B	标准误差	试用版				
4	（常量）	1.466	0.099		14.824②	70.583②	0.101	0.002
	科学教师获得进修培训机会	0.315	0.029	0.287	10.805②			
	志愿者作为科学教学辅导员	−0.204	0.028	−0.193	−7.288②			
	科学教师获得外界专业指导	0.130	0.030	0.129	4.400②			
	科学教学场所设在校外	−0.068	0.028	−0.065	−2.403①			

注：因变量：学校 3～6 年级每周不少于 2 学时。

模型 1：预测变量：（常量），科学教师获得进修培训机会。

模型 2：预测变量：（常量），科学教师获得进修培训机会，志愿者作为科学教学辅导员。

模型 3：预测变量：（常量），科学教师获得进修培训机会，志愿者作为科学教学辅导员，科学教师获得外界专业指导。

模型 4：预测变量：（常量），科学教师获得进修培训机会，志愿者作为科学教学辅导员，科学教师获得外界专业指导，科学教学场所设在校外。

① $p<0.05$；

② $p<0.001$。

模型 1：进入自变量——科学教师获得进修培训机会，此变量对学校 3～6 年级每周不少于 2 学时情况解释度为 6.5%，在 0.001 显著性水平上，模型 1 回归效果显著（$F=174.401$，$p<0.001$）。在 0.001 显著性水平上，不同科学教师获得进修培训机会的学校间有显著差异（$\beta=0.254$，$p<0.001$）。

模型 2：进入自变量——科学教师获得进修培训机会、志愿者作为科学教学辅导员，所有变量对学校 3～6 年级每周不少于 2 学时情况解释度 9.4%，其中志愿者作为科学教学辅导员的解释度为 2.9%，在 0.001 显著性水平上，模型 2 回归效果显著（$F=130.036$，$p<0.001$）。在 0.001 显著性水平上，不同科学教师获得进修培训机会的学校间有显著差异（$\beta=0.348$，$p<0.001$）；不同志愿者作为科学教学辅导员的学校间有显著差异（$\beta=-0.194$，$p<0.001$）。

模型 3：进入自变量——科学教师获得进修培训机会、志愿者作为科学教学辅导员、科学教师获得外界专业指导，所有变量对学校 3～6 年级每周不少于 2 学时情况解释度 9.9%，其中科学教师获得外界专业指导的解释度为 0.5%，在 0.001 显著性水平上，模型 3 回归效果显著（$F=92.012$，$p<0.001$）。

在0.001显著性水平上，不同科学教师获得进修培训机会的学校间有显著差异（$\beta=0.290$，$p<0.001$）；不同志愿者作为科学教学辅导员的学校间有显著差异（$\beta=-0.224$，$p<0.001$）；不同科学教师获得外界专业指导的学校间有显著差异（$\beta=0.106$，$p<0.001$）。

模型4：进入自变量——科学教师获得进修培训机会、志愿者作为科学教学辅导员、科学教师获得外界专业指导、科学教学场所设在校外，所有变量对学校3~6年级每周不少于2学时情况解释度10.1%，其中科学教学场所设在校外的解释度为0.2%，在0.001显著性水平上，模型4回归效果显著（$F=70.583$，$p<0.001$）。在0.001显著性水平上，不同科学教师获得进修培训机会的学校间有显著差异（$\beta=0.287$，$p<0.001$）；不同志愿者作为科学教学辅导员的学校间有显著差异（$\beta=-0.193$，$p<0.001$）；不同科学教师获得外界专业指导的学校间有显著差异（$\beta=0.129$，$p<0.001$）；在0.05显著性水平上，不同科学教学场所设在校外的学校间有显著差异（$\beta=-0.065$，$p<0.05$）。

六、学校3~6年级每周不少于2学时与课程实施质量监控回归分析

结合前面所做的相关性分析结果，采用逐步回归法对学校3~6年级每周不少于2学时与课程实施质量监控进行回归分析来确定其相关显著性。以学校3~6年级每周不少于2学时作为因变量，将课程实施质量监控作为自变量进行多元回归分析，统计结果见表9-12。

表9-12　学校3~6年级每周不少于2学时与课程实施质量监控回归分析

<table>
<tr><th colspan="2" rowspan="2">模　型</th><th colspan="2">非标准化系数</th><th>标准系数</th><th rowspan="2">t</th><th rowspan="2">F</th><th rowspan="2">R^2</th><th rowspan="2">R^2 更改</th></tr>
<tr><th>B</th><th>标准误差</th><th>试用版</th></tr>
<tr><td rowspan="2">1</td><td>（常量）</td><td>0.967</td><td>0.047</td><td></td><td>20.767①</td><td rowspan="2">424.342①</td><td rowspan="2">0.144</td><td rowspan="2">0.144</td></tr>
<tr><td>地区相关部分检查科学教学质量</td><td>0.326</td><td>0.016</td><td>0.380</td><td>20.600①</td></tr>
<tr><td rowspan="3">2</td><td>（常量）</td><td>0.847</td><td>0.051</td><td></td><td>16.715①</td><td rowspan="3">231.712①</td><td rowspan="3">0.155</td><td rowspan="3">0.011</td></tr>
<tr><td>地区相关部分检查科学教学质量</td><td>0.236</td><td>0.022</td><td>0.275</td><td>10.742①</td></tr>
<tr><td>学校对科学教学质量评价</td><td>0.125</td><td>0.022</td><td>0.149</td><td>5.796①</td></tr>
</table>

注：因变量：学校3~6年级每周不少于2学时。

模型1：预测变量：（常量），地区相关部分检查科学教学质量。

模型2：预测变量：（常量），地区相关部分检查科学教学质量，学校对科学教学质量评价。

① $p<0.001$。

模型1：进入自变量——地区相关部分检查科学教学质量，此变量对学校3～6年级每周不少于2学时情况解释度为14.4%，在0.001显著性水平上，模型1回归效果显著（$F=424.342$，$p<0.001$）。在0.001显著性水平上，不同地区相关部分检查科学教学质量的学校间有显著差异（$\beta=0.380$，$p<0.001$）。

模型2：进入自变量——地区相关部分检查科学教学质量、学校对科学教学质量评价，所有变量对学校3～6年级每周不少于2学时情况解释度15.5%，其中学校对科学教学质量评价的解释度为1.1%，在0.001显著性水平上，模型2回归效果显著（$F=231.712$，$p<0.001$）。在0.001显著性水平上，不同地区相关部分检查科学教学质量的学校间有显著差异（$\beta=0.275$，$p<0.001$）；不同学校对科学教学质量评价的学校间有显著差异（$\beta=0.149$，$p<0.001$）。

七、本节小结

学校3～6年级每周不少于2学时主要受本校办学条件、学校类型、学校所在地、小学班级数、年龄、身份、教师教学用书具备情况、科学教科书具备情况、科学教科书具备情况、实验室中材料与设备、科学实验室情况、科学课教师数量、教师属于科班出身、科学教师获得进修培训机会、志愿者作为科学教学辅导员、科学教师获得外界专业指导、科学教学场所设在校外、地区相关部分检查科学教学质量、学校对科学教学质量评价影响。这些因素对学校3～6年级每周不少于2学时的解释力不同，其中教师教学用书具备情况的解释力最大。

就基本条件而言，本校办学条件解释度为6.9%，学校类型的解释度为0.8%，学校所在地的解释度为0.3%，小学班级数的解释度为0.5%，年龄的解释度为0.2%，身份的解释度为0.2%，就文本资源而言，教师教学用书具备情况解释度为14.2%，科学教科书具备情况的解释度为0.5%，科学教科书具备情况的解释度为0.5%，就环境资源而言，实验室中材料与设备解释度为10.7%，科学实验室情况的解释度为0.7%，就人力资源而言，科学课教师数量解释度为4.6%，教师属于科班出身的解释度为0.7%，就社会参与而言，科学教师获得进修培训机会解释度为6.5%，志愿者作为科学教学辅导员的解释度为2.9%，科学教师获得外界专业指导的解释度为0.5%，科学教学场所设在校外的解释度为0.2%，就课程实施质量监控而言，地区相关部分检查科学教学质量解释度为14.4%，学校对科学教学质量评价的解释度为1.1%。

第三节 开展科学相关交流活动影响因素

一、开展科学相关交流活动与基本条件回归分析

结合前面所做的相关性分析结果，采用逐步回归法对开展科学相关交流活动与基本条件进行回归分析来确定其相关显著性。以开展科学相关交流活动作为因

变量，将基本条件作为自变量进行多元回归分析，统计结果见表9-13。

表9-13 开展科学相关交流活动与基本条件回归分析

模型		非标准化系数		标准系数	t	F	R^2	R^2更改
		B	标准误差	试用版				
1	（常量）	2.829	0.057		49.492②	191.629②	0.071	0.071
	本校办学条件	0.292	0.021	0.266	13.843②			
2	（常量）	2.557	0.086		29.594②	105.204②	0.077	0.006
	本校办学条件	0.300	0.021	0.273	14.208②			
	年龄	0.090	0.021	0.080	4.186②			
3	（常量）	2.744	0.101		27.110②	74.600②	0.082	0.005
	本校办学条件	0.284	0.022	0.258	13.174②			
	年龄	0.085	0.021	0.076	3.970②			
	小学班级数	−0.083	0.023	−0.069	−3.527②			
4	（常量）	3.043	0.160		18.996②	57.508②	0.084	0.002
	本校办学条件	0.283	0.022	0.258	13.143②			
	年龄	0.084	0.021	0.076	3.936②			
	小学班级数	−0.106	0.025	−0.088	−4.180②			
	学校所在地	−0.139	0.058	−0.050	−2.410①			

注：因变量：开展科学相关交流活动。

模型1：预测变量：（常量），本校办学条件。

模型2：预测变量：（常量），本校办学条件，年龄。

模型3：预测变量：（常量），本校办学条件，年龄，小学班级数。

模型4：预测变量：（常量），本校办学条件，年龄，小学班级数，学校所在地。

① $p<0.05$；

② $p<0.001$。

模型1：进入自变量——本校办学条件，此变量对开展科学相关交流活动情况解释度为7.1%，在0.001显著性水平上，模型1回归效果显著（$F=191.629$，$p<0.001$）。在0.001显著性水平上，不同本校办学条件的学校间有显著差异（$\beta=0.266$，$p<0.001$）。

模型2：进入自变量——本校办学条件、年龄，所有变量对开展科学相关交流活动情况解释度7.7%，其中年龄的解释度为0.6%，在0.001显著性水平上，模型 2 回归效果显著（$F = 105.204$，$p < 0.001$）。在 0.001 显著性水平上，不同本校办学条件的学校间有显著差异（$\beta = 0.273$，$p < 0.001$）；不同年龄被试的学校间有显著差异（$\beta = 0.080$，$p < 0.001$）。

模型 3：进入自变量——本校办学条件、年龄、小学班级数，所有变量对开展科学相关交流活动情况解释度 8.2%，其中小学班级数的解释度为 0.5%，在 0.001 显著性水平上，模型 3 回归效果显著（$F = 74.600$，$p < 0.001$）。在 0.001 显著性水平上，不同本校办学条件的学校间有显著差异（$\beta = 0.258$，$p < 0.001$）；不同年龄被试的学校间有显著差异（$\beta = 0.076$，$p < 0.001$）；不同小学班级数的学校间有显著差异（$\beta = -0.069$，$p < 0.001$）。

模型 4：进入自变量——本校办学条件、年龄、小学班级数、学校所在地，所有变量对开展科学相关交流活动情况解释度 8.4%，其中学校所在地的解释度为 0.2%，在 0.001 显著性水平上，模型 4 回归效果显著（$F = 57.508$，$p < 0.001$）。在 0.001 显著性水平上，不同本校办学条件的学校间有显著差异（$\beta = 0.258$，$p < 0.001$）；不同年龄被试的学校间有显著差异（$\beta = 0.076$，$p < 0.001$）；不同小学班级数的学校间有显著差异（$\beta = -0.088$，$p < 0.001$）；在 0.05 显著性水平上，不同学校所在地的学校间有显著差异（$\beta = -0.050$，$p < 0.001$）。

二、开展科学相关交流活动与文本资源回归分析

结合前面所做的相关性分析结果，采用逐步回归法对开展科学相关交流活动与文本资源进行回归分析来确定其相关显著性。以开展科学相关交流活动作为因变量，将文本资源作为自变量进行多元回归分析，统计结果见表 9-14。

表 9-14　开展科学相关交流活动与文本资源回归分析

模型		非标准化系数		标准系数	t	F	R^2	R^2 更改
		B	标准误差	试用版				
1	（常量）	2.468	0.051		48.666②	544.591②	0.178	0.178
	教学具具备情况	0.429	0.018	0.421	23.336②			
2	（常量）	2.251	0.053		42.271②	347.273②	0.216	0.038
	教学具具备情况	0.284	0.022	0.279	12.760②			
	科学校本课程情况	0.226	0.020	0.243	11.113②			

续表 9-14

模型		非标准化系数 B	非标准化系数 标准误差	标准系数 试用版	t	F	R^2	R^2 更改
3	（常量）	2.191	0.055		40.027②	239.887②	0.222	0.006
	教学具具备情况	0.233	0.025	0.228	9.332②			
	科学校本课程情况	0.211	0.021	0.226	10.223②			
	教师教学用书具备情况	0.106	0.024	0.100	4.461②			
4	（常量）	2.173	0.055		39.259②	181.148②	0.223	0.001
	教学具具备情况	0.217	0.026	0.213	8.292②			
	科学校本课程情况	0.197	0.022	0.211	9.061②			
	教师教学用书具备情况	0.098	0.024	0.092	4.073②			
	学生活动手册具备情况	0.043	0.021	0.048	2.014①			

注：因变量：开展科学相关交流活动。

模型 1：预测变量：（常量），教学具具备情况。

模型 2：预测变量：（常量），教学具具备情况，科学校本课程情况。

模型 3：预测变量：（常量），教学具具备情况，科学校本课程情况，教师教学用书具备情况。

模型 4：预测变量：（常量），教学具具备情况，科学校本课程情况，教师教学用书具备情况，学生活动手册具备情况。

① $p<0.05$；

② $p<0.001$。

模型 1：进入自变量——教学具具备情况，此变量对开展科学相关交流活动情况解释度为 17.8%，在 0.001 显著性水平上，模型 1 回归效果显著（$F=544.591$，$p<0.001$）。在 0.001 显著性水平上，不同教学具具备情况的学校间有显著差异（$\beta=0.421$，$p<0.001$）。

模型 2：进入自变量——教学具具备情况、科学校本课程情况，所有变量对开展科学相关交流活动情况解释度 21.6%，其中科学校本课程情况的解释度为 3.8%，在 0.001 显著性水平上，模型 2 回归效果显著（$F=347.273$，$p<0.001$）。在 0.001 显著性水平上，不同教学具具备情况的学校间有显著差异

（$\beta=0.279$，$p<0.001$）；不同科学校本课程情况的学校间有显著差异（$\beta=0.243$，$p<0.001$）。

模型3：进入自变量——教学具具备情况、科学校本课程情况、教师教学用书具备情况，所有变量对开展科学相关交流活动情况解释度22.2%，其中教师教学用书具备情况的解释度为0.6%，在0.001显著性水平上，模型3回归效果显著（$F=239.887$，$p<0.001$）。在0.001显著性水平上，不同教学具具备情况的学校间有显著差异（$\beta=0.228$，$p<0.001$）；不同科学校本课程情况的学校间有显著差异（$\beta=0.226$，$p<0.001$）；不同教师教学用书具备情况的学校间有显著差异（$\beta=0.100$，$p<0.001$）。

模型4：进入自变量——教学具具备情况、科学校本课程情况、教师教学用书具备情况、学生活动手册具备情况，所有变量对开展科学相关交流活动情况解释度22.3%，其中学生活动手册具备情况的解释度为0.1%，在0.001显著性水平上，模型4回归效果显著（$F=181.148$，$p<0.001$）。在0.001显著性水平上，不同教学具具备情况的学校间有显著差异（$\beta=0.213$，$p<0.001$）；不同科学校本课程情况的学校间有显著差异（$\beta=0.211$，$p<0.001$）；不同教师教学用书具备情况的学校间有显著差异（$\beta=0.092$，$p<0.001$）；在0.05显著性水平上，不同学生活动手册具备情况的学校间有显著差异（$\beta=0.048$，$p<0.001$）。

三、开展科学相关交流活动与环境资源回归分析

结合前面所做的相关性分析结果，采用逐步回归法对开展科学相关交流活动与环境资源进行回归分析来确定其相关显著性。以开展科学相关交流活动作为因变量，将环境资源作为自变量进行多元回归分析，统计结果见表9-15。

表9-15　开展科学相关交流活动与环境资源回归分析

模型		非标准化系数		标准系数	t	F	R^2	R^2 更改
		B	标准误差	试用版				
1	（常量）	2.245	0.053		42.198②	699.915②	0.217	0.217
	科学课网络资源情况	0.465	0.018	0.466	26.456②			
2	（常量）	2.008	0.055		36.287②	443.561②	0.260	0.043
	科学课网络资源情况	0.280	0.023	0.280	12.195②			
	实验室中材料与设备	0.281	0.023	0.279	12.114②			

续表 9-15

模型		非标准化系数		标准系数	t	F	R^2	R^2 更改
		B	标准误差	试用版				
3	（常量）	1.968	0.058		34.210②	298.464②	0.262	0.002
	科学课网络资源情况	0.262	0.024	0.263	10.981②			
	实验室中材料与设备	0.238	0.029	0.236	8.336②			
	科学实验室情况	0.074	0.029	0.070	2.525①			

注：因变量：开展科学相关交流活动。

模型 1：预测变量：（常量），科学课网络资源情况。

模型 2：预测变量：（常量），科学课网络资源情况，实验室中材料与设备。

模型 3：预测变量：（常量），科学课网络资源情况，实验室中材料与设备，科学实验室情况。

① $p<0.05$；

② $p<0.001$。

模型 1：进入自变量——科学课网络资源情况，此变量对开展科学相关交流活动情况解释度为21.7%，在0.001显著性水平上，模型1回归效果显著（$F=699.915$，$p<0.001$）。在0.001显著性水平上，不同科学课网络资源情况的学校间有显著差异（$\beta=0.466$，$p<0.001$）。

模型 2：进入自变量——科学课网络资源情况、实验室中材料与设备，所有变量对开展科学相关交流活动情况解释度26.0%，其中实验室中材料与设备的解释度为4.3%，在0.001显著性水平上，模型2回归效果显著（$F=443.561$，$p<0.001$）。在0.001显著性水平上，不同科学课网络资源情况的学校间有显著差异（$\beta=0.280$，$p<0.001$）；不同实验室中材料与设备的学校间有显著差异（$\beta=0.279$，$p<0.001$）。

模型 3：进入自变量——科学课网络资源情况、实验室中材料与设备、科学实验室情况，所有变量对开展科学相关交流活动情况解释度26.2%，其中科学实验室情况的解释度为0.2%，在0.001显著性水平上，模型3回归效果显著（$F=298.464$，$p<0.001$）。在0.001显著性水平上，不同科学课网络资源情况的学校间有显著差异（$\beta=0.263$，$p<0.001$）；不同实验室中材料与设备的学校间有显著差异（$\beta=0.236$，$p<0.001$）；在0.05显著性水平上，不同科学实验室情况的学校间有显著差异（$\beta=0.070$，$p<0.05$）。

四、开展科学相关交流活动与人力资源回归分析

结合前面所做的相关性分析结果，采用逐步回归法对开展科学相关交流活动

与人力资源进行回归分析来确定其相关显著性。以开展科学相关交流活动作为因变量，将人力资源作为自变量进行多元回归分析，统计结果见表9-16。

表9-16　开展科学相关交流活动与人力资源回归分析

模　型		非标准化系数		标准系数	t	F	R^2	R^2 更改
		B	标准误差	试用版				
1	（常量）	2.299	0.061		37.492①	474.769①	0.158	0.158
	教师属于科班出身	0.310	0.014	0.398	21.789①			
2	（常量）	2.001	0.067		29.750①	295.365①	0.190	0.031
	教师属于科班出身	0.273	0.014	0.350	18.852①			
	科学课教师数量	0.166	0.017	0.184	9.886①			

注：因变量：开展科学相关交流活动。

模型1：预测变量：（常量），教师属于科班出身的人。

模型2：预测变量：（常量），教师属于科班出身的人，科学课教师数量。

① $p<0.001$。

模型1：进入自变量——教师属于科班出身，此变量对开展科学相关交流活动情况解释度为15.8%，在0.001显著性水平上，模型1回归效果显著（$F=474.769$，$p<0.001$）。在0.001显著性水平上，不同教师属于科班出身的学校间有显著差异（$\beta=0.398$，$p<0.001$）。

模型2：进入自变量——教师属于科班出身、科学课教师数量，所有变量对开展科学相关交流活动情况解释度19.0%，其中科学课教师数量的解释度为3.1%，在0.001显著性水平上，模型2回归效果显著（$F=295.365$，$p<0.001$）。在0.001显著性水平上，不同教师属于科班出身的学校间有显著差异（$\beta=0.350$，$p<0.001$）；不同科学课教师数量的学校间有显著差异（$\beta=0.184$，$p<0.001$）。

五、开展科学相关交流活动与社会参与回归分析

结合前面所做的相关性分析结果，采用逐步回归法对开展科学相关交流活动与社会参与进行回归分析来确定其相关显著性。以开展科学相关交流活动作为因变量，将社会参与作为自变量进行多元回归分析，统计结果见表9-17。

表 9-17　开展科学相关交流活动与社会参与回归分析

模型		非标准化系数		标准系数	t	F	R^2	R^2 更改
		B	标准误差	试用版				
1	（常量）	1.305	0.054		24.242②	1923.295②	0.433	0.433
	科学教师获得进修培训机会	0.675	0.015	0.658	43.855②			
2	（常量）	0.312	0.063		4.950②	1492.928②	0.542	0.110
	科学教师获得进修培训机会	0.487	0.016	0.475	30.825②			
	志愿者作为科学教学辅导员	0.375	0.015	0.378	24.559②			
3	（常量）	0.242	0.062		3.891②	1070.707②	0.560	0.018
	科学教师获得进修培训机会	0.375	0.019	0.365	19.715②			
	志愿者作为科学教学辅导员	0.320	0.016	0.323	20.100②			
	科学教师获得外界专业指导	0.186	0.018	0.198	10.203②			
4	（常量）	0.137	0.064		2.139①	824.347②	0.567	0.007
	科学教师获得进修培训机会	0.370	0.019	0.361	19.632②			
	志愿者作为科学教学辅导员	0.274	0.017	0.277	15.743②			
	科学教师获得外界专业指导	0.159	0.019	0.169	8.536②			
	科学课获得外界支助的教学经费	0.101	0.016	0.106	6.168②			

注：因变量：开展科学相关交流活动。

模型 1：预测变量：（常量），科学教师获得进修培训机会。

模型 2：预测变量：（常量），科学教师获得进修培训机会，志愿者作为科学教学辅导员。

模型 3：预测变量：（常量），科学教师获得进修培训机会，志愿者作为科学教学辅导员，科学教师获得外界专业指导。

模型 4：预测变量：（常量），科学教师获得进修培训机会，志愿者作为科学教学辅导员，科学教师获得外界专业指导，科学课获得外界支助的教学经费。

① $p<0.05$；

② $p<0.001$。

模型1：进入自变量——科学教师获得进修培训机会，此变量对开展科学相关交流活动情况解释度为43.3%，在0.001显著性水平上，模型1回归效果显著（$F=1923.295$，$p<0.001$）。在0.001显著性水平上，不同科学教师获得进修培训机会的学校间有显著差异（$\beta=0.658$，$p<0.001$）。

模型2：进入自变量——科学教师获得进修培训机会、志愿者作为科学教学辅导员，所有变量对开展科学相关交流活动情况解释度54.2%，其中志愿者作为科学教学辅导员的解释度为11.0%，在0.001显著性水平上，模型2回归效果显著（$F=1492.928$，$p<0.001$）。在0.001显著性水平上，不同科学教师获得进修培训机会的学校间有显著差异（$\beta=0.475$，$p<0.001$）；不同志愿者作为科学教学辅导员的学校间有显著差异（$\beta=0.378$，$p<0.001$）。

模型3：进入自变量——科学教师获得进修培训机会、志愿者作为科学教学辅导员、科学教师获得外界专业指导，所有变量对开展科学相关交流活动情况解释度56.0%，其中科学教师获得外界专业指导的解释度为1.8%，在0.001显著性水平上，模型3回归效果显著（$F=1070.707$，$p<0.001$）。在0.001显著性水平上，不同科学教师获得进修培训机会的学校间有显著差异（$\beta=0.365$，$p<0.001$）；不同志愿者作为科学教学辅导员的学校间有显著差异（$\beta=0.323$，$p<0.001$）；不同科学教师获得外界专业指导的学校间有显著差异（$\beta=0.198$，$p<0.001$）。

模型4：进入自变量——科学教师获得进修培训机会、志愿者作为科学教学辅导员、科学教师获得外界专业指导、科学课获得外界支助的教学经费，所有变量对开展科学相关交流活动情况解释度56.7%，其中科学课获得外界支助的教学经费的解释度为0.7%，在0.001显著性水平上，模型4回归效果显著（$F=824.347$，$p<0.001$）。在0.001显著性水平上，不同科学教师获得进修培训机会的学校间有显著差异（$\beta=0.361$，$p<0.001$）；不同志愿者作为科学教学辅导员的学校间有显著差异（$\beta=0.277$，$p<0.001$）；不同科学教师获得外界专业指导的学校间有显著差异（$\beta=0.169$，$p<0.001$）；不同科学课获得外界支助的教学经费的学校间有显著差异（$\beta=0.106$，$p<0.001$）。

六、开展科学相关交流活动与课程实施质量监控回归分析

结合前面所做的相关性分析结果，采用逐步回归法对开展科学相关交流活动与课程实施质量监控进行回归分析来确定其相关显著性。以开展科学相关交流活动作为因变量，将课程实施质量监控作为自变量进行多元回归分析，统计结果见表9-18。

表 9-18　开展科学相关交流活动与课程实施质量监控回归分析

模型		非标准化系数		标准系数	t	F	R^2	R^2 更改
		B	标准误差	试用版				
1	（常量）	2.448	0.042		57.659①	842.571①	0.250	0.250
	学校对科学教学质量评价	0.392	0.014	0.500	29.027①			
2	（常量）	2.313	0.044		52.927①	489.585①	0.280	0.029
	学校对科学教学质量评价	0.260	0.019	0.333	14.042①			
	地区相关部分检查科学教学质量	0.192	0.019	0.240	10.131①			

注：因变量：开展科学相关交流活动。

模型 1：预测变量：（常量），学校对科学教学质量评价。

模型 2：预测变量：（常量），学校对科学教学质量评价，地区相关部分检查科学教学质量。

① $p<0.001$。

模型 1：进入自变量——学校对科学教学质量评价，此变量对开展科学相关交流活动情况解释度为 25.0%，在 0.001 显著性水平上，模型 1 回归效果显著（$F=842.571$，$p<0.001$）。在 0.001 显著性水平上，不同学校对科学教学质量评价的学校间有显著差异（$\beta=0.500$，$p<0.001$）。

模型 2：进入自变量——学校对科学教学质量评价、地区相关部分检查科学教学质量，所有变量对开展科学相关交流活动情况解释度 28.0%，其中地区相关部分检查科学教学质量的解释度为 2.9%，在 0.001 显著性水平上，模型 2 回归效果显著（$F=489.585$，$p<0.001$）。在 0.001 显著性水平上，不同学校对科学教学质量评价的学校间有显著差异（$\beta=0.333$，$p<0.001$）；不同地区相关部分检查科学教学质量的学校间有显著差异（$\beta=0.240$，$p<0.001$）。

七、本节小结

开展科学相关交流活动主要受本校办学条件、年龄、小学班级数、学校所在地、教学具具备情况、科学校本课程情况、教师教学用书具备情况、学生活动手册具备情况、科学课网络资源情况、实验室中材料与设备、科学实验室情况、教师属于科班出身、科学课教师数量、科学教师获得进修培训机会、志愿者作为科学教学辅导员、科学教师获得外界专业指导、科学课获得外界支助的教学经费、校对科学教学质量评价、地区相关部分检查科学教学质量的影响。这些因素对开展科学相关交流活动的解释力不同，其中科学教师获得进修培训机会的解释力最大。

就基本条件而言，本校办学条件解释度为7.1%，年龄的解释度为0.6%，小学班级数的解释度为0.5%，学校所在地的解释度为0.2%。就文本资源而言，教学具具备情况解释度为17.8%，科学校本课程情况的解释度为3.8%，教师教学用书具备情况的解释度为0.6%，学生活动手册具备情况的解释度为0.1%。就环境资源而言，科学课网络资源情况解释度为21.7%，实验室中材料与设备的解释度为4.3%，科学实验室情况的解释度为0.2%。就人力资源而言，教师属于科班出身解释度为15.8%，科学课教师数量的解释度为3.1%。就社会参与而言，科学教师获得进修培训机会解释度为43.3%，志愿者作为科学教学辅导员的解释度为11.0%，科学教师获得外界专业指导的解释度为1.8%，科学课获得外界支助的教学经费的解释度为0.7%。就课程实施质量监控而言，校对科学教学质量评价解释度为25.0%，地区相关部分检查科学教学质量的解释度为2.9%。

第四节　校园内开设科技角科技园影响因素

一、校园内开设科技角科技园与基本条件回归分析

结合前面所做的相关性分析结果，采用逐步回归法对校园内开设科技角科技园与基本条件进行回归分析来确定其相关显著性。以校园内开设科技角科技园作为因变量，将基本条件作为自变量进行多元回归分析，统计结果见表9-19。

表9-19　校园内开设科技角科技园与基本条件回归分析

模型		非标准化系数		标准系数	t	F	R^2	R^2 更改
		B	标准误差	试用版				
1	（常量）	2.879	0.063		46.035②	206.588②	0.076	0.076
	本校办学条件	0.332	0.023	0.275	14.373②			
2	（常量）	2.497	0.094		26.477②	118.924②	0.086	0.011
	本校办学条件	0.343	0.023	0.284	14.878②			
	年龄	0.126	0.023	0.103	5.382②			
3	（常量）	2.717	0.110		24.601②	84.516②	0.091	0.005
	本校办学条件	0.324	0.024	0.269	13.778②			
	年龄	0.120	0.023	0.098	5.152②			
	小学班级数	-0.097	0.026	-0.074	-3.799②			

续表 9-19

模　型		非标准化系数		标准系数	t	F	R^2	R^2 更改
		B	标准误差	试用版				
4	（常量）	3.090	0.166		18.596②	65.841②	0.095	0.003
	本校办学条件	0.327	0.023	0.271	13.913②			
	年龄	0.116	0.023	0.095	4.956②			
	小学班级数	−0.095	0.026	−0.072	−3.727②			
	身份	−0.197	0.066	−0.057	−3.001①			

注：因变量：校园内开设科技角科技园。

模型 1：预测变量：（常量），本校办学条件。

模型 2：预测变量：（常量），本校办学条件，年龄。

模型 3：预测变量：（常量），本校办学条件，年龄，小学班级数。

模型 4：预测变量：（常量），本校办学条件，年龄，小学班级数，身份。

① $p<0.01$；

② $p<0.001$。

模型 1：进入自变量——本校办学条件，此变量对校园内开设科技角科技园情况解释度为 7.6%，在 0.001 显著性水平上，模型 1 回归效果显著（$F=206.588$，$p<0.001$）。在 0.001 显著性水平上，不同本校办学条件的学校间有显著差异（$\beta=0.275$，$p<0.001$）。

模型 2：进入自变量——本校办学条件、年龄，所有变量对校园内开设科技角科技园情况解释度 8.6%，其中年龄的解释度为 1.1%，在 0.001 显著性水平上，模型 2 回归效果显著（$F=118.924$，$p<0.001$）。在 0.001 显著性水平上，不同本校办学条件的学校间有显著差异（$\beta=0.284$，$p<0.001$）；不同年龄被试的学校间有显著差异（$\beta=0.103$，$p<0.001$）。

模型 3：进入自变量——本校办学条件、年龄、小学班级数，所有变量对校园内开设科技角科技园情况解释度 9.1%，其中小学班级数的解释度为 0.5%，在 0.001 显著性水平上，模型 3 回归效果显著（$F=84.516$，$p<0.001$）。在 0.001 显著性水平上，不同本校办学条件的学校间有显著差异（$\beta=0.269$，$p<0.001$）；不同年龄被试的学校间有显著差异（$\beta=0.098$，$p<0.001$）；不同小学班级数的学校间有显著差异（$\beta=-0.074$，$p<0.001$）。

模型 4：进入自变量——本校办学条件、年龄、小学班级数、身份，所有变量对校园内开设科技角科技园情况解释度 9.5%，其中身份的解释度为 0.3%，在 0.001 显著性水平上，模型 4 回归效果显著（$F=65.841$，$p<0.001$）。在 0.001 显著性水平上，不同本校办学条件的学校间有显著差异（$\beta=0.271$，$p<$

0.001）；不同年龄被试的学校间有显著差异（$\beta = 0.095$，$p < 0.001$）；不同小学班级数的学校间有显著差异（$\beta = -0.072$，$p < 0.001$）；在0.01显著性水平上，不同小学班级数的学校间有显著差异（$\beta = -0.057$，$p < 0.01$）。

二、校园内开设科技角科技园与文本资源回归分析

结合前面所做的相关性分析结果，采用逐步回归法对校园内开设科技角科技园与文本资源进行回归分析来确定其相关显著性。以校园内开设科技角科技园作为因变量，将文本资源作为自变量进行多元回归分析，统计结果见表9-20。

表9-20　校园内开设科技角科技园与文本资源回归分析

模型		非标准化系数		标准系数	t	F	R^2	R^2 更改
		B	标准误差	试用版				
1	（常量）	2.486	0.055		44.887②	574.180②	0.186	0.186
	教学具具备情况	0.481	0.020	0.431	23.962②			
2	（常量）	2.239	0.058		38.583②	369.530②	0.227	0.041
	教学具具备情况	0.316	0.024	0.283	13.034②			
	科学校本课程情况	0.257	0.022	0.251	11.596②			
3	（常量）	2.190	0.059		37.133②	253.658②	0.232	0.005
	教学具具备情况	0.272	0.026	0.243	10.323②			
	科学校本课程情况	0.224	0.024	0.219	9.515②			
	学生活动手册具备情况	0.095	0.023	0.097	4.144②			
4	（常量）	2.221	0.061		36.462②	191.447②	0.233	0.001
	教学具具备情况	0.284	0.027	0.254	10.514②			
	科学校本课程情况	0.228	0.024	0.222	9.645②			
	学生活动手册具备情况	0.113	0.025	0.115	4.584②			
	科学教科书具备情况	-0.053	0.027	-0.045	-1.982①			

续表 9-20

模型		非标准化系数		标准系数	t	F	R^2	R^2 更改
		B	标准误差	试用版				
5	（常量）	2.204	0.061		35.894②	154.168②	0.234	0.001
	教学具具备情况	0.265	0.029	0.237	9.259②			
	科学校本课程情况	0.223	0.024	0.218	9.438②			
	学生活动手册具备情况	0.111	0.025	0.113	4.525②			
	科学教科书具备情况	−0.072	0.028	−0.062	−2.564①			
	教师教学用书具备情况	0.057	0.028	0.049	2.026①			

注：因变量：校园内开设科技角科技园。

模型 1：预测变量：（常量），教学具具备情况。

模型 2：预测变量：（常量），教学具具备情况，科学校本课程情况。

模型 3：预测变量：（常量），教学具具备情况，科学校本课程情况，学生活动手册具备情况。

模型 4：预测变量：（常量），教学具具备情况，科学校本课程情况，学生活动手册具备情况，科学教科书具备情况。

模型 5：预测变量：（常量），教学具具备情况，科学校本课程情况，学生活动手册具备情况，科学教科书具备情况，教师教学用书具备情况。

① $p<0.05$；

② $p<0.001$。

模型 1：进入自变量——教学具具备情况，此变量对校园内开设科技角科技园情况解释度为 18.6%，在 0.001 显著性水平上，模型 1 回归效果显著（$F=574.180$，$p<0.001$）。在 0.001 显著性水平上，不同教学具具备情况的学校间有显著差异（$\beta=0.431$，$p<0.001$）。

模型 2：进入自变量——教学具具备情况、科学校本课程情况，所有变量对校园内开设科技角科技园情况解释度 22.7%，其中科学校本课程情况的解释度为 4.1%，在 0.001 显著性水平上，模型 2 回归效果显著（$F=369.530$，$p<0.001$）。在 0.001 显著性水平上，不同教学具具备情况的学校间有显著差异（$\beta=0.283$，$p<0.001$）；不同科学校本课程情况的学校间有显著差异（$\beta=0.251$，$p<0.001$）。

模型 3：进入自变量——教学具具备情况、科学校本课程情况、学生活动手册具备情况，所有变量对校园内开设科技角科技园情况解释度23.2%，其中学生活动手册具备情况的解释度为0.5%，在0.001显著性水平上，模型3回归效果显著（$F=253.658$，$p<0.001$）。在0.001显著性水平上，不同教学具具备情况的学校间有显著差异（$\beta=0.243$，$p<0.001$）；不同科学校本课程情况的学校间有显著差异（$\beta=0.219$，$p<0.001$）；不同学生活动手册具备情况的学校间有显著差异（$\beta=0.097$，$p<0.001$）。

模型4：进入自变量——教学具具备情况、科学校本课程情况、学生活动手册具备情况、科学教科书具备情况，所有变量对校园内开设科技角科技园情况解释度23.3%，其中科学教科书具备情况的解释度为0.1%，在0.001显著性水平上，模型4回归效果显著（$F=191.447$，$p<0.001$）。在0.001显著性水平上，不同教学具具备情况的学校间有显著差异（$\beta=0.254$，$p<0.001$）；不同科学校本课程情况的学校间有显著差异（$\beta=0.222$，$p<0.001$）；不同学生活动手册具备情况的学校间有显著差异（$\beta=0.115$，$p<0.001$）；在0.05显著性水平上，不同科学教科书具备情况的学校间有显著差异（$\beta=-0.045$，$p<0.05$）。

模型5：进入自变量——教学具具备情况、科学校本课程情况、学生活动手册具备情况、科学教科书具备情况、教师教学用书具备情况，所有变量对校园内开设科技角科技园情况解释度23.4%，其中教师教学用书具备情况的解释度为0.1%，在0.001显著性水平上，模型5回归效果显著（$F=154.168$，$p<0.001$）。在0.001显著性水平上，不同教学具具备情况的学校间有显著差异（$\beta=0.237$，$p<0.001$）；不同科学校本课程情况的学校间有显著差异（$\beta=0.218$，$p<0.001$）；不同学生活动手册具备情况的学校间有显著差异（$\beta=0.113$，$p<0.001$）；在0.05显著性水平上，不同科学教科书具备情况的学校间有显著差异（$\beta=-0.062$，$p<0.05$）；不同教师教学用书具备情况的学校间有显著差异（$\beta=0.049$，$p<0.05$）。

三、校园内开设科技角科技园与环境资源回归分析

结合前面所做的相关性分析结果，采用逐步回归法对校园内开设科技角科技园与环境资源进行回归分析来确定其相关显著性。以校园内开设科技角科技园作为因变量，将环境资源作为自变量进行多元回归分析，统计结果见表9-21。

模型1：进入自变量——科学课网络资源情况，此变量对校园内开设科技角科技园情况解释度为22.0%，在0.001显著性水平上，模型1回归效果显著（$F=710.291$，$p<0.001$）。在0.001显著性水平上，不同科学课网络资源情况的学校间有显著差异（$\beta=0.469$，$p<0.001$）。

表 9-21　校园内开设科技角科技园与环境资源回归分析

模型		非标准化系数		标准系数	t	F	R^2	R^2 更改
		B	标准误差	试用版				
1	（常量）	2.260	0.058		38.765②	710.291②	0.220	0.220
	科学课网络资源情况	0.513	0.019	0.469	26.651②			
2	（常量）	1.997	0.061		32.965②	450.801②	0.264	0.044
	科学课网络资源情况	0.308	0.025	0.282	12.280②			
	实验室中材料与设备	0.310	0.025	0.281	12.226②			
3	（常量）	1.937	0.063		30.794②	305.777②	0.267	0.003
	科学课网络资源情况	0.283	0.026	0.258	10.814②			
	实验室中材料与设备	0.247	0.031	0.223	7.900②			
	科学实验室情况	0.110	0.032	0.095	3.442①			

注：因变量：校园内开设科技角科技园。

模型 1：预测变量：（常量），科学课网络资源情况。

模型 2：预测变量：（常量），科学课网络资源情况，实验室中材料与设备。

模型 3：预测变量：（常量），科学课网络资源情况，实验室中材料与设备，科学实验室情况。

① $p < 0.01$；

② $p < 0.001$。

模型 2：进入自变量——科学课网络资源情况、实验室中材料与设备，所有变量对校园内开设科技角科技园情况解释度 26.4%，其中实验室中材料与设备的解释度为 4.4%，在 0.001 显著性水平上，模型 2 回归效果显著（$F = 450.801$，$p < 0.001$）。在 0.001 显著性水平上，不同科学课网络资源情况的学校间有显著差异（$\beta = 0.282$，$p < 0.001$）；不同实验室中材料与设备的学校间有显著差异（$\beta = 0.281$，$p < 0.001$）。

模型 3：进入自变量——科学课网络资源情况、实验室中材料与设备、科学实验室情况，所有变量对校园内开设科技角科技园情况解释度 26.7%，其中科学实验室情况的解释度为 0.3%，在 0.001 显著性水平上，模型 3 回归效果显著

（$F=305.777$，$p<0.001$）。在0.001显著性水平上，不同科学课网络资源情况的学校间有显著差异（$\beta=0.258$，$p<0.001$）；不同实验室中材料与设备的学校间有显著差异（$\beta=0.223$，$p<0.001$）；不同科学实验室情况的学校间有显著差异（$\beta=0.095$，$p<0.01$）。

四、校园内开设科技角科技园与人力资源回归分析

结合前面所做的相关性分析结果，采用逐步回归法对校园内开设科技角科技园与人力资源进行回归分析来确定其相关显著性。以校园内开设科技角科技园作为因变量，将人力资源作为自变量进行多元回归分析，统计结果见表9-22。

表9-22　校园内开设科技角科技园与人力资源回归分析

模型		非标准化系数		标准系数	t	F	R^2	R^2 更改
		B	标准误差	试用版				
1	（常量）	2.331	0.067		34.627①	471.307①	0.158	0.158
	教师属于科班出身	0.339	0.016	0.397	21.710①			
2	（常量）	2.059	0.074		27.717①	275.226①	0.179	0.022
	教师属于科班出身	0.305	0.016	0.357	19.094①			
	科学课教师数量	0.152	0.019	0.153	8.175①			

注：因变量：校园内开设科技角科技园。

模型1：预测变量：（常量），教师属于科班出身。

模型2：预测变量：（常量），教师属于科班出身，科学课教师数量。

① $p<0.001$。

模型1：进入自变量——教师属于科班出身，此变量对校园内开设科技角科技园情况解释度为15.8%，在0.001显著性水平上，模型1回归效果显著（$F=471.307$，$p<0.001$）。在0.001显著性水平上，不同教师属于科班出身的学校间有显著差异（$\beta=0.397$，$p<0.001$）。

模型2：进入自变量——教师属于科班出身、科学课教师数量，所有变量对校园内开设科技角科技园情况解释度17.9%，其中科学课教师数量的解释度为2.2%，在0.001显著性水平上，模型2回归效果显著（$F=275.226$，$p<0.001$）。在0.001显著性水平上，不同教师属于科班出身的学校间有显著差异（$\beta=0.357$，$p<0.001$）；不同科学课教师数量的学校间有显著差异（$\beta=0.153$，$p<0.001$）。

五、校园内开设科技角科技园与社会参与回归分析

结合前面所做的相关性分析结果，采用逐步回归法对校园内开设科技角科技园与社会参与进行回归分析来确定其相关显著性。以校园内开设科技角科技园作为因变量，将社会参与作为自变量进行多元回归分析，统计结果见表9-23。

表9-23　校园内开设科技角科技园与社会参与回归分析

模型		非标准化系数		标准系数	t	F	R^2	R^2 更改
		B	标准误差	试用版				
1	（常量）	1.451	0.063		22.916②	1398.807②	0.357	0.357
	科学教师获得外界专业指导	0.615	0.016	0.597	37.401②			
2	（常量）	0.551	0.075		7.313②	986.097②	0.439	0.082
	科学教师获得外界专业指导	0.421	0.018	0.409	22.912②			
	志愿者作为科学教学辅导员	0.373	0.019	0.343	19.213②			
3	（常量）	0.363	0.075		4.844②	745.202②	0.470	0.031
	科学教师获得外界专业指导	0.266	0.022	0.259	12.153②			
	志愿者作为科学教学辅导员	0.332	0.019	0.306	17.345②			
	科学教师获得进修培训机会	0.279	0.023	0.248	12.174②			
4	（常量）	0.160	0.076		2.100①	605.043②	0.490	0.020
	科学教师获得外界专业指导	0.191	0.023	0.186	8.400②			
	志愿者作为科学教学辅导员	0.226	0.022	0.208	10.465②			
	科学教师获得进修培训机会	0.289	0.022	0.257	12.860②			
	科学教学场所设在校外	0.216	0.022	0.202	9.912②			

续表 9-23

模型		非标准化系数		标准系数	t	F	R^2	R^2 更改
		B	标准误差	试用版				
5	（常量）	0.083	0.077		1.071②	496.452②	0.497	0.006
	科学教师获得外界专业指导	0.177	0.023	0.172	7.741②			
	志愿者作为科学教学辅导员	0.197	0.022	0.181	8.898②			
	科学教师获得进修培训机会	0.282	0.022	0.251	12.604②			
	科学教学场所设在校外	0.168	0.023	0.157	7.232②			
	科学课获得外界支助的教学经费	0.118	0.021	0.113	5.670②			

注：因变量：校园内开设科技角科技园。

模型 1：预测变量：（常量），科学教师获得外界专业指导。

模型 2：预测变量：（常量），科学教师获得外界专业指导，志愿者作为科学教学辅导员。

模型 3：预测变量：（常量），科学教师获得外界专业指导，志愿者作为科学教学辅导员，科学教师获得进修培训机会。

模型 4：预测变量：（常量），科学教师获得外界专业指导，志愿者作为科学教学辅导员，科学教师获得进修培训机会，科学教学场所设在校外。

模型 5：预测变量：（常量），科学教师获得外界专业指导，志愿者作为科学教学辅导员，科学教师获得进修培训机会，科学教学场所设在校外，科学课获得外界支助的教学经费。

① $p<0.05$；

② $p<0.001$。

模型 1：进入自变量——科学教师获得外界专业指导，此变量对校园内开设科技角科技园情况解释度为 35.7%，在 0.001 显著性水平上，模型 1 回归效果显著（$F=1398.807$，$p<0.001$）。在 0.001 显著性水平上，不同科学教师获得外界专业指导的学校间有显著差异（$\beta=0.597$，$p<0.001$）。

模型 2：进入自变量——科学教师获得外界专业指导、志愿者作为科学教学辅导员，所有变量对校园内开设科技角科技园情况解释度 43.9%，其中志愿者作为科学教学辅导员的解释度为 8.2%，在 0.001 显著性水平上，模型 2 回归效果显著（$F=986.097$，$p<0.001$）。在 0.001 显著性水平上，不同科学教师获得外界专业指导的学校间有显著差异（$\beta=0.409$，$p<0.001$）；不同志愿者作为科学

教学辅导员的学校间有显著差异（$\beta=0.343$，$p<0.001$）。

模型3：进入自变量——科学教师获得外界专业指导、志愿者作为科学教学辅导员、科学教师获得进修培训机会，所有变量对校园内开设科技角科技园情况解释度47.0%，其中科学教师获得进修培训机会的解释度为3.1%，在0.001显著性水平上，模型3回归效果显著（$F=745.202$，$p<0.001$）。在0.001显著性水平上，不同科学教师获得外界专业指导的学校间有显著差异（$\beta=0.259$，$p<0.001$）；不同志愿者作为科学教学辅导员的学校间有显著差异（$\beta=0.306$，$p<0.001$）；不同科学教师获得进修培训机会的学校间有显著差异（$\beta=0.248$，$p<0.001$）。

模型4：进入自变量——科学教师获得外界专业指导、志愿者作为科学教学辅导员、科学教师获得进修培训机会、科学教学场所设在校外，所有变量对校园内开设科技角科技园情况解释度49.0%，其中科学教学场所设在校外的解释度为2.0%，在0.001显著性水平上，模型4回归效果显著（$F=605.043$，$p<0.001$）。在0.001显著性水平上，不同科学教师获得外界专业指导的学校间有显著差异（$\beta=0.186$，$p<0.001$）；不同志愿者作为科学教学辅导员的学校间有显著差异（$\beta=0.208$，$p<0.001$）；不同科学教师获得进修培训机会的学校间有显著差异（$\beta=0.257$，$p<0.001$）；不同科学教学场所设在校外的学校间有显著差异（$\beta=0.202$，$p<0.001$）。

模型5：进入自变量——科学教师获得外界专业指导、志愿者作为科学教学辅导员、科学教师获得进修培训机会、科学教学场所设在校外、科学课获得外界支助的教学经费，所有变量对校园内开设科技角科技园情况解释度49.7%，其中科学课获得外界支助的教学经费的解释度为0.6%，在0.001显著性水平上，模型4回归效果显著（$F=496.452$，$p<0.001$）。在0.001显著性水平上，不同科学教师获得外界专业指导的学校间有显著差异（$\beta=0.172$，$p<0.001$）；不同志愿者作为科学教学辅导员的学校间有显著差异（$\beta=0.181$，$p<0.001$）；不同科学教师获得进修培训机会的学校间有显著差异（$\beta=0.251$，$p<0.001$）；不同科学教学场所设在校外的学校间有显著差异（$\beta=0.157$，$p<0.001$）；不同科学课获得外界支助的教学经费的学校间有显著差异（$\beta=0.113$，$p<0.001$）。

六、校园内开设科技角科技园与课程实施质量监控回归分析

结合前面所做的相关性分析结果，采用逐步回归法对校园内开设科技角科技园与课程实施质量监控进行回归分析来确定其相关显著性。以校园内开设科技角科技园作为因变量，将课程实施质量监控作为自变量进行多元回归分析，统计结果见表9-24。

表 9-24　校园内开设科技角科技园与课程实施质量监控回归分析

模型		非标准化系数		标准系数	t	F	R^2	R^2 更改
		B	标准误差	试用版				
1	（常量）	2.579	0.048		54.125①	693.883①	0.216	0.216
	学校对科学教学质量评价	0.399	0.015	0.465	26.342①			
2	（常量）	2.467	0.049		49.846①	381.562①	0.232	0.017
	学校对科学教学质量评价	0.291	0.021	0.338	13.834①			
	地区相关部分检查科学教学质量	0.159	0.021	0.180	7.383①			

注：因变量：校园内开设科技角科技园。

模型 1：预测变量：（常量），学校对科学教学质量评价。

模型 2：预测变量：（常量），学校对科学教学质量评价，地区相关部分检查科学教学质量。

① $p<0.001$。

模型 1：进入自变量——学校对科学教学质量评价，此变量对校园内开设科技角科技园情况解释度为 21.6%，在 0.001 显著性水平上，模型 1 回归效果显著（$F=693.883$，$p<0.001$）。在 0.001 显著性水平上，不同学校对科学教学质量评价的学校间有显著差异（$\beta=0.465$，$p<0.001$）。

模型 2：进入自变量——学校对科学教学质量评价、地区相关部分检查科学教学质量，所有变量对校园内开设科技角科技园情况解释度 23.2%，其中地区相关部分检查科学教学质量的解释度为 1.7%，在 0.001 显著性水平上，模型 2 回归效果显著（$F=381.562$，$p<0.001$）。在 0.001 显著性水平上，不同学校对科学教学质量评价的学校间有显著差异（$\beta=0.338$，$p<0.001$）；不同地区相关部分检查科学教学质量的学校间有显著差异（$\beta=0.180$，$p<0.001$）。

七、本节小结

校园内开设科技角科技园主要受本校办学条件、年龄、小学班级数、身份、教学具具备情况、科学校本课程情况、学生活动手册具备情况、科学教科书具备情况、教师教学用书具备情况、科学课网络资源情况、实验室中材料与设备、科学实验室情况、教师属于科班出身、科学课教师数量、科学教师获得外界专业指导、志愿者作为科学教学辅导员、科学教师获得进修培训机会、科学教学场所设在校外、科学课获得外界支助的教学经费、学校对科学教学质量评价、地区相关部分检查科学教学质量的影响。这些因素对校园内开设科技角科技园的解释力不同，其中科学教师获得外界专业指导的解释力最大。

就基本条件而言，本校办学条件解释度为7.6%，年龄的解释度为1.1%，小学班级数的解释度为0.5%，身份的解释度为0.3%。就文本资源而言，教学具具备情况解释度为18.6%，科学校本课程情况的解释度为4.1%，学生活动手册具备情况的解释度为0.5%，科学教科书具备情况的解释度为0.1%，教师教学用书具备情况的解释度为0.1%。就环境资源而言，科学课网络资源情况解释度为22.0%，实验室中材料与设备的解释度为4.4%，科学实验室情况的解释度为0.3%。就人力资源而言，教师属于科班出身解释度为15.8%，科学课教师数量的解释度为2.2%。就社会参与而言，科学教师获得外界专业指导解释度为35.7%，志愿者作为科学教学辅导员的解释度为8.2%，科学教师获得进修培训机会的解释度为3.1%，科学教学场所设在校外的解释度为2.0%，科学课获得外界支助的教学经费的解释度为0.6%。就课程实施质量监控而言，学校对科学教学质量评价解释度为21.6%，地区相关部分检查科学教学质量的解释度为1.7%。

第五节 学校科学课程开设效果影响因素

一、学校科学课程开设效果与基本条件回归分析

结合前面所做的相关性分析结果，采用逐步回归法对学校科学课程开设效果与基本条件进行回归分析来确定其相关显著性。以学校科学课程开设效果作为因变量，将基本条件作为自变量进行多元回归分析，统计结果见表9-25。

表9-25 学校科学课程开设效果与基本条件回归分析

模型		非标准化系数		标准系数	t	F	R^2	R^2 更改
		B	标准误差	试用版				
1	（常量）	1.390	0.050		27.803②	427.498②	0.145	0.145
	本校办学条件	0.381	0.018	0.381	20.676②			
2	（常量）	1.592	0.066		24.226②	226.594②	0.152	0.007
	本校办学条件	0.363	0.019	0.363	19.344②			
	小学班级数	−0.097	0.021	−0.088	−4.702②			

续表 9-25

模　　型		非标准化系数		标准系数	t	F	R^2	R^2 更改
		B	标准误差	试用版				
3	（常量）	1.705	0.086		19.739②	152.611②	0.154	0.001
	本校办学条件	0.363	0.019	0.363	19.368②			
	小学班级数	−0.092	0.021	−0.084	−4.467②			
	性别	−0.072	0.036	−0.037	−2.022①			

注：因变量：学校科学课程开设效果。

模型 1：预测变量：（常量），本校办学条件。

模型 2：预测变量：（常量），本校办学条件，小学班级数。

模型 3：预测变量：（常量），本校办学条件，小学班级数，性别。

① $p<0.05$；

② $p<0.001$。

模型 1：进入自变量——本校办学条件，此变量对学校科学课程开设效果情况解释度为 14.5%，在 0.001 显著性水平上，模型 1 回归效果显著（$F=427.498$，$p<0.001$）。在 0.001 显著性水平上，不同本校办学条件的学校间有显著差异（$\beta=0.381$，$p<0.001$）。

模型 2：进入自变量——本校办学条件、小学班级数，所有变量对学校科学课程开设效果情况解释度 15.2%，其中小学班级数的解释度为 0.7%，在 0.001 显著性水平上，模型 2 回归效果显著（$F=226.594$，$p<0.001$）。在 0.001 显著性水平上，不同本校办学条件的学校间有显著差异（$\beta=0.363$，$p<0.001$）；不同小学班级数的学校间有显著差异（$\beta=-0.088$，$p<0.001$）。

模型 3：进入自变量——本校办学条件、小学班级数、性别，所有变量对学校科学课程开设效果情况解释度 15.4%，其中性别的解释度为 0.1%，在 0.001 显著性水平上，模型 3 回归效果显著（$F=152.611$，$p<0.001$）。在 0.001 显著性水平上，不同本校办学条件的学校间有显著差异（$\beta=0.363$，$p<0.001$）；不同小学班级数的学校间有显著差异（$\beta=-0.084$，$p<0.001$）；在 0.05 显著性水平上，不同性别的学校间有显著差异（$\beta=-0.037$，$p<0.05$）。

二、学校科学课程开设效果与文本资源回归分析

结合前面所做的相关性分析结果，采用逐步回归法对学校科学课程开设效果与文本资源进行回归分析来确定其相关显著性。以学校科学课程开设效果作为因变量，将文本资源作为自变量进行多元回归分析，统计结果见表 9-26。

表 9-26　学校科学课程开设效果与文本资源回归分析

模型		非标准化系数		标准系数	t	F	R^2	R^2 更改
		B	标准误差	试用版				
1	（常量）	1.346	0.043		31.569[1]	666.787[1]	0.209	0.209
	科学校本课程情况	0.389	0.015	0.457	25.822[1]			
2	（常量）	1.085	0.047		23.308[1]	428.182[1]	0.254	0.044
	科学校本课程情况	0.295	0.017	0.346	17.812[1]			
	教师教学用书具备情况	0.231	0.019	0.238	12.253[1]			
3	（常量）	0.981	0.048		20.259[1]	307.366[1]	0.268	0.014
	科学校本课程情况	0.239	0.018	0.281	13.105[1]			
	教师教学用书具备情况	0.163	0.021	0.168	7.767[1]			
	教学具具备情况	0.155	0.022	0.167	7.022[1]			
4	（常量）	0.920	0.049		18.609[1]	240.307[1]	0.276	0.008
	科学校本课程情况	0.224	0.018	0.263	12.210[1]			
	教师教学用书具备情况	0.117	0.023	0.121	5.192[1]			
	教学具具备情况	0.133	0.022	0.144	5.986[1]			
	科学教科书具备情况	0.116	0.022	0.118	5.377[1]			
5	（常量）	0.906	0.050		18.304[1]	195.685[1]	0.280	0.004
	科学校本课程情况	0.205	0.019	0.240	10.714[1]			
	教师教学用书具备情况	0.115	0.023	0.119	5.096[1]			

续表 9-26

模　型		非标准化系数		标准系数	t	F	R^2	R^2 更改
		B	标准误差	试用版				
5	教学具具备情况	0.112	0.023	0.121	4.874①	195.685①	0.280	0.004
	科学教科书具备情况	0.089	0.023	0.091	3.891①			
	学生活动手册具备情况	0.071	0.020	0.087	3.567①			

注：因变量：学校科学课程开设效果。

模型 1：预测变量：（常量），科学校本课程情况。

模型 2：预测变量：（常量），科学校本课程情况，教师教学用书具备情况。

模型 3：预测变量：（常量），科学校本课程情况，教师教学用书具备情况，教学具具备情况。

模型 4：预测变量：（常量），科学校本课程情况，教师教学用书具备情况，教学具具备情况，科学教科书具备情况。

模型 5：预测变量：（常量），科学校本课程情况，教师教学用书具备情况，教学具具备情况，科学教科书具备情况，学生活动手册具备情况。

① $p<0.001$。

模型 1：进入自变量——科学校本课程情况，此变量对学校科学课程开设效果情况解释度为 20.9%，在 0.001 显著性水平上，模型 1 回归效果显著（$F=666.787$，$p<0.001$）。在 0.001 显著性水平上，不同科学校本课程情况的学校间有显著差异（$\beta=0.457$，$p<0.001$）。

模型 2：进入自变量——科学校本课程情况、教师教学用书具备情况，所有变量对学校科学课程开设效果情况解释度 25.4%，其中教师教学用书具备情况的解释度为 4.4%，在 0.001 显著性水平上，模型 2 回归效果显著（$F=428.182$，$p<0.001$）。在 0.001 显著性水平上，不同科学校本课程情况的学校间有显著差异（$\beta=0.346$，$p<0.001$）；不同教师教学用书具备情况的学校间有显著差异（$\beta=0.238$，$p<0.001$）。

模型 3：进入自变量——科学校本课程情况、教师教学用书具备情况、教学具具备情况，所有变量对学校科学课程开设效果情况解释度 26.8%，其中教学具具备情况的解释度为 1.4%，在 0.001 显著性水平上，模型 3 回归效果显著（$F=307.366$，$p<0.001$）。在 0.001 显著性水平上，不同科学校本课程情况的学校间有显著差异（$\beta=0.281$，$p<0.001$）；不同教师教学用书具备情况的学校间有显著差异（$\beta=0.168$，$p<0.001$）；不同教学具具备情况的学校间有显著差异（$\beta=0.167$，$p<0.001$）。

模型4：进入自变量——科学校本课程情况、教师教学用书具备情况、教学具具备情况、科学教科书具备情况，所有变量对学校科学课程开设效果情况解释度27.6%，其中科学教科书具备情况的解释度为0.8%，在0.001显著性水平上，模型4回归效果显著（$F=240.307$，$p<0.001$）。在0.001显著性水平上，不同科学校本课程情况的学校间有显著差异（$\beta=0.263$，$p<0.001$）；不同教师教学用书具备情况的学校间有显著差异（$\beta=0.121$，$p<0.001$）；不同教学具具备情况的学校间有显著差异（$\beta=0.144$，$p<0.001$）；不同科学教科书具备情况的学校间有显著差异（$\beta=0.118$，$p<0.001$）。

模型5：进入自变量——科学校本课程情况、教师教学用书具备情况、教学具具备情况、科学教科书具备情况、学生活动手册具备情况，所有变量对学校科学课程开设效果情况解释度28.0%，其中学生活动手册具备情况的解释度为0.4%，在0.001显著性水平上，模型5回归效果显著（$F=195.685$，$p<0.001$）。在0.001显著性水平上，不同科学校本课程情况的学校间有显著差异（$\beta=0.240$，$p<0.001$）；不同教师教学用书具备情况的学校间有显著差异（$\beta=0.119$，$p<0.001$）；不同教学具具备情况的学校间有显著差异（$\beta=0.121$，$p<0.001$）；不同科学教科书具备情况的学校间有显著差异（$\beta=0.091$，$p<0.001$）；不同学生活动手册具备情况的学校间有显著差异（$\beta=0.087$，$p<0.001$）。

三、学校科学课程开设效果与环境资源回归分析

结合前面所做的相关性分析结果，采用逐步回归法对学校科学课程开设效果与环境资源进行回归分析来确定其相关显著性。以学校科学课程开设效果作为因变量，将环境资源作为自变量进行多元回归分析，统计结果见表9-27。

表9-27 学校科学课程开设效果与环境资源回归分析

模型		非标准化系数		标准系数	t	F	R^2	R^2 更改
		B	标准误差	试用版				
1	（常量）	1.067	0.048		22.443[①]	835.909[①]	0.249	0.249
	科学课网络资源情况	0.454	0.016	0.499	28.912[①]			
2	（常量）	0.819	0.051		15.961[①]	503.644[①]	0.286	0.037
	科学课网络资源情况	0.306	0.020	0.337	15.247[①]			
	科学实验室情况	0.242	0.021	0.251	11.356[①]			

续表 9-27

模　型		非标准化系数		标准系数	t	F	R^2	R^2 更改
		B	标准误差	试用版				
3	（常量）	0.787	0.051		15.331①	349.349①	0.294	0.008
	科学课网络资源情况	0.266	0.021	0.292	12.464①			
	科学实验室情况	0.159	0.026	0.164	6.063①			
	实验室中材料与设备	0.138	0.026	0.151	5.423①			

注：因变量：学校科学课程开设效果。

模型 1：预测变量：（常量），科学课网络资源情况。

模型 2：预测变量：（常量），科学课网络资源情况，科学实验室情况。

模型 3：预测变量：（常量），科学课网络资源情况，科学实验室情况，实验室中材料与设备。

① $p<0.001$。

模型 1：进入自变量——科学课网络资源情况，此变量对学校科学课程开设效果情况解释度为 24.9%，在 0.001 显著性水平上，模型 1 回归效果显著（$F=835.909$，$p<0.001$）。在 0.001 显著性水平上，不同科学课网络资源情况的学校间有显著差异（$\beta=0.499$，$p<0.001$）。

模型 2：进入自变量——科学课网络资源情况、科学实验室情况，所有变量对学校科学课程开设效果情况解释度 28.6%，其中科学实验室情况的解释度为 3.7%，在 0.001 显著性水平上，模型 2 回归效果显著（$F=503.644$，$p<0.001$）。在 0.001 显著性水平上，不同科学课网络资源情况的学校间有显著差异（$\beta=0.337$，$p<0.001$）；不同科学实验室情况的学校间有显著差异（$\beta=0.251$，$p<0.001$）。

模型 3：进入自变量——科学课网络资源情况、科学实验室情况、实验室中材料与设备，所有变量对学校科学课程开设效果情况解释度 29.4%，其中实验室中材料与设备的解释度为 0.8%，在 0.001 显著性水平上，模型 3 回归效果显著（$F=349.349$，$p<0.001$）。在 0.001 显著性水平上，不同科学课网络资源情况的学校间有显著差异（$\beta=0.292$，$p<0.001$）；不同科学实验室情况的学校间有显著差异（$\beta=0.164$，$p<0.001$）；不同实验室中材料与设备的学校间有显著差异（$\beta=0.151$，$p<0.001$）。

四、学校科学课程开设效果与人力资源回归分析

结合前面所做的相关性分析结果，采用逐步回归法对学校科学课程开设效果

与人力资源进行回归分析来确定其相关显著性。以学校科学课程开设效果作为因变量，将人力资源作为自变量进行多元回归分析，统计结果见表9-28。

表9-28　学校科学课程开设效果与人力资源回归分析

模型		非标准化系数		标准系数	t	F	R^2	R^2 更改
		B	标准误差	试用版				
1	（常量）	1.451	0.058		25.057①	272.867①	0.098	0.098
	教师属于科班出身	0.222	0.013	0.313	16.519①			
2	（常量）	1.105	0.063		17.568①	220.223①	0.149	0.051
	教师属于科班出身	0.179	0.014	0.251	13.202①			
	科学课教师数量	0.193	0.016	0.234	12.301①			

注：因变量：学校科学课程开设效果。
　　模型1：预测变量：（常量），教师属于科班出身的人。
　　模型2：预测变量：（常量），教师属于科班出身的人，科学课教师数量。
① $p<0.001$。

模型1：进入自变量——教师属于科班出身，此变量对学校科学课程开设效果情况解释度为9.8%，在0.001显著性水平上，模型1回归效果显著（$F=272.867$，$p<0.001$）。在0.001显著性水平上，不同教师属于科班出身的学校间有显著差异（$\beta=0.313$，$p<0.001$）。

模型2：进入自变量——教师属于科班出身、科学课教师数量，所有变量对学校科学课程开设效果情况解释度14.9%，其中科学课教师数量的解释度为5.1%，在0.001显著性水平上，模型2回归效果显著（$F=220.223$，$p<0.001$）。在0.001显著性水平上，不同教师属于科班出身的学校间有显著差异（$\beta=0.251$，$p<0.001$）；不同科学课教师数量的学校间有显著差异（$\beta=0.234$，$p<0.001$）。

五、学校科学课程开设效果与社会参与回归分析

结合前面所做的相关性分析结果，采用逐步回归法对学校科学课程开设效果与社会参与进行回归分析来确定其相关显著性。以学校科学课程开设效果作为因变量，将社会参与作为自变量进行多元回归分析，统计结果见表9-29。

表 9-29 学校科学课程开设效果与社会参与回归分析

模型		非标准化系数		标准系数	t	F	R^2	R^2 更改
		B	标准误差	试用版				
1	（常量）	1.063	0.059		17.902②	520.513②	0.171	0.171
	科学教师获得进修培训机会	0.387	0.017	0.414	22.815②			
2	（常量）	0.950	0.064		14.804②	272.636②	0.178	0.007
	科学教师获得进修培训机会	0.314	0.023	0.335	13.448②			
	科学教师获得外界专业指导	0.097	0.021	0.113	4.549②			
3	（常量）	1.087	0.077		14.036②	185.701②	0.181	0.003
	科学教师获得进修培训机会	0.327	0.024	0.349	13.814②			
	科学教师获得外界专业指导	0.121	0.023	0.142	5.355②			
	志愿者作为科学教学辅导员	-0.062	0.020	-0.069	-3.147①			
4	（常量）	0.994	0.080		12.422②	145.002②	0.187	0.006
	科学教师获得进修培训机会	0.323	0.024	0.345	13.703②			
	科学教师获得外界专业指导	0.097	0.023	0.114	4.198②			
	志愿者作为科学教学辅导员	-0.102	0.022	-0.113	-4.702②			
	科学课获得外界支助的教学经费	0.089	0.020	0.103	4.352②			

注：因变量：学校科学课程开设效果。

模型1：预测变量：（常量），科学教师获得进修培训机会。

模型2：预测变量：（常量），科学教师获得进修培训机会，科学教师获得外界专业指导。

模型3：预测变量：（常量），科学教师获得进修培训机会，科学教师获得外界专业指导，志愿者作为科学教学辅导员。

模型4：预测变量：（常量），科学教师获得进修培训机会，科学教师获得外界专业指导，志愿者作为科学教学辅导员，科学课获得外界支助的教学经费。

① $p<0.05$；

② $p<0.001$。

模型1：进入自变量——科学教师获得进修培训机会，此变量对学校科学课程开设效果情况解释度为17.1%，在0.001显著性水平上，模型1回归效果显著（$F=520.513$，$p<0.001$）。在0.001显著性水平上，不同科学教师获得进修培训机会的学校间有显著差异（$\beta=0.414$，$p<0.001$）。

模型2：进入自变量——科学教师获得进修培训机会、科学教师获得外界专业指导，所有变量对学校科学课程开设效果情况解释度17.8%，其中科学教师获得外界专业指导的解释度为0.7%，在0.001显著性水平上，模型2回归效果显著（$F=272.636$，$p<0.001$）。在0.001显著性水平上，不同科学教师获得进修培训机会的学校间有显著差异（$\beta=0.335$，$p<0.001$）；不同科学教师获得外界专业指导的学校间有显著差异（$\beta=0.113$，$p<0.001$）。

模型3：进入自变量——科学教师获得进修培训机会、科学教师获得外界专业指导、志愿者作为科学教学辅导员，所有变量对学校科学课程开设效果情况解释度18.1%，其中志愿者作为科学教学辅导员的解释度为0.3%，在0.001显著性水平上，模型3回归效果显著（$F=185.701$，$p<0.001$）。在0.001显著性水平上，不同科学教师获得进修培训机会的学校间有显著差异（$\beta=0.349$，$p<0.001$）；不同科学教师获得外界专业指导的学校间有显著差异（$\beta=0.142$，$p<0.001$）；在0.05显著性水平上，不同志愿者作为科学教学辅导员的学校间有显著差异（$\beta=-0.069$，$p<0.05$）。

模型4：进入自变量——科学教师获得进修培训机会、科学教师获得外界专业指导、志愿者作为科学教学辅导员、科学课获得外界支助的教学经费，所有变量对学校科学课程开设效果情况解释度18.7%，其中科学课获得外界支助的教学经费的解释度为0.6%，在0.001显著性水平上，模型4回归效果显著（$F=145.002$，$p<0.001$）。在0.001显著性水平上，不同科学教师获得进修培训机会的学校间有显著差异（$\beta=0.345$，$p<0.001$）；不同科学教师获得外界专业指导的学校间有显著差异（$\beta=0.114$，$p<0.001$）；不同志愿者作为科学教学辅导员的学校间有显著差异（$\beta=-0.113$，$p<0.001$）；不同科学课获得外界支助的教学经费的学校间有显著差异（$\beta=0.103$，$p<0.001$）。

六、学校科学课程开设效果与课程实施质量监控回归分析

结合前面所做的相关性分析结果，采用逐步回归法对学校科学课程开设效果与课程实施质量监控进行回归分析来确定其相关显著性。以学校科学课程开设效果作为因变量，将课程实施质量监控作为自变量进行多元回归分析，统计结果见表9-30。

模型1：进入自变量——地区相关部分检查科学教学质量，此变量对学校科学课程开设效果情况解释度为37.8%，在0.001显著性水平上，模型1回归效果

显著（$F=1530.570$，$p<0.001$）。在0.001显著性水平上，不同地区相关部分检查科学教学质量的学校间有显著差异（$\beta=0.615$，$p<0.001$）。

表9-30 学校科学课程开设效果与课程实施质量监控回归分析

模型		非标准化系数		标准系数	t	F	R^2	R^2 更改
		B	标准误差	试用版				
1	（常量）	1.166	0.034		34.467①	1530.570①	0.378	0.378
	地区相关部分检查科学教学质量	0.449	0.011	0.615	39.123①			
2	（常量）	0.949	0.036		26.721①	944.853①	0.429	0.051
	地区相关部分检查科学教学质量	0.288	0.015	0.394	18.662①			
	学校对科学教学质量评价	0.225	0.015	0.316	14.961①			

注：因变量：学校科学课程开设效果。

模型1：预测变量：（常量），地区相关部分检查科学教学质量。

模型2：预测变量：（常量），地区相关部分检查科学教学质量，学校对科学教学质量评价。

① $p<0.001$。

模型2：进入自变量——地区相关部分检查科学教学质量、学校对科学教学质量评价，所有变量对学校科学课程开设效果情况解释度42.9%，其中学校对科学教学质量评价的解释度为5.1%，在0.001显著性水平上，模型2回归效果显著（$F=944.853$，$p<0.001$）。在0.001显著性水平上，不同地区相关部分检查科学教学质量的学校间有显著差异（$\beta=0.394$，$p<0.001$）；不同学校对科学教学质量评价的学校间有显著差异（$\beta=0.316$，$p<0.001$）。

七、本节小结

学校科学课程开设效果主要受本校办学条件、小学班级数、性别、科学校本课程情况、教师教学用书具备情况、教学具具备情况、科学教科书具备情况、学生活动手册具备情况、科学课网络资源情况、科学实验室情况、实验室中材料与设备、教师属于科班出身、科学课教师数量、科学教师获得进修培训机会、科学教师获得外界专业指导、志愿者作为科学教学辅导员、科学课获得外界支助的教学经费、地区相关部分检查科学教学质量、学校对科学教学质量评价的影响。这些因素对学校科学课程开设效果的解释力不同，其中地区相关部分检查科学教学质量的解释力最大。

就基本条件而言，本校办学条件解释度为 14.5%，小学班级数的解释度为 0.7%，性别的解释度为 0.1%。就文本资源而言，科学校本课程情况解释度为 20.9%，教师教学用书具备情况的解释度为 4.4%，教学具具备情况的解释度为 1.4%，科学教科书具备情况的解释度为 0.8%，学生活动手册具备情况的解释度为 0.4%。就环境资源而言，科学课网络资源情况解释度为 24.9%，科学实验室情况的解释度为 3.7%，实验室中材料与设备的解释度为 0.8%。就人力资源而言，教师属于科班出身解释度为 9.8%，科学课教师数量的解释度为 5.1%。就社会参与而言，科学教师获得进修培训机会解释度为 17.1%，科学教师获得外界专业指导的解释度为 0.7%，志愿者作为科学教学辅导员的解释度为 0.3%，科学课获得外界支助的教学经费的解释度为 0.6%。就课程实施质量监控而言，地区相关部分检查科学教学质量解释度为 37.8%，学校对科学教学质量评价的解释度为 5.1%。

第十章　农村学校科学教育影响因素间相互作用机制是怎样的？

前面的研究只是揭示出农村学校科学教育的影响因素及其影响程度。但是我们并不知道教学资本、社会参与、课程实施质量监控在农村学校科学教育实施过程中起何作用，以及从教学资本到科学教育实施效果之间，这些因素相互影响路径以及传导机制是什么样的。这些问题值得深入探讨。本章通过有调节的中介效应模式进行验证各要素之间的相互作用及其传导机制。

第一节　农村学校科学教育影响因素间相互作用机制理论分析

一、农村学校教学资本与小学科学教育

教学资本是学校开展教学活动，保证教学正常运行所必需的各种客观条件的综合，包括文本资源、环境资源、人力资源，这些教学资本是课程实施的前提条件。如果没有必要的资源，教学活动中教与学的需求就会处于得不到满足的局面，课程目标的实现程度将会大大打折。

文本是通过语言与文化，实现完整意义与功能的携带者，它自身的系统结构决定了在学校课程实施过程中的储备、传承和创新功能。文本资源是课程得以高效实施的依托和保证，文本资源是否科学、是否完备直接关乎课程的教育性以及课程效能的孕育与释放。环境资源是任何一门课程实施的基本条件与需求。在某个场域内存在某种现象，一定是该场域内所有物质之间的协调配合导致这个现象的发生。个体所处的环境通常会直接影响到个体的内在体验，课程实际投放中不能将配合内容的学习活动从它产生的背景中抽取出来，处于相应环境中的学生更易受到刺激，意识到自身的潜能并对学习产生兴趣，使有一定深度和广度的课程内容变得易于接受。学校中的人力资源是依附于教师身上的各种能力和素质的总和，包括数量和质量两个方面。依据配置效率理论，实现生产要素的最优配置，效率可以达到最优状态。配置合理的教师资源是课程实施的必要的先决条件。就课程实施效果而言，并不完全取决于教师数量，还取决于教师质量。在制度安排合理的情况下，人力资源数量的多寡、素质的高低决定了文本资源、环境资源、

社会资源等的有效获取与使用。

在农村教育发展过程中，文本资源、环境资源和人力资源的匮乏是农村学校与城市学校差距的根源所在，三种资源相互关联、相互影响产生的多重教育贫困，导致农村学校往往无法依靠自身的力量彻底改变自身的处境。因此，单一维度的教学资本的改善是不能确保农村小学科学教育的有效实施。综上，提出假设：

假设 1：农村学校教学资本不理想。

假设 2：农村学校教学资本对小学科学教育有着独立影响。

二、社会参与与小学科学教育

贫困落后的自然条件和经济条件很有可能会导致教育的落后。农村学校与城市学校相比，之所以存在差距，不外乎源于自然条件和经济条件的差异。从现实来看，农村学校主动改善的能力、平台和机会均有限，不借助任何外部力量是很难通过自己拥有的资源得到改善。要消除城乡教育差异，不仅要投入相应的物质与人力，更要引入社会参与。社会参与在促进农村学校教育教学发展过程中发挥着无可替代的作用。社会参与可以根据农村地区教育需求，发挥专业、技术、资源优势补充政府配置各类资源不足的问题。早在 1916 年翰尼范在《乡村学校社区中心》中就指出社会资本对一个乡村学校成功的作用。农村学校通过社会参与能够获得现实与潜在的社会结构中的资源，这种外部支助资源弥补了农村学校自身资源不足的缺陷，实现了内外多重资源的有机整合，能够为农村学校教育注入持续的动力。因此在农村小学科学教育实施过程中社会参与的独特功能无法被取代。综上，提出假设：

假设 3：社会参与在农村学校教学资本和农村小学科学教育之间起中介作用。

三、课程实施质量监控与小学科学教育

监控是指通过监测和控制或监督控制，消除系统运行过程中的不确定性。依据控制论原理，监控能够确保系统的完整性和高效能。课程实施质量监控是在课程实施过程中，对课程实施的各个环节进行监督、调控的一种规范化、制度化程式。通过一定的监督和调控来矫枉纠偏课程实施的每一个环节，建立一种良性互动的运行系统，从而减少课程实施的实际值和期望值之间的差度，使课程朝着预期方向运行。小学科学教育对于农村及农村人才科学素养的培养具有不可低估的作用，对其公益性的追求和保护是政府及其相关部门的责任。缺乏监控机制的课程实施系统的耦合功能将会受到削减或损伤，政府及其相关部门有必要对农村小学科学教育的实施进行质量监控，从而使小学科学教育的输入与输出状态尽可能

达到课程标准设定的参数指标。综上，提出假设：

假设4：社会参与的中介作用受到课程实施质量监控的调节，即社会参与在农村学校教学资本与小学科学教育之间是有调节的中介变量。

基于上述假设，构建了本研究的模型，如图10-1所示。

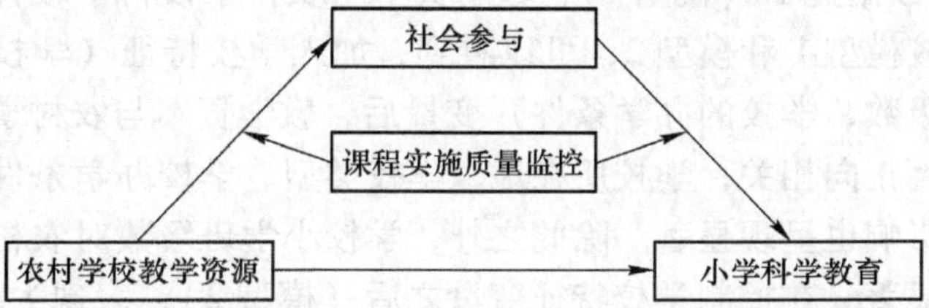

图10-1　研究框架

第二节　教学资本对农村科学教育的独立影响

一、各影响要素的均值、标准差和相关矩阵

表10-1中列出了农村学校科学教育主要影响变量的均值、标准差以及相关矩阵。结果发现，农村学校教学资本、社会参与、课程实施质量监控、小学科学教育四个变量间两两呈现出显著正向相关（$r=0.429\sim0.6779$，$p<0.01$）。任何教育活动开展都离不开教学资本，教学资本是影响小学科学教育的重要因素。通过表10-1可以表明在探索农村学校教学资本对小学科学教育的影响过程中，社会参与、课程实施质量监控两个变量也是不容忽视的。

表10-1　相关性分析

项　目	均值	标准差	1	2	3	4
1. 农村学校教学资本	27.41	7.267	—			
2. 社会参与	19.71	4.137	0.535①	—		
3. 课程实施质量监控	5.54	2.325	0.557①	0.429①	—	
4. 小学科学教育	13.77	3.767	0.679①	0.581①	0.674①	—

① $p<0.01$。

二、农村学校教学资本对小学科学教育的独立影响

不同学校的教学资本因其学校所在地、学校类型、学校班级数、学校的办学

条件等学校特征不同而表现出不同的影响力。因此在分析教学资本对农村科学教育的独立影响时，除了考虑教学资本直接单独的影响外，还将学校特征作为控制变量加入模型中分析其独立影响。本研究的因变量（农村科学教育实施）为连续变量，因此选择分层回归方法来建构模型。

表 10-2 的数据显示（模型 1），教学资本与农村学校科学教育实施呈现显著正向相关。比较模型 1 和模型 2，可以看到，加入学校特征（学校所在地、学校类型、学校班级数、学校的办学条件）变量后，教学资本与农村学校科学教育实施仍然呈现显著正向相关；学校所在地、学校类型、学校办学条件对农村学校科学教育实施的影响也呈现显著。除此之外，学校小学班级数对农村学校科学教育实施的影响不显著。在控制学校特征变量之后（模型 2），表现为教学资本越好，学校办学条件越好、学校所在地在县里、学校类型为九年一贯制的学校科学教育实施效果越好。说明教学资本确实可以显著地影响农村学校科学教育的实施，以上结论验证了假设 2 的成立。

表 10-2　教学资本对农村科学教育实施的独立影响

变　量		农村科学教育实施	
		模型 1	模型 2
		β(S. E)	β(S. E)
教学资本		0. 679(0. 008)②	0. 655(0. 009)②
学校特征	学校所在地		0. 055(0. 166)①
	学校类型		0. 056(0. 137)②
	学校小学班级数		−0. 016(0. 008)
	学校办学条件		0. 047(0. 072)①
R^2(调整 R^2)		0. 461(0. 461)②	0. 468(0. 467)②
F 值		2154. 891②	442. 493②

① $p<0.01$；

② $p<0.001$。

第三节　社会参与的中介效应检验

为检验社会参与在教学资本与科学课程实施间的中介效应，本研究采用 PROCESS 宏程序（Hayes，2013）进行分析，选用宏程序中的模型 5 检验中介效应。采用 Bootstrapping 方法，重复抽样 5000 次获得效应值、Bootstrap 标准误差及

95%的置信区间，从而估计中介效应的显著性。由表10-3可知，加入控制变量学校特征后，教学资本对科学教育实施的直接效应的95%置信区间为（0.2305，0.2686），社会参与的中介效应的95%置信区间为（0.0798，0.1009），均不包含0，因此，教学资本对科学教育实施的直接效应和中介效应都显著。中介效应占总效应的比例为26.52%，社会参与的中介效应显著。假设3社会参与起到中介作用得到验证。

表10-3　社会参与的中介效应分析结果

路径	效应值	Bootstrap 标准误差	95%的置信区间	
			下限	上限
X→Y	0.2496	0.0097①	0.2305	0.2686
X→M→Y	0.0901	0.0054①	0.0798	0.1009
总效应	0.3397	0.0091①	0.3218	0.3575

注：X教学资本，M社会参与，Y科学教育实施。

① $p<0.001$。

第四节　课程质量监控的调节作用检验

由于不同特征的学校在教学资本方面存在差异，这对科学课程实施可能会产生不同的影响。因此，本研究在对有调节的中介作用进行检验时，将学校特征作为必要的控制变量投入方程，以提高模型分析的严谨性。同样采用PROCESS宏程序进行分析，选用宏程序中的模型1和模型14对有调节的中介效应进行检验。

表10-4数据显示，方程1中教学资本显著正向预测科学教育实施（$c1=0.2210$，$p<0.001$），教学资本和课程实施质量监控交互项对科学教育实施的预测作用呈现负向显著（$c3=-0.0067$，$p<0.05$）；方程2中教学资本正向预测社会参与（$a1=0.2591$，$p<0.001$），同时教学资本和课程实施质量监控的交互项对社会参与的预测作用也显著（$a3=-0.0187$，$p<0.001$）；方程3中社会参与正向预测科学教育实施（$b1=0.2094$，$p<0.001$），社会参与和课程实施质量监控的交互项对科学教育实施的预测作用不显著（$b2=-0.0096$，$p>0.05$）。上述数据表明模型中的a1、a3和b1显著，但b2不显著，由此构成了教学资本、社会参与、课程实施质量监控、科学教育实施四个变量组成的有调节的中介效应模型，其中教学资本对社会参与的影响受到了课程实施质量监控的调节，也就是说调节效应仅发生在中介效应的前半段。假设4部分得到验证。

表 10-4 课程实施质量监控对社会参与中介效应的调节作用

预测变量	方程 1：Y			方程 2：M			方程 3：Y		
	β	SE	T	β	SE	T	β	SE	T
X	0.2210	0.0091	24.3964③	0.2591	0.0128	20.1708③	0.1639	0.0093	17.6392③
W	0.6887	0.0249	27.6715③	0.3473	0.0353	9.8410③	0.6262	0.0252	24.8923③
XW	-0.0067	0.0027	-2.4769①	-0.0187	0.0038	-4.8701③			
M							0.2094	0.0141	14.8600③
WM							-0.0096	0.0052	-1.8343
S1	0.5397	0.1456	3.7069③	-0.2437	0.2064	-1.1806	0.5889	0.1386	4.2494③
S2	0.3314	0.1197	2.7672②	-0.4030	0.1698	-2.3736①	0.4207	0.1140	3.6905③
S3	-0.0009	0.0073	-0.1272	0.0221	0.0103	2.1388①	-0.0056	0.0069	-0.8140
S4	0.1555	0.0632	2.4627①	-0.1731	0.0896	-1.9335	0.1921	0.0601	3.1937②
R2	0.5928			0.3215			0.6315		
F	523.0890③			170.2295③			538.5710③		

注：S1 学校所在地，S2 学校类型，S3 学校小学班级数，S4 学校办学条件，X 教学资本，W 课程实施质量监控，XW 教学资本 * 课程实施质量监控，M 社会参与，WM 课程实施质量监控 * 社会参与，Y 教学效果。

① $p<0.05$；

② $p<0.01$；

③ $p<0.001$。

采用简单斜率分析法，进一步分析课程实施质量监控在教学资本与社会参与间的调节作用趋势。将高于或低于调节变量均值一个标准差的样本作为高分组和低分组。以教学资本为自变量，以社会参与为因变量做回归分析，检验高监控组和低监控组中，教学资本对社会参与的影响。课程实施质量监控对教学资本与社会参与关系的调节作用表现为：低监控组的社会参与水平高于高监控组，且随着教学资本水平的升高，低监控组的社会参与水平愈加高于高监控组（$\beta_{低}=0.631$，$p<0.001$；$\beta_{高}=0.453$，$p<0.001$），说明课程实施质量监控在教学资本对社会参与的正向影响中具有增强性的调节作用。

第五节 稳健性检验

一、共线性诊断

如果模型中存在严重共线性问题，则模型参数就无法被完全估计出来。变量间的共线性问题可以通过容忍度、方差膨胀因子、条件指标等数据加以判别。其中容忍度的界值为 0 ~ 1，如果容忍度太小，表示变量间存在共线性问题；如果容忍度值接近 0，表示存在严重共性问题，模型回归系数的估计值不够稳定，回归系数也会存在很大误差。方差膨胀因子值越大（VIF > 10），越有共性问题；或条件指标越大（CI > 15），线性重合越严重。本研究的检验结果显示，容忍度值范围为 0.456 ~ 0.998；方差膨胀因子值（VIF）范围为 1.002 ~ 2.191；条件指标值（CI）范围为 1.275 ~ 9.935。这些数据表明模型中的各变量间并不存在严重的共性问题。

二、内生性诊断

本研究从因变量、控制变量两个角度来检验模型估计结果的稳健性。一是因变量变换。就农村学校科学教育实施来看，其课程开设情况在一定程度上就能反映整体情况，因此在原有的变量中剔除教学效果而将课程开设情况作为因变量重新进行估计。二是添加控制变量。原有模型中只将学校特征作为控制变量，因考虑到被试性别、年龄、教龄、身份等变量不同会影响估计结果，因此将其作为控制变量投入模型中进行重新估计。表 10-5 中的数据是从上面两个角度进行的模型稳健性检验结果。结果显示，尽管变换了因变量或添加了新的控制变量，但模型中所有重要变量的指标及其显著性没有发生明显变化，与前面的分析结果相符，这也再次验证本节前面的模型估计结果是稳健的。

表 10-5　课程实施质量监控对社会参与中介效应的调节作用

预测变量	方程 1：Y			方程 2：M			方程 3：Y		
	β	SE	T	β	SE	T	β	SE	T
Panel A：加入新的控制变量									
X	0.2196	0.0092	23.9718③	0.2474	0.0129	19.1525③	0.1645	0.0093	17.6341③
W	0.6884	0.0249	27.6084③	0.3620	0.0352	10.2925③	0.6226	0.0252	24.6621③
XW	−0.0068	0.0027	−2.5198①	−0.0185	0.0038	−4.8522③			
M							0.2106	0.0142	14.8575③
WM							−0.0098	0.0052	−1.8851
R^2	0.5944			0.3311			0.6331		
F	334.4932③			112.9855③			360.8737③		
Panel B：因变量变换									
X	0.1859	0.0084	22.1947③	0.2591	0.0128	20.1708③	0.1266	0.0085	14.9500③
W	0.5029	0.0230	21.8560③	0.3473	0.0353	9.8410③	0.4318	0.0229	18.8334③

续表 10-5

预测变量	方程 1：Y			方程 2：M			方程 3：Y		
	β	SE	T	β	SE	T	β	SE	T
XW	-0.0065	0.0025	-2.6015②	-0.00187	0.0038	-4.8701③			
M							0.2222	0.0128	17.2975③
WM							-0.00057	0.0047	-1.1980
R^2	0.5090			0.3215			0.5681		
F	372.5196③			170.2295③			413.3813③		

① $p<0.05$；
② $p<0.01$；
③ $p<0.001$。

第十一章 农村学校科学教育怎样才能有效开展？

前面的研究结果不仅呈现了农村小学科学教育的现实情况，而且提供了农村小学科学教育的影响因素以及传导机制。在这些实证的支持下，可以对农村小学科学教育有一个全面而真实的判断，这些判断对于有效贯彻《义务教育小学科学课程标准》，探索农村小学科学教育实施路径具有一定的价值。

第一节 研究结论

一、农村小学科学教育状况尚可，学校类型差异和学校所在地差异不明显

从研究数据中能够看出，农村小学科学教育状况尚可。除了学校的科学交流活动（均值为3.57）和科技角（园）开设（均值为3.73）等情况不理想外，1~2年级科学课程开设（均值为2.27）情况和科学教学效果（均值为2.36）的均值处于较好和一般之间（均值为2.20~2.86）。3~6年级科学课程开设（均值为1.84）的情况较为理想。

从农村小学科学教育整体情况来看，不同学校类型和不同所在地之间没有显著差异。研究数据显示，从不同学校类型来看，九年一贯制学校、小学的科学教育均值分别为14.03和13.70，p 值均大于0.05，未达到显著水平。从不同学校所在地来看，县、乡村的科学教育均值分别为13.65和13.79，p 值均大于0.05，未达到显著水平。

科学教育开设情况数据显示，县、乡村均值分别为11.37和11.41，p 值均大于0.05，未达到显著水平。而九年一贯制、小学均值分别为11.65和11.34，p 值均小于0.05，达到显著水平。由此可以推断，农村小学科学教育开设情况在不同学校所在地间没有显著差异。但在学校类型方面存在显著差异，小学要比九年一贯制学校开设的情况好些。从科学教学效果统计数据得出，九年一贯制、小学均值分别为2.38和2.36，p 值均大于0.05，未达到显著水平。县、乡村均值分别为2.29和2.38，p 值均大于0.05，未达到显著水平。科学教学效果在不同学校类型和不同学校所在地间没有显著差异。

二、农村学校教学资本能够显著地影响小学科学教育

从研究数据中能够看出，农村学校教学资本虽不是非常完善，但基本状况尚好。除了科学教育师资专业出身问题（均值为4.11）外，其他各项的水平均处于较好和一般之间（2.20~2.86）。整体上看，农村学校的文本资源、环境资源、人力资源可以满足小学科学教育的实施与运行。在控制学校基本特征变量后，农村学校教学资本与小学科学教育呈现正相关，相关系数为0.679，农村学校教学资本单独可以解释小学科学教育46.1%的变异量；加入学校特征之后，农村学校教学资本可以解释小学科学教育46.8%的变异量。农村学校教学资本中的文本资源、环境资源、人力资源单独对小学科学教育的影响也是显著的。文本资源、环境资源、人力资源与小学科学教育也呈正相关，相关系数分别为0.594、0.624、0.477；它们分别可以解释小学科学教育3.3%、38.9%、4.6%的变异量。因此可以看出，农村学校教学资本可以显著地影响着小学科学教育的实施，即农村学校教学资本越好，小学科学教育的实施效果越理想。

三、通过社会参与的中介作用及课程实施质量监控对其的调节作用影响，农村学校教学资本能够更好地提升小学科学教育的实施效果

单就中介效应模型来看，总效应为0.3397，直接效应为0.2496，间接效应为0.0901，其中介效应占总效应的比例为26.52%，即农村学校教学资本影响小学科学教育的效应有26.52%是通过社会参与方式起的作用。通过研究发现，社会参与是影响小学科学教育的重要机制之一。农村学校教学资本影响小学科学教育的过程中，社会参与起到了显著的中介作用。依据研究数据可以看出，课程实施质量监控对农村学校教学资本与小学科学教育之间的中介效应存在调节作用。此调节作用发生在中介链条的前半段路径，即农村学校教学资本与社会参与之间的关系取决于课程实施质量监控的水平。与高水平的课程实施监控相比，低水平的课程实施质量监控可以显著强化农村学校教学资本对小学科学教育的正向影响。由此可以推断，农村学校在教学资本有限的条件下，通过社会参与的中介效应及课程实施质量监控对中介效应的调节作用能有效地促进小学科学教育的实施，而且低水平的课程实施质量监控的正向调节作用更突出。

第二节 政策建议

一、加强宣传与环境建设，从价值认知层面创设良好的科学教育氛围

价值认知通过个体的态度和主观标准来影响其行为意向进而影响到其行为。从个体角度看，价值认知能够对其行为产生重要影响，对小学科学教育价值认知

水平的高低取决于人们对科学教育目标的认识和理解、对科学教育的规范性品性是否契合人们的价值偏好和利益诉求。因此，通过加强宣传与环境建设创设良好的科学教育氛围有利于增强人们对科学教育的价值认知。

2017 年《义务教育小学科学课程标准》的颁布进一步说明科学教育在基础教育中的重要性和必要性。作为农村学校为更好地使得小学科学教育受到重视，要通过适合的方式对《义务教育小学科学课程标准》进行学习与宣传，让更多的人了解和认识到小学科学教育的目标与价值。为增加积极影响，加强并完善学校科学文化建设，包括虚拟的科学教育网络平台和实体的校园科学教育氛围建设，开展多种形式的定期或不定期的科学教育及相关的交流活动、科技比赛，创设科技角（园）等，让农村学校的师生在良好的科学教育氛围中感受到科学教育的重要性，同时通过环境潜移默化的影响增强社会人士对科学教育的兴趣，从而能更多地投入精力关注小学科学教育。

二、借助外援增加农村学校教学资本，提升小学科学教育的质量

从现实来看，农村学校主动改善的能力、平台和机会均有限，不借助任何外部力量很难通过自已拥有的资源得到改善。

农村学校教学资本中人力资源问题较大，即教师兼职或跨专业的占绝大多数。师资数量的不足和质量的提升可以通过与社区或地方高校、研究院所的合作方式改善。一方面，通过校外“辅导员”补充数量不足。引导社区科技工作室或科技馆的科普人员或地方高校、研究所中在科学教育方面具有理论和实践知识优势的专家和学者、科学教育专业教师和大学生走进农村学校作为校外辅导员，开展科学知识授课与讲座。另一方面，通过学习与培训提升校内科学师资质量。可以与社区科技工作室或科技馆、地方高校、研究院所等合作，对农村学校科学师资采取现场有针对性的教育教学指导或远程培训等；或将其送出学校走进社区科技工作室或科技馆、地方高校或研究院所等地接受多种形式的相关培训与教育。对于经费和设备不足的农村学校可以通过有效的方式获得相应的资助，例如，许多农村学校都是通过申报“中央专项彩票公益金”支持的乡村学校少年宫项目，这类项目不仅可以为农村学校提供科学教育所需的多种仪器和设施，而且还能为科学教育的正常开展以及教师的培训与质量提升提供一定的经费保障。

三、完善课程实施质量监控体系，促进农村学生科学素养的养成与提升

小学科学教育对于农村及农村人才科学素养的培养具有不可低估的作用，对其公益性的追求和保护是政府及其相关部门的责任。缺乏监控机制的课程实施系统的耦合功能将会受到削减或损伤，政府及其相关部门有必要对农村小学科学教

育的实施进行质量监控，从而使小学科学教育的输入与输出状态尽可能达到课程标准设定的参数指标。

在教育体系中，课程实施质量监控是为了避免失误而对课程实施过程的监督与控制过程，它通常会起到导向和指引的功能。在一些农村小学中，科学与语文、数学等科目相比，课程实施质量监控力度不够，这往往会影响到师生对科学的重视程度。因此，建立小学科学教育实施质量监控体系非常必要，因为有监控指标的要求与指引，不论是教师还是学校都能按照监控指标来完成教学任务。农村学校课程实施质量监控体系的建立与完善要考虑几个问题：首先，要合理选择参与监控的主体，确保监控主体的多元化。不同的利益相关者参与监控能够提供不同维度的信息，有利于弥补因单一主体的观察视角狭隘而造成的信息缺失现象。其次，要科学制定监控指标。监控指标应该涉及农村学校科学教育的教学资本基本状况、课程实施过程以及课程实施效果等方面，做到全程质量的监督与调节，切实对农村学校科学教育的实施效果起到积极的指导、导向的功能。另外，正确运用课程实施质量监控结果。学校和行政管理部门通过对农村小学科学教育定期与不定期的检查与指导，充分发挥行政监控管理的职责，将小学科学教育课程实施质量监控结果作为判断学校办学水平、考核师生业绩等方面工作的参考依据。这将有利于实现培养农村学生科学素养的教育目标。

参考文献

[1] 何东昌. 中华人民共和国重要教育文献（1949～1975）[G]. 海口：海南出版社，1998：50，138－139，142.

[2] 刘英杰. 教育大事典 1949～1990（上）[M]. 杭州：浙江教育出版社，1993：22，487－488.

[3] 韩华球. 关于中小学科学教育改革趋向的几点思考 [J]. 课程与教学论坛，2002（10）：6.

[4] 课程教材研究所. 20 世纪中国中小学课程标准·教学大纲汇编：课程（教学）计划卷 [M]. 北京：人民教育出版社，2001：328－329，353－354，399，403－406.

[5] 谢恭芹. 中国近现代小学科学课程演变研究 [D]. 北京：首都师范大学，2008.

[6] 张啊媛. 改革开放三十年小学科学课程演进研究 [D]. 长春：东北师范大学，2013.

[7] 国家教育委员会. 九年义务教育全日制小学自然教学大纲（试用）的调整意见 [Z]. 1994.

[8] 蔡海军. 我国小学科学课程发展过程及特点 [J]. 湖南师范大学教育科学学报，2003（5）：70－73.

[9] 罗丽媛. 建国后我国中小学科学课程发展研究 [D]. 长春：东北师范大学，2010.

[10] 国家教育委员会. 全日制十年制学校小学自然常识教学大纲（试行草案）[Z]. 1978.

[11] 李双玲，孙铭仲. 中国近现代科学教育的改革历程与思考 [J]. 杭州师范学院学报（社会科学版），2005（1）：113－115.

[12] 中央教科所. 中华人民共和国教育大事记 [M]. 北京：教育科学出版社，1984：228－230.

[13] 胡卫平，韩琴，严文法. 科学课程与教育论研究 [M]. 北京：高等教育出版社，2007：12，34－35.

[14] 钟启泉，崔允漷，吴刚平. 普通高中新课程方案导读 [M]. 上海：华东师范大学出版社，2003：31.

[15] 中国教育年鉴编辑部. 中国教育年鉴（1949～1981）[M]. 上海：中国大百科全书出版社，1984：162.

[16] 中国科学院学部"面向 21 世纪发展我国科学教育的建议"研究组. 面向 21 世纪发展我国科学教育的建议 [J]. 中国科学院院刊，2000（5）：324－325.

[17] 科学（7～9 年级）课程标准研制组. 全日制义务教育科学（7～9 年级）课程标准（实验稿）解读 [M]. 武汉：湖北教育出版社，2002：46－49.

[18] 石鸥，刘立群. 中小学课程与教学改革 [M]. 长沙：湖南人民出版社，2003：39.

[19] 希拉里·普特南. 理性、真理与历史 [M]. 童世骏，李光程，译. 上海：上海译文出版社，1997.

[20] 马克思，恩格斯. 马克思恩格斯全集（第 23 卷）[M]. 北京：人民出版社，1972.

[21] 柳海民. 教育原理 [M]. 长春：东北师范大学出版社，1998.

[22] 张敏. 科学教育：人性迷失与理性遍寻 [D]. 长春：东北师范大学，2004.

[23] 檀慧玲. 科学教育的精神价值探析——赫胥黎科学教育思想解读 [J]. 河北师范大学学

报（教育科学版），2007（3）：43－46.
[24] 邹逸．科学教育中的科学主义与人文转向［J］．全球教育展望，2018（5）：25－34.
[25] 钟勇为．科学教育的失落与复归——价值哲学的视角［J］．教学与管理，2008（5）：3－5.
[26] 张晶．西方科学教育价值取向的四段演变历程［J］．继续教育研究，2009（12）：152－154.
[27] 黄海旺．小学科学课程改革的几点思考［J］．课程教材教法，2009（10）：71－74.
[28] 刘恩山．《义务教育小学科学课程标准》的变化及其影响［J］．人民教育，2017（7）：46－49.
[29] 张晶．科学哲学的科学教育意义：促进公众理解科学［J］．科技管理研究，2014（9）：231－234.
[30] 李铮．试论我国农村科学教育事业的发展［J］．南京政治学院学报，2004（20）：49－50.
[31] 张玉平．农村小学科学教育研究述评［J］．南京晓庄学院学报，2015（2）：38－42.
[32] 教育部．义务教育小学科学课程标准［EB/OL］．http：//www. moe. gov. cn/srcsite/A26/s8001/201702/t20170215_ 296305. html，2017－02－06/2017－11－02.
[33] 郭桂周，于海波．植根于社区：美国农村科学教育改革的新路向［J］．外国中小学教育，2013（1）：12－16.
[34] 王如芹．农村小学科学教学现状及改进对策［J］．教学与管理，2012（27）：145－146.
[35] 卢春．我国农村小学科学教育的现状与改善［J］．教学与管理，2011（1）：86－87.
[36] 肖广军．农村小学科学教育亟待加强——基于河南省农村小学科学教育现状调查研究［J］．中国农村教育，2008（3）：22－24.
[37] 张玉平．农村小学科学教育研究述评［J］．南京晓庄学院学报，2015（2）：38－42.
[38] 马兴建．关于高职院校发展中教学资本建设问题的探讨［J］．纺织教育，2010（4）：1－3，20.
[39] ［美］国家研究理事会．美国国家科学教育标准［M］．守志，译．北京：科学技术文献出版社，1999：276.
[40] Hayes A F. Introduction to Mediation，Moderation，and Conditional Process Analysis：A Regression-based Approach［M］. New York：The Guilford Press，2013.
[41] Chatman J A. Improving Interactional Organizational Research：A Model of Person-organization Fit［J］. Academy of Management Review，1989，14（3）：333－349.
[42] 许玲燕，吴杨．精准扶贫过程中的双重网络嵌入机理及其模式研究［J］．江苏大学学报（社会科学版），2018（2）：30－36.
[43] 燕继荣．社会资本与国家治理［M］．北京：北京大学出版社，2015：36.
[44] 李娟，陈玲，李秀菊，等．我国小学科学教师和科学教育基础设施现状分析研究［J］．科普研究，2017（5）：58－70，109－110.
[45] 于海英，刘陶唐．借船出海 自强自立：农村中心校的科技教育新模式［J］．中小学管理，2016（5）：26－27.
[46] 左清．论高等教育教学质量监控主体的相关关系［J］．湖南师范大学社会科学学报，

2006（2）：121－124.
[47] 胡甲刚，叶金华，胡鹏，等．高校教学质量监控体系构建的思考与实践［J］．高等理科教育，2002（5）：34－37.
[48] 陈红燕．教学辅助·教学监控·教学领导［J］．课程教材教法，2010（12）：20－25.